國家社科基金重大項目（10&ZD104）

上海師範大學古籍整理研究所編
項目首席專家、主編　戴建國
主編　朱易安　傅璇琮　周常林

国家出版基金项目
NATIONAL PUBLICATION FOUNDATION

# 全宋筆記

## 第九編 三

大象出版社

顧　　問　王水照　朱瑞熙　徐　規　李裕民

項目首席專家、主編　戴建國

主　　編　朱易安　傅璇琮　周常林

編纂委員會（以姓氏筆畫爲序）

王劉純　朱易安　李亞娜　周常林　俞　鋼　查清華

徐時儀　陳　新　張劍光　傅璇琮　虞雲國　戴建國

◎洪　邁撰

# 夷堅志（一）

李昌憲　整理

# 點校説明

《夷堅志》，是南宋一部筆記體志怪小説集，洪邁撰。洪邁（一一二三—一二〇二）字景廬，號容齋，别號野處，宋江西鄱陽（今波陽）人。高宗紹興十二年（一一四二），邁中第，由此步入仕途，歇歷中外，而多掌詞翰。孝宗淳熙十三年（一一八六），任翰林學士。寧宗嘉泰二年，以端明殿學士致仕，是歲卒，享年八十，謚文敏。《宋史》卷三七三有傳。

《宋史》本傳言，邁「幼讀書日數千言，一過目輒不忘，博極載籍，雖稗官虞初，釋老傍行，靡不涉獵」。「考閲典故，漁獵經史，極鬼神事物之變」，「以博洽受知于孝宗」。故《夷堅志》所述雖以鬼神、因果報應爲多，但其中透露出宋代社會的資訊涵蓋社會各方面，因此《夷堅志》應是宋代社會史研究的資料淵藪。《夷堅志》又是宋代以後文學創作的資料寶庫，許多元明文言小説、話本、戲曲的題材即出于此。並給予後世小説家如淩蒙初、蒲松齡之流以創作啟示。與邁同時代的陸游，極推崇洪邁及此書，他在《題夷堅志後》稱：「筆近反離騷，書非支諾皐。豈惟堪史補，端足擅文豪。馳騁空凡馬，從容立斷鼇。鄙儒那得議，汝輩亦徒勞。」

《夷堅志》全書原分志、支志、三志、四志，每志按天干順序編次，著成志二百卷，支志、三志各一百卷，四甲、四乙各十卷，共四百二十卷。今僅存甲、乙、丙、丁志各二十卷，支甲、乙、景、丁、戊、庚、癸志各十卷，三志己、辛、壬志各十卷。共一百八十卷。

民國以來，屢有輯佚之舉，張元濟據葉祖榮《新編分類夷堅志》輯得二百七十七則，編次爲《志補》二十五卷，又自《賓退録》等書輯出三十四則，編爲《再補》一卷，共二百零六卷，是爲涵芬樓本。一九八一年，中華書局出版新校本，點校者何卓自《永樂大典》中輯出佚文二十六則，作爲《三補》。這應是《夷堅志》本次整理前的存世狀況。

此次整理，仍以涵芬樓本爲底本，校以南京圖書館藏丁丙題跋清影宋抄本、上海圖書館藏祝允明手抄本、四庫全書所收《夷堅志》五十卷本。南圖所藏八十卷，爲甲乙丙丁四志，大體與涵芬樓所藏同，但無嚴校，故此本應與涵芬樓所藏嚴元照本同出一源。祝允明手抄本標爲《夷堅丁志》三卷，但對於涵芬樓本而言，即其乙志一至三卷。四庫本五十卷實爲支志之甲乙景丁戊卷。此次整理，即以三本對校底本。

再補一卷三十四則，其中自《治痰喘方》而下二十則，張元濟録自明代焦竑《焦氏筆乘》、江瓘《名醫類案》。此次整理，於宋代張杲《醫説》中發現《夷堅志》佚文三十二則，江、焦兩書所收，盡在其中，而詳盡過之，文字也更近於原文。故删去再補所録，而將《醫説》所收者收入四補之中。又《蔡真人詞》一則，甲志卷七有目無文，此次整理則將此則移入甲志。《義婦復仇》與《岳珂除妖》條，一爲「理宗朝淳祐年戊申」事，一爲寧宗嘉定時事，均爲邁身後事，並删去。故再補實存一十一則。

三補二十六則，何卓録自《永樂大典》，其中《紅梅》見於《齊東野語》卷一八《宜興梅塚》，較

《紅梅》之文委曲詳明，應爲《紅梅》之所從出，周密明言所敘爲理宗「嘉熙間」事。《廟神周貧士》，所敘之事係於「至元庚寅秋」，亦爲邁身後事，又與《湖海新聞夷堅續志》後集卷二《石公待士》全同。二則顯非邁所作，並删去。故三補實存二十四則。

但再補的《道人符誅蟒精》，三補的《夢天子》，並見於《太平廣記》，慮邁亦或移録，故未删除。三補的《負御容赴水死》、《願代母死》、《興文杖士》、《猿請醫士》，亦見於《湖海新聞夷堅續志》，慮或後者抄録邁書，或二人併録自他書，故仍予保留。

此次整理，吸收現有輯佚成果，並從四庫全書及《輿地紀勝》諸書中輯出《夷堅志》佚文百餘條，其中七條補入《夷堅志》有目無文、或正文殘闕不全各條。餘一百二十四條析爲十卷，列爲四補。

此次點校參用各本：南京圖書館藏丁丙題跋清影宋抄本，曰「南圖本」。上海圖書館藏祝允明手抄本，曰「祝抄本」。四庫全書所收《夷堅志》五十卷本，曰「四庫本」。中華書局點校本，曰「中華本」。所援引其他各書，則載其本書之名。涵芬樓本之底本曰「宋本」，其所參用者，葉祖榮所編者曰「葉本」，陸心源、吕胤昌、周傳信所刊者曰「陸本」、「吕本」、「周本」及明鈔本。

書中校注，引涵芬樓本注文曰「涵芬樓本注」，引中華本何卓所增注曰「中華本注」，此次整理者所增曰「李按」，或不作説明。涵芬樓本引嚴元照所校者曰「嚴校」，黄丕烈所校者曰「黄校」，其未知爲何人所校者則曰「原校」，則一仍其舊。

此次整理，參考並吸收了何卓、李劍國、李裕民、方健、康保成、程弘、張祝平及台灣王秀惠等人的點校、輯佚成果，在此一併致以誠摯的謝忱！

# 總目

# 目録

# 夷堅甲志目録



校勘記

【一】洋川養浩堂故事　李按：此目原闕，據文意補。

【二】山谷題大年小景　李按：此目原闕，據文意補。

【三】潮部鬼　此目原闕，據正文補。

# 夷堅甲志卷第一 十九事

## 孫九鼎

孫九鼎，字國鎮，忻州人。政和癸巳居太學，七夕日出訪鄉人段浚儀於竹柵巷，沿汴北岸【一】而行，忽有金紫人，騎從甚都，呼之於稠人中，遽下馬曰：「國鎮，久别安樂？」細視之，乃姊夫張兟也。指街北一酒肆曰：「可見邀於此，少從容。」孫曰：「公富人也，豈可令窮措大買酒？」曰：「我錢不中使。」遂坐肆中，飲啗自如。少頃，孫方悟其死，問之曰：「公死已久矣，何爲在此？我見之得無不利乎？」曰：「不然，君福甚壯。」乃【二】説死時及孫送葬之事，無不知者。且曰：「去年中秋，我過家，令姊輩飲酒自若，並不相顧。我憤恨，傾酒壺擊小女以出。」孫曰：「公今在何地？」曰：「見爲皇城司【三】注禄判官。」孫喜，即詢前程。曰：「未也。此事每十年一下，尚未見姓名，多在三十歲以後，官職亦不卑下。」孫曰：「公平生酒色甚多，犯婦人者無月無之【四】，焉得至此？」曰：「此吾之迹也。凡事當察其心，苟心不昧，亦何所不可！」語未畢【五】，有從者入報曰：「交直矣。」張乃起，偕行，指行人曰：「此我輩也，第世人不識之耳。」至麗春門下與孫别曰：「公自此

### 校勘記

【一】沿汴北岸　涵芬樓本注，葉本無「北」字。

【二】乃　涵芬樓本注，葉本作「歷」。

【三】皇城司　涵芬樓本注，葉本作「城隍」。李按：葉本是。皇城司，宋朝掌皇城禁衛。據文意，此應爲陰間城隍司。

【四】無月無之　涵芬樓本注，以上四字，葉本作「無數」。

【五】語未畢　涵芬樓本有夾注，此下至《寳樓閣咒》條「始篤奉之」，宋本作二葉，嚴本於中縫均注「補」字。按：宋本每葉十八行，每行十八字。

歸，切不得回顧，顧即死矣。公今已爲陰氣所侵，來日當暴下，宜毋喫他藥，服平胃散【六】足矣。」既别，孫始懼甚。到竹柵巷見段君，段訝其面色不佳，沃之以酒，至暮歸學。明日大瀉三十餘行，服平胃散而愈。孫後連蹇無成，在金國十餘年始狀元及第，爲祕書少監。舊與家君同爲通類齋生，至北方屢相見，自説兹事。

## 柳將軍

蔣靜叔明，宜興人，爲饒州安仁令。邑多淫祠，悉命毁撤，投諸江，且禁民庶祭享，凡屏三百區。唯柳將軍廟最靈，未欲輒廢，故隱然得存。廟庭有杉一株，柯幹極大，蔽陰甚廣，蔣意將伐之，日晝臥琴堂中，夢異人被甲乘馬叩堦而下，長揖言曰：「吾姓木卯氏，居此方久矣，幸司成賜庇，不敢忘德。後十五年，當復來臨。」覺而知其爲神，但不曉司成爲何官，頗加歎訝，因置木不伐，仍繕修其堂宇。逮秩滿詣廟告别，留詩壁間曰：「夢事雖非實，將軍默有靈。舊祠從此焕，古檜蔚然青。甲馬霄中見【七】，琴堂臥正冥。留詩非志怪，三五扣神扃。」今刻石尚存。後十五年，乃自中書舍人出鎮壽春、江寧，鈐轄江東，安仁實隸封部。入爲大司成，至顯謨閣直學士而卒。

【六】服平胃散　涵芬樓本注，葉本無「服」字。

【七】甲馬霄中見　「霄」嚴校：「宵」誤「霄」。

## 寶樓閣呪

袁可久嘗教其弟昶以寶樓閣呪，昶不甚深信，然旦起必誦三五十遍，初未知其功効也。紹興三年夏，隸業【八】府學。方大軍之後，城邑荒殘。直齋卒汪成，每番宿室中，必夢魘，達旦方已，無一夕安寢，成殊以爲苦。或詢其所見，云：「被人捽髮，欲加箠，故呼叫拒之。」昶令徙于己房，猶不止。同舍生惡其妨睡，共議遣逐。昶試書呪語貼于柱，此夜晏然。由是一齋妖祟絶跡。其呪語即所謂「唵摩尼達哩吽撥吒」八字，但世俗所傳訛謬，寫皆從口，而亦不得其音。要當取大藏中善本元初譯師言爲證，自有大功。昶因悔昔慢，始篤奉之【九】，祕其事。二事皆孫九鼎言，孫亦有書紀此事甚多，皆近年事。

## 三河村人

張維，字正倫，燕山三河人。家君初出使至太原，維以陽曲主簿館伴。嘗言宣和乙巳歲，同邑有村民頗知書，以耕桑爲業，年六十餘。一夕，驚魘而覺，戰栗不自持，謂其妻曰：「吾命止此矣！」妻驚，詰其故。曰：「適夢行田間，見道上有七胡騎，内一白衣人，乘白馬，怒色謂我曰：『汝前身在唐爲蔡州卒，吴元濟叛，我以王民治壍，爲汝所殺，我銜恨久矣。今方得見，雖累世，猶當以命償我。』乃引弓射中【一〇】吾心，因顛仆而寤。吾必

【八】隸業　嚴校：「肄」誤「隸」。

【九】始篤奉之　涵芬樓本按：宋本以下爲第四葉，嚴校與三葉不相連。

【一〇】射中　涵芬樓本注，明鈔本無「中」字。

不免，明日當遠竄以避此患。」妻云：「夜夢何足信！汝妄思所致耳。」老父【一一】益恐，未旦而起。其家甚貧，止令小孫攜被，欲往六十里外一親知【一二】家避之。行草徑三十餘里，方出官道，又二里許【一三】，遇數人，與同行【一四】。忽有騎馳至，連叱衆令住，行者皆止。老父【一五】回視，正見七騎内一白衣人騎白馬，宛如夢中所覩。因大駭，絶道亟走，騎厲聲呵止之，不聽。白衣大怒曰：「此嚥可惡人【一六】。」遂鞭馬逐之，至其前，引弓射，中心，應弦而斃。七人者，皆女真也。

## 鐵塔神

蔚州城内，浮圖中有鐵塔神，素著靈驗，郡人事之甚謹。契丹將亡，州民或見其神奔走于城外，亟詣寺視之，神像流汗被體，雖頗驚異，然莫測其故。至夜，神見夢于寺主講師曰：「吾奉天符，令拘刷城中合死人【一七】，連日奔馳，始克就緒。來日午時，女真兵至，破城，城中當死者一千三百有畸，而本寺僧四十餘，和尚亦在籍中。吾久處兹地，平日仰師戒德，輒爲以它名易之，詰旦從此而逝，庶萬一可脱。」講師既寤，以語寺衆，皆笑其妄。遂獨挈囊，登寺後山顛避之。行約五里，忽憶所遺白金盂，復下至寺。適有修供者，衆競挽留之，曰：「和尚聰明如此，顧乃信夢？今檀越在此，正欲和尚升堂演法，無故捨去，則此寺不可爲矣。況邊上不聞有警，勉徇衆意，齋罷而行，亦何晚耶！」僧不得已，遂升堂。

【一一】老父　涵芬樓本注上二字，葉本作「民」。
【一二】親知　「知」涵芬樓本注，明鈔本校改「故」。
【一三】二里許　涵芬樓本注，「二」下明鈔本多一「十」字。
【一四】與同行　涵芬樓本注，明鈔本無「與」字。
【一五】老父　涵芬樓本注，上二字葉本作「此民」。
【一六】此嚥可惡人　五字原作「此⺌交加人」，涵芬樓本注，上五字葉本作「此嚥可惡人」，「⺌」南圖本作「嚥」，據改。
【一七】令拘刷城中合死人　「刷」涵芬樓本注，葉本作「蔚」字。

講畢，各就食，方半，有報女真自草地至，即圍城。城素無備，不可守，頃刻而陷。僧蒼皇失措，不暇走，兵已大掠。城中人與寺僧死者如神告之數，講師亦不免。

## 觀音偈

張孝純有孫，五歲不能行。或告之曰：「頃淮甸間一農夫，病腿足甚久，但日持觀世音名號不輟，遂感觀音示現，因留四句偈曰：『大智發於心，於心無所尋。成就一切義，無古亦無今。』農夫誦偈滿百日，故病頓愈。」於是孝純遂教其孫及乳母齋絜持誦，不兩月，孫步武如常兒。後患腿足者，誦之皆驗。又汀州白衣定光行化偈亦云：「大智發於心，於心何處尋。成就一切義，無古亦無今。」凡人來問者，輒書與之，皆於後書「贈以之中」四字，無有不如意，了不可曉。

## 劉廂使妻

金國興中府，有劉廂使者，漢兒也。與妻年俱四十餘，男女二人，奴婢數輩。一日，盡散其奴婢從良，竭家貲建孤老院。緣事未就，其妻施左目，以鐵杓剜出，去面二三寸許，方舉刀斷其筋脈，若有物翕然收睛入，其目儼然。如是者三，流血被體，衆人力勸而止。明日，舉杓間，目已失所在，不克剜。又明日，復如故。精神異常【一八】，衆皆駭而憐之，爭施

【一八】精神異常　「神」陸本、南圖本作「明」字。

金帛，院宇遂成。時金國皇統元年，即紹興十年庚申也。

## 天台取經

紹興丁巳歲，僞齊濟州通判黄塍死，三日復蘇，言：「有數人追之往一公庭，見服緋、緑人坐云：『差汝押僧五百人至五臺。』吾辭以家貧多幼累，不可行。左右吏前曰：『可差李主簿代之，兼它非晚自有差使。』復遣元追人送歸，故得活。」後兩日，本州山口縣【一九】報帥司差李主簿赴州點視錢糧，舍縣驛中，一夕落枕暴亡。塍心知其代已死，爲盡送終之禮。居一歲，忽沐浴易衣，告妻子曰：「今當别汝，緣官中差我往天台取經。我平生得力者，緣看了《華嚴經》一遍。」語訖，瞑目而逝。

## 冰龜

戊午夏五月，汴都太康縣，一夕大雷雨，下冰龜，亘數十里。龜大小不等，首足卦文皆具。

## 阿保機射龍

阿保機嘗居西樓，夜宿氈帳中。晨起，見黑龍長十餘丈，蜿蜒其上。引弓射之，即騰

【一九】山口縣　按：「縣」字誤。據《金史》卷二五《地理中》，濟州嘉祥縣有山口鎮。「縣」當是「鎮」之誤。

空夭矯而逝，墜于黄龍府之西，相去已千五百里，才長數尺。其骸今見寘金國内庫，蕃相陳王悟室長子源嘗見之，尾鬣支體皆具，雙角已爲人截去，云與吾家所藏董羽畫《出水龍》絶相似，謂其背上鬣，不作魚鬣也。

## 冷山龍

冷山去燕山幾三千里，去金國所都五百里，皆不毛之地。紹興乙卯歲，有二龍不辨名色，身高丈餘，相去數步而死，冷氣腥焰襲人，不可近。一已無角，如被截去。一額有竅，大如當三錢，類斧鑿痕。陳王悟室欲遣人截其角，或以爲不祥，乃止。先君所居，亦曰冷山，又去此四百里。

## 熙州龍

戊午夏，熙州野外濼水有龍見三日。初於水面見蒼龍一條，良久即没。次日，見金龍以爪托一嬰兒，兒雖爲龍所戲弄，略無懼色。三日，金龍如故。見一帝者，乘白馬，紅衫玉帶，如少年中官狀，馬前有六蟾蜍，凡三時方没。郡人競往觀之，相去甚近，而無風濤之害。熙州嘗以圖示劉齊，劉不悦。趙伯璘曾見之。

## 酒駞香龜

徽廟有飲酒玉駱駞，大四寸許，貯酒可容數升。香龜小如拳，類紫石而瑩。每焚香，以龜口承之，煙盡入其中。二器固以黄蠟，遇游幸必懷以往。去窒蠟，即駞出酒，龜吐香。禁中舊無之，或傳林靈素所獻也。

## 僞齊咎證

僞齊受册之初，告天祝版，吏誤書年號爲靖康。又純用趙野家廟器，識者以爲不祥，卒爲金人所廢。又作紙交子，自一貫至百貫，右語云「過八年不在行用」，至其年被廢，其數已兆矣。

## 犬異

金國天會十四年四月，中京小雨，大雷震，羣犬數十爭赴土河而死，所可救者才一二耳。

## 石氏女

京師民石氏開茶肆，令幼女行茶。嘗有丐者，病癩，垢汙藍縷，直詣肆索飲，女敬而與之，不取錢。如是月餘，每旦擇佳茗以待。其父見之怒不逐去【二〇】，笞女，女略不介意，供伺益謹。又數日，丐者復來，謂女曰：「汝能啜我殘茶否？」女頗嫌不潔，少覆于地，即聞異香，亟飲之，便覺神清體健。丐者曰：「我呂翁也。汝雖無緣盡食吾茶【二一】，亦可隨汝所願，或富貴或壽【二二】皆可。」女小家子【二三】，不識貴，止求長壽，財物不乏。既去，具白父母，驚而尋之，已無見矣。女既笄，嫁一管營指揮使。後爲吳燕王孫女乳母，受邑號。所乳女嫁高遵約，封康國太夫人。石氏壽百二十歲。

## 王天常

元豐中，京師有富人王天常，高魯王家壻也。一夕【二四】，夢二急足追至一處，令閉目露坐，無得竊窺人物。「吾檢會文字畢當復來。」既行，天常回顧，見門闕甚偉，牓曰「三坤城」。庭下桎梏者頗衆，皆僧道尼，亦有獄吏衛守。復坐移時，急足至，令同行。趨入公府，主者朝服坐，衆吏侍立，問何處來，答曰：「京師。」一吏稟曰：「誤矣。所追王天常，非京師人，當速令此人歸。」天常見他吏，乃故友，死已十餘【二五】，賫抱【二六】一大册，降堦相揖道舊，曰：「公可亟去，此非世人所處之地。」問：「册中何事？」曰：「記世間生死者。」天常再三欲視己事，吏辭不獲，遂開一葉，但見【二七】「某年月日以一刀死」急掩卷，令人送出。既寤，爲親戚言之，恐罹非命，積憂成勞疾而終。後人思之，一刀蓋「勞」字

【二〇】怒不逐去　涵芬樓本注，葉本無「不」字。

【二一】盡食吾茶　「食」，涵芬樓本注，葉本作「飲」。

【二二】或富貴或壽　「或壽」，涵芬樓本注，葉本多一「考」字。

【二三】小家子　「子」原作「女」，據葉本、陸本、南圖本改。

【二四】一夕　「一」下，涵芬樓本注，此下至卷末，宋本作三葉，嚴本於中縫均注「補」字。

【二五】死已十餘　「十」，涵芬樓本注，陸本作「年」。

【二六】賫抱　「賫」字原闕，據陸本、南圖本補。

【二七】但見　涵芬樓本注，嚴校：「見」字疑誤。南圖本作「之」。疑作「至」。

也。右二事趙伯璘言。

## 黑風大王

汾陰后土祠，在汾水之南四十里，前臨洪河，連山爲廟，蓋漢、唐以來故址，宫闕壯麗。紹興間陷虜，女真統軍黑風大王者，領兵數萬，將窺梁、益，館于祠下，腥羶汙穢，盈積如阜，不加掃除。一夕，乘醉欲入寢閣，觀后真容，且有媟瀆之意。左右固諫，弗聽，率十餘奴僕徑往。未及舉目，火光勃鬱，雜煙霧而興，冷逼於人【二八】，立不能定。統軍懼，急趨出，殿門自閉，有數輩在後，足踁爲關闑翦斷。統軍百拜禱謝，乞以翼旦移屯。至期，天宇清廓，杲日正中，片雲忽從祠上起，震電注雨，頃刻水深數尺，向之糞汙蕩滌無纖埃。統軍齋潔【二九】致祭，捐錢五萬緡以贖過，士卒死者什一二三。按：此條見支志甲卷第二。

## 韓郡王薦士

紹興中，韓郡王既解樞柄，逍遥家居。常頂一字巾，跨駿騾，周游湖山之間，纔以私童史四五人【三〇】自隨。時李如晦晦叔自楚州幕官來改秩，而失一舉，將憂撓無計。當春日，同邸諸人相率往天竺，李辭以意緒無聊賴，皆曰：「正宜適野散悶可也。」强挽之行。各假僦鞍馬，過九里松，值暴雨，衆悉迸避，李奔至冷泉亭，衣衲沾濕，愁坐良歎【三一】。遇

【二八】冷逼於人　「逼於」支甲卷二同條作「氣激」。

【二九】齋潔　「潔」支甲卷二同條作「戒」。

【三〇】私童史四五人　「史」，三志己卷一作「吏」，「四五」作「五六」。

【三一】良歎　涵芬樓本注，三志「良」作「長」。

韓王亦來，相顧揖，矜其憔悴可憐之狀，作秦音發問曰：「官人有何事縈心，而悒怏若此？」李雖不識韓，但見姿貌魁異，頗起敬，乃告以實。韓曰：「所欠文字，不是職司否？」答曰：「常員也。」「韓世忠却有得一紙，明日當相贈。」命小史【三二】詳問姓名、階位，仍詢居止處。李巽謝感泣。明日，一吏持舉牘授之曰：「郡王送來。」仍助以錢三百千。李遂陞京秩，修牋詣韓府，欲展門生之禮，不復見。按：此條見三志己卷第一。

【三二】小史　三志己卷一同條作「小吏」。

# 夷堅甲志卷第二 十四事

## 張夫人

張子能夫人鄭氏，美而豔。張爲太常博士，鄭以疾殂，臨終與張訣曰：「君必別娶，不復念我矣！」張泣曰：「何忍爲此！」鄭曰：「人言那可憑？盍指天爲誓。」曰：「吾苟負約，當化爲閹【一】，仍不得善終。」鄭曰：「我死，當有變相，可怖畏，宜置尸空室中，勿令一人守視，經日然後斂也。」言之至再三，少焉氣絶。張不忍從，猶遣一老嫗設榻其旁。至夜半，尸忽長歎，自揭面帛，蹶然而坐，俄起立，嫗懼以被蒙頭，覺其尸行步蹀踔，密窺之，呀然一夜叉也。嫗既不可出，震栗喪膽，大聲叫號。家人穴壁觀之，盡呼直宿數卒，持杖環坐於户外【二】。夜叉行百匝乃止，復至寢所，舉被自覆而臥。久之，家人乃敢發户入視，則依然故形矣。後三年，張爲大司成。鄧洵仁右丞欲嫁以女，張力辭。鄧公方有寵，取中旨，令合昏。成禮之夕，賜真珠複帳【三】，其直五十萬緡。然自是多鬱鬱不樂。嘗晝寢，見鄭氏自窗而下【四】，罵曰：「舊約如何而忍負之？我幸有二女，縱無子，胡不買妾？必欲娶【五】，何也？禍將作矣。」遽登榻，以手拊其陰。張覺痛，疾呼家人，至無所

**校勘記**

【一】當化爲閹　涵芬樓本注，明鈔本無「化」字。

【二】環坐　涵芬樓本注，「坐」葉本作「立」。

【三】複帳　涵芬樓本注，「複」明鈔本作「寢」。

【四】見鄭氏自窗而下　涵芬樓本注，此下至《齊宜哥救母》條「少焉生」，宋本作二葉，嚴本於中縫均注「補」字。

【五】必欲娶　涵芬樓本注，「欲」下葉本多一「正」字。

覩。自是若闇然，卒蹈奇變。

## 宗立本小兒

宗立本，登州黄縣人。世世爲行商，年長未有子。紹興戊寅盛夏，與妻販縑帛抵濰州，將往昌樂。遇夜，駕車於外，就宿一古廟，數僕擊柝持仗守衛。明旦，蓐食訖，登塗，值小兒，可六七歲，遮拜于前，語言猥利可喜。問其誰家人，自那處來，對曰：「我昌邑縣公吏之子也。亡父姓名是王忠彦，與母氏俱化去，鞠養於它人。將帶到此，潛舍我而去，茲無所歸，必死於狼虎魑魅矣。」立本拊之曰：「肯從我乎？」又再拜，感泣，遂收而育之，命名曰「神授」。兒性質警敏，每覽讀文書，一過輒憶。又能把巨筆，作一丈闊字，篆、隸、草【六】不學而成。見名賢古帖墨蹟，稍加摹臨，必曲盡其妙。立本蓋市井小民耳，遽棄舊業，而攜此兒行游，使習路歧賤態，藉以自給。後二年之春，至濟南章丘，逢一胡僧，神貌瓌傑，指兒謂立本曰：「爾在何處拾得來？」立本瞠曰：「吾妻實生之，奚乃輕妄發問？」僧笑曰：「是吾五臺山五百小龍之一也。失之三歲矣，方尋訪見之。爾久留，定掇大禍。吾已密施法禁，彼亦無所復肆其虐。」於是索水噴噀，立化爲小朱虵，盤旋于地。僧執淨缾，呼神授名，虵即躍入其中。僧頂笠，不告而去。立本夫婦思念，久而不忘。淮東鈐轄王易之親覩厥異。按：此條見三志己卷第三。

【六】篆隸草　「隸」原作「穎」，據南圖本、三志卷三同條改。

## 齊宜哥救母

江陰齊三妻歐氏，産乳多艱，幾於死，乃得免。一子宜哥年六歲，警悟解事，不忍母困苦，咨於老人，問何術可脱此厄。老人云：「唯道家《九天生神章》、釋教《佛頂心陀羅尼》爲上。」即求二經，從一史道者學，持誦三日，悉能暗憶。於是每以清旦各誦十過，焚香仰天，輸寫誠懇，凡越兩歲。紹熙元年，歐有孕，更無疾惱。至十月，將就蓐，宜哥焚誦之次，見神人十輩立侍于旁，異光照室，少焉生。以上宋本爲第三葉，與下葉「卧游到處總傷神」句不相接，陸本留一空葉。按：此條見三志己卷第四。

## 洋川養浩堂故事【七】

燕邸萊州洋川公家，裝褫古今畫爲十册，東坡過之，因爲書籖，仍題其後云：「高堂素壁，無舒卷之勞；明牕淨几，有坐卧之安。」又題王靄畫《如來出山相》云：「頭髯鬇耳卓朔，適從何處來？碧色眼有角，明星未出萬象閑，外道天魔猶奏樂。錯不錯，安得無上菩提成等正覺。」山谷詩云：「蕭寺吟雙竹，秋醪薦二螯。破塵歸騎速，横日鴈行高。」又「擁膝度殘臘，攀條驚淺春」。皆洋川公養浩堂故事，而集中不載。家君在北方，宗室子伯璘言如此。

【七】洋川養浩堂故事　此目原闕，據文意補。

## 山谷題大年小景【八】

予家有大年畫小景二幅，山谷親書兩絶句，其上曰：「水色烟光上下寒，忘機鷗鳥恣飛還。年來頻作江湖夢，對此身疑在故山」；「輕鷗白鷺定吾友，翠栢幽篁是可人。海角逢春知幾度【九】，臥游到處總傷神。」今集中亦無。

## 陳苗二守

陳珦，字中玉，鄭州人，文惠公諸孫也。政和中，爲蔡州守，始視事，謁裴晉公廟，讀《平淮西碑》，乃段文昌所製者，怪而問。邦人曰：「自韓文公碑刻石後，爲李愬卒所訴，以爲不述愬功而專美晉公，憲宗詔文昌別撰，事已久矣。」珦忿然不平，即日磨去舊碑，別諉能書者寫韓文刻之。苗仲先者，字子野，通州人，爲徐州守。徐舊有東坡《黄樓碑》，方崇寧黨禁時，當毁，徐人惜之，寘諸泗淺水中。政和末，禁稍弛，乃鉤出，復立之舊處。打碑者紛然，敲杵之聲不絶。樓與郡治相連，仲先惡其煩聒，令拽之深淵，遂不可復出。二事相反如此。朱新仲説。

【八】山谷題大年小景　此目原闕，據文意補。

【九】海角逢春知幾度　涵芬樓本注，嚴校：與上葉不相接，又云《苕溪漁隱叢話》第四十卷引此條可補，此胡所見者，非脩版也云云，因據補，但目録未列。

## 鼈報

承節郎懷景元，錢塘人。宣和初，於秀州多寶寺爲蔡攸置局應奉，性嗜鼈。一卒善庖，將烹時，先以刀斷頸瀝血，云味全而美。後患瘰癧，首大不可舉。行必引首，既久，蔓延不已，膚肉腐爛，首墜而死，宛若受刃之狀。景元自是不敢食鼈。

## 玉津三道士

大觀中，宿州士人錢君兄弟游上庠。方春月，待試，因休暇出游玉津園，遇道士三輩來，揖談眉宇修聳，語論清婉可聽。頃之，辭去，曰：「某有少名醞，欲飲二公。日云莫矣，明日正午復會于兹，尚可款，稍緩恐相失。」錢許諾。獨小道士笑曰：「公若愆期，可掘地覓我。」皆以爲戲，大笑而别。翌日，錢以他故滯留，至晚，方抵所會處，則肴核狼籍不復見人，悵然久之。弟曰：「得非仙乎？」試假畚鍤鑿地，纔尺許，得石函啓之，乃三道士象，冠巾儼然，如昨所見者。外有方書，言鍛水銀爲白金事【一〇】。弟曰：「兄取其書，弟願得道象，歸奉香火。」兄欣然許之。既試，弟中選。兄復歸宿【一一】，驗其方，無一不酬。不數年，買田數萬畝【一二】，爲富人。居一日坐廡下，外報三道士來謁。既見，一人起致詞曰：「昔年玉津之會，君憶之否？君得吾仙方，不以賑卹貧乏，而貪冒無厭，禄過其

【一〇】言鍛水銀爲白金事　涵芬樓本注，葉本「鍛」下多一「煉」字，又「事」作「之法」。

【一一】兄復歸宿　涵芬樓本注，葉本無「宿」字。

【一二】買田數萬畝　涵芬樓本注，「畝」明鈔本作「頃」，下多一「遂」字。

分，天命折君算。今日即自改，尚延三歲。如其不然，旦暮死矣！吾以泄天機，謫爲人，當來主之矣。」既去，錢君始大悔，即焚方毁竈，闔質户【一三】不復啓。明日，小道士復至，未及坐，聞侍妾免乳【一四】，亟入視之，生一男。出陪客，無所見，問諸僕隸，皆莫知。錢不三年而殂。

## 陸氏負約

衢州人鄭某，幼曠達能文，娶會稽陸氏女，亦姿媚俊爽，伉儷綢繆。鄭嘗於枕席間語陸氏曰：「吾二人相歡至矣，如我不幸死，汝無復嫁，汝死，我亦如之。」對曰：「要當百年偕老，何不祥如是。」凡十年，生二男女，而鄭生疾病，對父母復申言之，陸氏但俛首悲泣，鄭竟死。未數月而媒妁來，陸氏與相周旋，舅姑責之，不聽。纔釋服，盡攜其資適蘇州曾工曹。成婚才七日，曾生奉漕檄考試它郡。行信宿，陸氏晚步廳屏間，有急足拜於庭，稱鄭官人有書。命婢取之，外題「示陸氏」三字，筆札宛然前夫手澤也【一五】。急足已不見。啟緘讀之，其辭云：「十年結髮夫妻，一生祭祀之主。朝連暮以同歡，倖有餘而共聚【一六】。忽大幻以長往，慕何人而輒許【一七】。遺棄我之田疇，移資財而別户【一八】。不恤我之有子【一九】，不念我之有父。義不足以爲人之婦，慈不足以爲人之母。吾已訴諸上蒼，行理對于幽府。」陸氏歎恨不意【二〇】，三日而亡。其書爲鄭從弟甸所得，嘗出示胡𠊓然。

【一三】闔質户　涵芬樓本注，上二字，明鈔本作「鼎爐」。

【一四】免乳　涵芬樓本注，「乳」葉本作「身」。

【一五】手澤　涵芬樓本注，「澤」葉本作「跡」。

【一六】倖有餘而共聚　「餘」原作「聚」，據葉本、陸本、南圖本改。

【一七】慕何人而輒許　涵芬樓本注，「何」、「輒」葉本作「他」、「輕」。

【一八】移資財而別户　涵芬樓本注，「資財而」葉本作「蓄積於」。

【一九】我之有子　涵芬樓本注，「有」葉本作「二」。

【二〇】歎恨不意　涵芬樓本注，「意」葉本作「懌」。

## 張彥澤遁甲

紹興四年，李參政少愚回爲江西帥，遣總管楊惟忠討賊，以四月壬申日寅時出師鄱陽。胡倫然送之渡江，回謁道友陳生。有道士張彥澤者，洛陽人，頃事徐神翁，多居西山好道之家。偶來會語，問何人選日時，倫然曰：「穆茂才也。」彥澤曰：「何其繆邪！幸而非寅時則可，若然，賊雖自擒，主將將不利。以正午卜之，苟無大雨則善。」時天色清霽【三一】，已有微暑，三人食已，散步僧舍。俄陰雲四合，雨下如注，溝壑皆盈，彥澤拊掌曰：「必寅時也，楊公其危哉！」時賊衆萬二千，官軍纔三之二【三二】。先鋒將傅選悉五軍旗幟行，以壯軍聲。賊諜知之，曰：「先鋒尚如此，若全師而來，何可當也！」遂遣使迎降。次日，楊公所乘青驄馬忽斃，楊亦得疾，即反豫章，翌日而卒。

## 謝與權醫

楊惟忠病時，面發赤如火，羣醫不能療。子壻陳槱憂之，以問胡倫然。有蘄人謝與權，世爲儒醫，倫然引之視疾。既入不診脈，曰：「證候已可見。」楊公夫人滕氏，令與衆議藥餌，朱、張二醫曰：「已下正陽丹、白澤圓，加鍾乳、附子矣。」謝曰：「此伏暑證也，宜用大黄、黄蘗等物。」因疏一方，議不合。時楊公年六十餘，新納妾嬖甚，夫人意其以是得

【三一】清霽　涵芬樓本注，「清」葉本作「晴」。

【三二】三之二　涵芬樓本注，「二」明鈔本作「一」。

疾，不用謝言。謝退，謂翛然曰：「公往聽諸人所議。」纔及門，衆極口詆謝曰：「此乃《千金》中一治暑方，用藥七品。渠只記其五，乃欲療貴人疾邪？」翛然以告謝，謝曰：「五藥本以治暑，慮其太過，故加二物制之。今楊公病深矣，當專聽五物之爲，不容復制。若果服前兩藥，明日午當躁渴，未時必死。吾來助諸公哭弔也。」翛然語陳櫄，櫄不敢泄。明日，楊卒，皆如謝言。四事皆胡翛然說。

## 趙表之子報

趙令衿，字表之。宣和五年，赴南康司録，過蘄州，游五祖山，冒風雨，獨履絶頂。至白蓮池亭，憩磐石上，若夢寐間，見一老僧倚杖而言，曰：「公此去廬阜無苦，但至晉州，當有哭子之戚。以昔守晉州，因事繫民母，遂失所生子，今報也。」言訖不見。表之審非夢所，又思慮未嘗及，而晉在河東，意他時當官于彼，歸爲家人説，嗟異之。自祖山至黄梅縣，翌日，以雨不行【二三】。幼子善郎忽感疾，縣令吴宇至，偶言邑之因革，曰：「唐時嘗爲南晉州，鮮有知者。」表之驚歎，知僧言有證。疑其子必不久，乃許祝髮爲浮屠。越四日，竟死於白湖驛。去邑纔三十餘里。表之親記其事【二四】。

【二三】以雨不行　涵芬樓本注，「不」下葉本多一「克」字。
【二四】親記　涵芬樓本注，「記」葉本作「言」。

## 神告方

建昌人黄襲云有鄉人爲賈，泊舟潯陽，月下髣髴見二人對語曰：「昨夕金山修供甚盛，吾往赴之，飲食皆血腥不可近。吾怒庖者不謹，漬其手鼎中，今已潰爛矣。」其一曰：「彼固有罪，責之亦太過。」曰：「吾比悔之，顧無所及。」其一曰：「何難之有！吾有藥可治，但擣生大黄，調以美醋，傅瘡上，非唯愈痛，亦且滅瘢。兹方甚良，第無由使聞之耳。」賈人適欲之金山，聞其語，意冥冥之中假手以告。後詣寺詢之，乃是夜設水陸，庖人揮刀誤傷指，血落食中，恍惚之際，手若爲人所掣入鑊内，痛楚徹骨，號呼欲死。賈人依神言療之，兩日而愈。

## 詩謎

元祐間，士大夫好事者，取達官姓名爲詩謎，如：「雪天晴色見虹蜺【二五】，千里江山遇帝畿【二六】。天子手中朝白玉【二七】，秀才不肯著麻衣。」謂韓公絳、馮公京、王公珪、曾公布也。又取古人名而傳以今事，如「人人皆戴子瞻帽，君實新來轉一官。門狀送還王介甫，潞公身上不曾寒」。謂仲長統、司馬遷、謝安石、温彦博也。

【二五】雪天晴色　涵芬樓本注，《苕溪漁隱叢話》作「長空雪霽」。

【二六】千里江山　涵芬樓本注，《苕溪漁隱叢話》作「行盡天涯」。

【二七】朝白玉　涵芬樓本注，《苕溪漁隱叢話》作「執玉簡」。

## 武承規

武承規，字子正，長安人。政和七年，監台州寧海縣縣渚鎮酒稅。好延道流，日食于門者常數輩。家君時爲主簿，戒之曰：「君官卑俸薄，而冗食若此，何以給邪？」曰：「吾無美酒大肉與之，但隨緣而已。遇有酒則醉，有海魚則一飽，他無所費。其無能者，旬日自去，安知吾不遇至人哉！」他日，復勸之，不聽。一日，氣貌洋洋，若有得色，曰：「公笑我接道人【二八】，近有授我内交法者，每日子午時，運虎龍氣，相摩移時，美暢不減房室之樂，而無所損，雖未可度世，亦安樂奇術也。」家君曰：「公妻甚少，又未有子，奈何？」曰：「亦得一術倣此者授之，渠亦自得其樂。舍弟多男，兄弟之子，猶子也。夫人有後足矣。」家君欲聞其略，曰：「公方効官，又有父母、妻子，與承規異。六十歲以後，儻再相遇，是時方可。」旬日復來，曰：「承規欲往閩中訪先生，旦夕遣妻孥歸侍下，纔有可配即嫁之。」其父掞時爲越州將領，家君曰：「既託身於公，何忍如此。已絶欲事，異室而居，可也，何必遣？」曰：「畢竟爲累。無此人，則吾身輕，要行則行矣。」曰：「胡不一歸，與親別？」曰：「骨肉之情，見面必留，卒未可脱。」及再見，曰：「妻已行矣。承規替期已及，官課皆不虧，而代者未至，願爲白州郡，遣牙校交界。」如其言，郡吏方至，其室虚矣。

【二八】公笑我接道人　「我」原作「有」，據南圖本改。

## 崔祖武

崔祖武，河東威勝軍人。政和癸巳，與家君同處太學通類齋。自言少好色，無日不狎遊，年二十六歲成瘵疾，將死。有牛道人來，曰：「苟能絶慾，吾救汝。」父母曰：「是兒將死，儻能生之，有何不可！」遂授以藥，及教以練氣術，令與妻異處，其病良已。三年，方同房，而欲心不復萌。在學時，年三十五六，肌幹豐碩，儀狀秀偉，亦與人和。率之游狹邪，不固拒，但不作色想耳。飲食不肯醉飽，曰：「大醉大飽，最爲傷氣。須六十日修持，始復初。」後歸鄉里，不知其所終。

# 夷堅甲志卷第三九事【一】

## 萬歲丹

徽州婺源縣懷金鄉民程彬，邀險牟利，儲藥害人。多殺蛇埋地中，覆之以苦，以水沃灌，久則蒸出菌蕈，采而曝乾，復入它藥。始生者以食人即死，恐爲累，不敢用。多取其次者，先以飼蛙，視其躍多寡以爲度，美其名爲「萬歲丹」。愚民有欲死其仇者，以數千金密市之。嘗有客至，欲寘毒，誤中婦翁，翁歸而悟，已不可救。彬有弟曰正道，雅以爲非，不敢諫，至徙家避諸數十里外。彬既老，始悔，不復作，稍用僞物代之。藥既不驗，遂無售者。既死，貧甚，唯一子，丐食道亡，其後遂絶。嘗有里胥督租，以語侵彬，彬怒，毒而飲之。胥行未幾，腦痛嘔血，亟反，臥其門，大呼乞命，彬汲水飲之，即愈。蓋有物以解其毒也。縣人董猷説。

## 李辛償寃

宣和末，饒州庾人李辛，爲吏凶横，郡人仄目。因大雪入府治，一人遇諸塗，辛被酒恃

校勘記

【一】九事　原作「十事」，涵芬樓本按：實祇九事。

力，奮拳擊死之，觀者如堵，恐累己，絶不言。辛捨去，街卒以爲暴亡，呼其家人葬之。辛益自肆，所居在城外，夜多踰垣歸。經三歲，忽遇死者，曰：「吾尋汝久，乃在此邪！」辛歸，語其妻，甚懼，明日死。辛家養數鹿，每以竹擊柱則應聲而至。户曹白生以七月勒令市鹿，不可得。爲之呼所養者，纔擊竹，一最大鹿至，乃殺之取肉以應命，召所知洪端共食其餘，經日，辛死，咸以爲中毒，不知爲寃鬼所殺也。洪端說。

## 陳氏前夫【二】

陳德應橐侍郎之女，爲會稽石氏婦，生一男而石生病。將終，執妻手與訣曰：「我與若相歡，非尋常夫婦比，汝善視吾子，必不嫁以報我【三】。」陳氏遲疑未應，石怒曰：「好事新夫，無思故主。」遂卒。陳氏哭泣悲哀思慕瘠甚【四】。未幾，其父帥廣東，挈以俱往。憐其盛年，爲擇壻，得莆田吴璲。陳氏辭不免，遂受幣。既嫁，歲餘，忽見其前夫至，駡曰：「汝待我若是，豈可以事它人！　先取我子，次及汝。」至暮而子夭，踰旬陳氏病亡。陳爣世明說，陳與吴璲善。

## 李尚仁

王承可鈇，紹興辛酉歲，提舉浙東茶鹽，公廨在會稽子城東，蓋古龍興寺。承可第三

【二】陳氏前夫　涵芬樓本按：目録作「陳氏負前夫」。
【三】必不嫁　涵芬樓本注，葉本作「當勿嫁」。
【四】思慕瘠甚　「甚」涵芬樓本注，葉本作「悴」。

子湑，嘗夢一丈夫，衣紫袍來言曰：「我朽骨埋桃樹下，幽魂無所歸，君幸哀我，使得徙葬。」湑覺，白其父，視舍旁有巨桃一本，因下穿求骨，弗獲。明年八月晦，又夢有通謁者曰：「朝請大夫李尚仁。」既進，乃向所夢者。頫首慘蹙，以舊懇申言，袖詩一紙以贈湑，曰：「桃林隱伏厭清芬，去歲幽魂得見君。八十壽齡人未有，一堂風采世無聞。濟時革弊忠爲主，救物哀亡德作恩。白骨可憐埋近地，願公舉手報無垠。」湑覺，急燭火，筆于簡。會承可將代還，以李君精爽不可負，亟集吏卒，盡西廡之桃下大索數日，無所見。承可躬督畚鍤，復穿尺許，乃得之。有小象梳二已朽，烏巾財餘方寸，骨旁存大釘四，乃遷葬于禹廟後三喬松下，具酒食祭之。吳興莫壽朋儔、洛陽朱希真敦儒皆記其事，意以夢中詩爲吉祥。後十四年，湑以事謫廣東，而廣東自有寓客曰「李尚仁」云。

## 段宰妾

段宰者，居婺州浦江縣僧舍。其妻嘗觀于門，有婦人行丐，年甚壯，詢其姓氏始末，自云無夫，亦無姻戚。段妻云：「既如是，胡不爲人妾而乞食？肯從我乎？」曰：「非不欲也，但人以其貧賤，不肯納耳。若得供執爨之役，實爲天幸。」遂呼入，令沐浴，與更衣，遺庖者教以飲膳，旬日而能。繼以樂府訓之，不踰月皆盡善。調習既久，容色殊可觀。段名之曰「鶯鶯」，以爲側室。凡五六年，唯恐其去。一夕，已夜分，段氏皆就寢，自門外呼閽者，曰：「我鶯鶯夫也。」僕曰：「鶯鶯不聞有夫，縱如爾言，俟天明來未晚，何必中夜爲？」其人頗怒曰：「若不啓門，我當從隙中入。」僕大怒，郎叩堂門，以其事語段。鶯鶯聞之，若有喜色，曰：「他來也。」亟走出。段疑其竄，自篝火追至廳廂，但聞有聲極響，燈即滅。妻遣婢出視，段已死，七竅皆血流。外户扃鐍如故，竟不知何怪。浦江人何叔達説，予得之程資忠。

## 竇道人

桂縝，字彦栗，信州貴溪人。所居至龍虎山纔三十里，道流日過門，桂氏必與錢。縝素病疝，每作皆瀕死。醫者教以從方士受服氣訣，故尤屬意。紹興庚申六月二十有三日晚，浴畢，散步小徑，有老道人來，年八九十矣，鬢鬚皤然，曲僂豐下，縝揖與語曰：「請至弊廬，取湯茗之資。」曰：「日已暮，不可至君家。君苟有意，能延我旬日否？」縝不應，遂行。復回首呼縝，使前入林間，坐古松根上。自云姓竇氏，聲音如山東人，劇談良久，語頗侵縝。縝見其老，雖貌敬而心不平。細視其目，清聳入鬢，着青幅巾，暑行不汗，未忍遽去。復詢以氣術，道人曰：「吾行氣二百年，治病差易耳。」爲誦所習書千餘言，天文、地理、兵法、道要，錯綜其間，略不可曉。縝曰：「先生幸教我，此非我所能。盍言其粗者？」道人曰：「汝似可教。吾有一編書，藏衡山中，今往取之。又三十三年，當以授汝。」縝曰：「得非般運導引訣邪？」曰：「未也。姑以方書濟衆，稍儲陰功。」縝曰：「萬一及期，尋先生何所？」曰：「非汝所知，吾當來訪汝。」遂邀縝，欲偕逝。縝以親年高及孥累爲解。道人不懌，間忽不見。縝且駭且懼，急歸不敢語人。後數日，一道者及門，問曰：「八十三承事何在【五】？」家人辭以出，呼者怒曰：「吾非有所求。先生使來授公書耳，胡爲不出？」擲卷於堦而去，取視之，乃《呂洞賓傳》也。縝始悔之。至壬戌年擢第，調鄱陽尉。歸至嚴、衢間，疾大作，不可有【六】，輿行數里，必下，投逆旅中，傍外户而臥。有商人過，倚擔問曰：「官人有疾邪？」曰：「然。」曰：「始發時，行坐立臥皆不可，某處最痛，祈死不能，證候若是否？」曰：「然。爾何以知之？」客曰：「某，豫章人也。少亦病此，今日負百斤而不害，蓋有藥以療之耳。」遂解囊，如有所索，得一裹如細剉桑葉者，教以酒三升，浸服之。縝素不飲，未敢服，以千金謝客而行。及家，疾益甚，遍服它藥皆弗驗。姑如客言，以藥投酒中，甫酌一盃，其甘若飴蜜，隨渴隨飲，至曉而酒盡，病瘳什八，信宿脱然。後不復作，細思商人，乃昔所遇賓君也。

【五】八十三承事何在　原注：縝之父。

【六】不可有　「有」字原本字形不全，據陸本、南圖本補。

## 祝大伯

桂縝祖安時，自少慕道。年二十有四，即委妻子，挈金帛之名山，十載而歸。遇方士過門，必延入，日飯堂上者，數十輩。家貲枵然，盡室尤之，而安時執意愈篤。野僕祝大伯，服薪水之勞，愚鈍而謹勑。一日自外至，舉措異常，曰：「適遇道人，與我藥服之，能不食矣。」驗之，信然。詰其方，無有也。或盛夏暴烈日中，冬覆冰上，皆不寒暑，而隸役如故。桂氏之人皆敬事之，呼爲祝仙人，欲延以客禮，辭曰：「吾合在人間爲僕，使歲滿，自當去。」如是三年，告安時曰：「白花巖有人見招，願主翁同往。」乃俱行，未至巖下，絲竹之聲泠泠盈耳，綵雲郁然，蔽覆山谷。安時歎異未已，祝君遽聲喏辭，遂不見。安時自是不意，以至捐館，時大觀二年也。白花巖去桂氏所居十里。

## 鄭氏得子

李處仁者，亦貴溪人。妻鄭氏，嘗夢至高山下，有緑衣小兒戲于顛，急抱取得之，遂寤。已而有娠，生男，命之曰「嵩老」。稍長，極雋敏。父命習進士業，即名嵩，字夢符。年十八歲，紹興十五年，一舉擢第。後五年，爲建州建陽尉。盜入其邑，重親皆死焉。鄭夢亦非吉也。三事桂縝説。

## 邵南神術

邵南者，嚴州人。頗涉書記，好讀《天文》、《五行志》，邃於遁甲，占筮如神。然使酒尚氣，好面折人，人皆謂之狂。宣和四年，遊臨安，胡尚書少汲直孺以祕閣修撰爲兩浙轉運使，聞其名，召使筮之，曰：「六十日内仍舊職，作大漕，替姓陳人。」時郭太尉仲荀爲路鈐轄，欲倣三路式，與部使者序官。蔡尚書文饒嶷帥杭，常抑之，須日日揖階下，乃得坐，不勝忿，奏乞致仕，亦召南決之。南曰：「候胡修撰除發運，更四十日，太尉亦得郡北方，銜内帶『安撫』字，但非帥耳。」郭曰：「某已丐休致矣，豈有是事？」才五十七日，發運使陳亨伯被召，少汲代焉。郭具飯延南，復扣之，對曰：「兆與前卦同，無閑退象，前言必不妄。」既勑下，郭守本官致仕，復問南，南對如初。郭怒，取勑牒示之，南意不自得，曰：「若爾，則某亦不能曉。」會譚稹與郭善，薦之，未旬日，以舊官起知代州，兼沿邊安撫司公事。翁中丞端朝彥國守金陵，過杭，訪少汲，南適在坐，少汲因言其奇中事。翁問錢塘如何，南大書卓上曰：「火。」翁曰：「近已爇矣。」曰：「禍未息也，不出三日當驗，中丞須見之。它日却來鎮此。」翁不敢泄，時十二月五日也。明日，蔡帥生朝，大張樂置酒。會京畿戍卒代歸，當得犒絹。蔡榜于市，不許買，官以賤直取之，皆大怒。至夜數處舉火，欲蔡出救而殺之。蔡已醉，知事勢洶洶，踰垣入巡檢寨，家人皆趨中和堂避之，於是州治皆煨燼。端朝未行，見蔡曰：「兩日前，見邵先生言此事，未敢信，果然。」蔡素不喜卜筮，試呼詢之，對曰：「十五日内，當移官別京。」蔡曰：「得非分司乎？何遽也！」居二日，適爲言者論擊，罷爲提舉南京鴻慶宮。未幾，又落龍圖閣直學士，如期拜命，而徙端朝鎮杭。

提舉常平許子大之姪調官，上部久不歸。姪婦白子大，令詣南卜，南批曰：「令姪已出京，遇親舅邀往西洛差遣，見託兩火人，受得官之州，當從水邊，必濱州也。非縣官、曹官，而又兼獄，必士曹掾也。」子大曰：「邵生言多中，然此亦太誕。」月餘，姪書來，曰：「已出水門，逢舅氏，力邀往洛差遣，只託書鋪家耳。」已驚其驗。俄得報，果擬濱州士曹掾，兼左推院，乃其叔炎所受也。南與衢人鄭甸爲酒侶，甸好博，然勝敗不過數千。南曰：「子小勝，無所濟。可辦進十萬，召博徒能相敵者，吾爲子擇一日，與之戰。」甸曰：「吾囊中空空，豈能辦？」曰：「我當以物假子。」及期，聚博於靈隱山前冷泉亭上。南入僧寮偃臥，忽出門呼甸曰：「子有可止，已溢數矣。」急視之，正百千餘八百也。南昔至通州，郎官范之才以言巢湖有鼎，非是被責，來問休咎。南曰：「更十年，當於婺女相見。」范曰：「量移邪？」曰：「作郡守也。」後范罪拔拭，果得婺。聞南在杭，使召之，時相去九年矣。南不肯往，復書曰：「昔年雖有約，然吾自筮，□人出城而不出【七】，若往必死。」范連遣使齎酒醴請，意益勤。既度歲，遂行，過嚴州。嚴守周格非問：「吾此去官何地？」曰：「且夕爲假龍再任，仍與范婺州同命。」曰：「復當如何【八】？」曰：「更一官而死。」周大怒，速湯遣去。至婺，范喜甚，南曰：「公當與周嚴州皆爲假龍。」一日，又至，曰：「某昨通夕不寐，細推之，公來日當拜命。然某適當死，使巳時至，猶及旅賀。公遷延可至午，緩則無及矣。」范曰：「先生何遽至此。」來日，復謁范，屏人語曰：「告命且至，偶使人未到城二十里，爲石踠足，願選一健步者往取之。」范曰：「某備位郡守，無故爲此舉，豈不爲邦人

【七】□人出城而不出　涵芬樓本注，陸本作「二人入城而不出」。

【八】復當如何　涵芬樓本注，「復」陸本作「後」。

所笑？兼邸報尚未聞，不應如是之速。」曰：「某忍死相待，何惜此。」范即命一卒曰：「去城二十里外遇持文字者，急攜來。」遂解帶款語，令具食。移時，所遣卒流汗而至，拜庭下大呼曰：「賀龍圖。」取而觀之，乃除直龍圖閣告也。時王黼爲相，促告命付婺州回兵，仍令兼程而進，故外不及知。少頃，南促饌，遂食。食已，范入謝親【九】，南趨至客次，使下簾，戒曰：「諸人敢至此者，當白龍圖撻治。」范家人喜抃，爭捧觴爲壽。良久方出，急召南，已坐逝矣。南在杭，與家君善，嘗欲以其書傳授，家君不領。南無子，既死，其學遂絶云。

【九】范入謝親　中華本注，「親」字疑誤。李按：「謝親」二字似當乙正。

# 夷堅甲志卷第四十六事

## 鄭鄰再生

紹興十四年三月四日，江東憲司騶卒鄭鄰久疾，夢二使追之，曰：「大王召。」行數十里，樓觀巍然。使引之，登階入朱門，庭下列男女僧、道、鷄犬牛羊，殿前挂大鏡，照人心腑，歷歷可見。頃之，王出，二使擁鄰聲喏，稱追到鄭鄰。王問：「甚處人，何事到此。」鄰俯首荅，曰：「本貫信州，被追來，不知何故。」王命將到頭事祖來，以筆點一字，顧吏曰：「又卻是此鄰字【一】，莫誤否？」判官攜簿前白云：「合追處州松陽鄭林。」王曰：「若爾，則不干此人事，教回。」復命檢勾生死簿，稱鄰壽尚有一紀半，遂呼鄰前曰：「看汝是一善人，在生曾誦經否【二】？」鄰曰：「默念《高王經》，看本念《觀世音經》。」王曰：「汝視此間囚不作善事。」鄰舉首觀殿下鐵柱，繫者甚衆，五木被體，羸瘠裸立，絶無人狀。柱上立粉牌，誌其罪，某人呪咀，某人殺生，某人鬬殺。獄户施金釘，圖大海獸張口銜之。兩廡皆鞫獄官，内有戴牛耳幞頭者。周覽而旋，王曰：「汝已見了，還生時依舊積善。若見戮人，只念阿彌陁觀世音佛名，令渠受生，汝得消災介福。」鄰曰：「領聖旨。」遂退行數步，

校勘記

【一】又卻是此鄰字　涵芬樓本注，明鈔本無「此」字。

【二】誦經　涵芬樓本注，「誦」明鈔本作「看」。

回首已無所睹，唯一叟白衣拄杖，鄰問去饒州路，叟以杖指云：「由此而左，得路宜亟行，稍緩有犲虎蟲虺之毒。」鄰憂撓奔迴，遂瘖，遍體流汗，乃初六夜矣。

## 吴小員外

趙應之，南京宗室也。偕弟茂之在京師，與富人吴家小員外日日縱游。春時至金明池上，行小徑得酒肆，花竹扶疎，器用羅陳，極蕭灑可愛，寂無人聲，當壚女年甚艾，三人駐留，買酒應之，指女謂吴生曰：「呼此侑觴如何？」吴大喜，以言挑之，欣然而應，遂就坐。方舉盃，女望父母自外歸，亟起。三人興既闌【三】，皆捨去。時春已盡，不復再游，但思慕之心，形於夢寐。明年，相率尋舊游，至其處，則門户蕭然，當壚人已不見。復少憩索酒，詢其家曰：「去年過此，見一女子，今何在？」翁媪顰蹙曰：「正吾女也。去歲舉家上冢，是女獨留。吾未歸時，有輕薄三少年從之飲，吾薄責以未嫁而爲此態，何以適人，遂悒怏不數日而死。今屋之側有小丘，即其冢也。」三人不敢復問，促飲畢，言旋，沿道傷惋。日已暮，將及門，遇婦人羃首摇摇而前，呼曰：「我即去歲池上相見人也。員外得非往吾家訪我乎？我父母欲君絶望，詐言我死，設虚冢相紿。我亦一春尋君，幸而相值。今徙居城中委巷，一樓極寬潔，可同往否？」三人喜，下馬偕行。既至，則共飲。吴生留宿，往來逾三月，顔色益憔悴，其父責二趙曰：「汝向誘吾子何往？今病如是，萬一不起，當訴于

【三】三人興既闌　涵芬樓本注，「興」明鈔本作「酒」。

有司。」兄弟相顧悚汗，心亦疑之。聞皇甫法師善治鬼，走謁之，邀同視吴生。皇甫纔望見，大驚曰：「鬼氣甚盛，祟深矣。宜急避諸西方三百里外，儻滿百二十日，必爲所死，不可治矣。」三人即命駕往西洛。每當食處，女必在房内，夜則據榻。到洛未幾，適滿十二旬，會訣酒樓【四】，且愁且懼。會皇甫跨驢過其下，拜揖祈哀，皇甫爲結壇行法，以劍授吴曰：「子當死，今歸，試緊閉户，黄昏時有擊者，無問何人，即刃之。幸而中鬼，庶幾可活。不幸誤殺人，即償命。均爲一死，猶有脱理耳【五】。」如其言。及昏，果有擊户者，投之以劍，應手仆地，命燭視之，乃女也。流血滂沱，爲街卒所録，并二趙、皇甫師皆縶囹圄。鞫不成，府遣吏審池上之家，父母告云已死。發冢驗視，但衣服如蜕，無復形體，遂得脱。江續之説。

## 鼠災【六】

紹興丙寅夏秋間，嶺南州縣多不雨。廣之清遠，韶之翁源，英之貞陽，三邑苦鼠害。雖魚鳥蛇，皆化爲鼠，數十成羣，禾稼爲之一空。貞陽報恩寺耕夫獲一鼠，臆猶蛇紋。漁父有夜設網，旦得數百鱗者，取而視之，悉成鼠矣。踰數月始息，以是米價翔貴。次年秋始平。僧希賜説。

【四】會訣酒樓　涵芬樓本注，「訣」葉本作「談」。
【五】耳　涵芬樓本注，葉本作「矣」。
【六】鼠災　涵芬樓本按：目録「災」作「報」。

## 李乙再生

李乙，字申叔，京師人，元名象先。政和中，通判池州。爲梅山寺主僧可久言，前二年因病亟，夢人【七】二十六日也。余因說。

## 蔣保亡母

鄉人馬叔靜之僕蔣保，嘗夜歸，逢一白衣人，偕行至水濱，邀同浴。保已解衣，將入水，忽聞有呼其姓名者，聲甚遠，稍近，聽之，乃亡母也。大聲疾言曰：「同行者，非好人，切不可與浴！」已而母至，即負保急涉水至岸，值一民居，乃擲於竹間。居人聞外有響，出視之，獨見保在，其母及白衣皆去矣。叔靜弟登說。

## 俞一公

俞一公，字彦輔，徽州婺源人。使氣陵轢鄉里，小民畏法不敢與之競者，必以術吞其貲，年益老，不改悔。紹興壬戌歲，大病，時作馬嘶。一日家人皆不在側，彦輔忽起闔户，外人聞咆擲聲，亟入視，則彦辅手足皆成馬蹄，身首未及化，腰脊已軟，數起數仆，不能言。其家畏惡聲彰露，舁入棺而瘗之。

【七】因病亟夢人　涵芬樓本注，此下宋本闕一葉。李按：南圖本所闕同此。

## 方客遇盜

方客者，婺源人。爲鹽商，至蕪湖遇盜。先縛其僕，以刃刲腹，投江中。次至方，方拜泣乞命，盜曰：「既殺君僕，不可相捨。」方曰：「願一言而死。」問其故，曰：「某自幼好焚香，今篋中猶有水沉數兩，容發篋取之，焚謝天地神祇，就死未晚。」許之。移時香盡，盜曰：「以爾可愍，奉免一刀。」只縛手足，縋以大石，投諸水。時方出行已數月，其家訝不聞耗。一日忽歸，妻責之曰：「爾既歸，何不先遣信？」曰：「汝勿恐。我某日至蕪湖，爲賊所殺，尸見在某處。賊乃某人，今在某處，可急以告官。」妻失聲號泣，遂不見。具以事訴于太平州，如其言，擒盜。二事皆縣人李鏞説。

## 水府判官

齊琚，字仲玉，饒州德興人。温厚好學，家苦貧，教生徒以自給。紹興丁卯，就館于同邑董時敏家。約已定，過期不至，董遣書促之，纔及門，聞哭聲，則琚死兩日矣。琚所善汪堯臣言：「琚以去年季冬得疾，夢人持文書至，曰：『某王請秀才爲水府判官。』發書視之，中云『不得顧父母，不得戀妻子』，琚與約，正月十三日當去。既覺，語家人曰：『我明年正月十三日死。』自是，謝醫卻藥，食飲盡廢。時時自言，曰：『彼中大有好處，那能久住此。』家人初竊憂之，至期雖無它，然自此遂困殆，不復語，又八日乃不起。」堯臣説。

## 陳五鰍報

秀州人好以鰍爲乾，謂於水族中性最暖，雖孕婦病者皆可食。陳五者，所貨最佳，人競往市。其徒多端伺其術，不肯言。後得疾，躑躅牀上，纔著席，即呼謈，掖之使起，痛愈甚。旬日死，遍體潰爛。其妻方言，夫存時，每得鰍寘器内，如常法用灰鹽外，復多拾陶器屑滿其中，鰍爲鹽所螫，不勝痛，宛轉奔突，皮爲屑所傷，鹽味徐徐入之，故特美。今其疾宛然如鰍死時云。

## 侯元功詞

侯中書元功蒙，密州人。自少游場屋，年三十有一，始得鄉貢。人以其年長貌侻【八】，不加敬。有輕薄子畫其形於紙鳶上，引線放之，蒙見而大笑，作《臨江仙》詞，題其上曰：「未遇行藏誰肯信，如今方表名蹤。無端良匠畫形容，當風輕借力，一舉入高空。纔得吹噓身漸穩，只疑遠赴蟾宫。雨餘時候夕陽紅，幾人平地上，看我碧霄中。」蒙一舉登第，年五十餘，遂爲執政。

【八】貌侻　涵芬樓本注，「侻」《苕溪漁隱叢話》作「寢」。

## 驛舍怪

侯元功自密州與三鄉人偕赴元豐八年省試，止道旁驛舍。室中四隅各有榻，四人行路甚疲，分憩其上，皆熟寢。二僕附火坐，聞西北角悉窣有聲，燈忽暗，一物毛而四足，如豬狀，直登榻嗅士人之面至足。其人驚魘，頃之方定。物既下，別登一榻如前，其人亦驚呼。最後至元功臥榻，未暇嗅，如有逐之者，蒼黄而下，急竄去，復由西北角而滅。元功亦覺，呼三人者起食，皆言夢中有怪獸壓吾體，不知何物也，僕始道所見，元功心獨喜自負。既入京，元功擢第，而三人者遭黜，俱客死京師云。高思道説。

## 孫巨源官職

孫洙字巨源，年十四，隨父錫官京東。嘗至登州，謁東海廟【九】，密禱于神，欲知它日科第及爵位所至。夜夢，有告之者曰：「汝當一舉成名，位在雜學士上。」既覺，頗喜。然年尚幼，未識雜學士何等官。問諸人，人曰：「吉夢也，子必且爲龍圖閣學士。」後擢第，入朝歷清近，眷注隆異，數以夢語人。元豐二年，拜翰林學士。賓客皆賀，孫愀然曰：「曩固相告矣。翰苑班冠雜學士，吾其止是乎！今日之命，宜弔不宜慶也。」纔閲月，省故人城外，於坐上得疾。神宗連遣太醫診視，幸其瘉，且以爲執政。後果瘉，上喜，使謂曰：

【九】東海廟　涵芬樓本注，葉本「廟」上多一「神」字。

「何日可入朝？即大用矣。」省吏聞之，絡繹展謁，冠蓋填門不絕。孫私語家人【一〇】：「我病久，恐不堪跪起，爲我設茵褥，且肄習之。」方再拜，疾復作，不能興，遽扶視之【一一】，已絕矣。

孫公在時，嘗一日鎖院，宣召者至其家，則已出。數十輩蹤跡之，得於李端愿太尉家。時李新納妾，能琵琶，孫飲不肯去，而迫於宣命，不敢留。遂入院，草三制，罷復作長短句，寄恨恨之意【一二】。遲明，遣示李。其詞曰：「樓頭尚有三通鼓，何須抵死催人去。上馬苦悤悤，琵琶曲未終。回頭凝望處，那更廉纖雨。漫道玉爲堂，玉堂今夜長。」或以爲孫將亡時所作，非也。李益謙相之説。相之，孫公曾外孫也。

## 胡克己夢

胡克己，字叔平，温州人。紹興庚申，應鄉舉，語其妻曰：「吾夢棘闈晨啓，它人未暇進，獨先入坐堂上。今兹必首選。」妻曰：「不然，君不憶《論語》乎？《先進》者，第十一也。」暨揭榜，果如妻言。

## 項宋英

項宋英，温州人。宣和中，浪游婺女。鄉人蕭德起振爲儀曹，館之書室，與語至夜，留

【一〇】私語家人　涵芬樓本注，葉本「人」下多一「曰」字。

【一一】扶視　涵芬樓本注，「視」葉本作「掖」。

【一二】寄恨恨之意　涵芬樓本注，葉本作「寄恨意」。

酒一壺曰：「我且歸，不妨獨酌。」項方弛擔，疲甚，即就枕。俄有婦人至，與之言，酌巨觥以勸。意其蕭公侍兒，不敢狎。不得已少飲，婦人强之使盡，項疑且恐，乃大呼。蕭公之弟擴聞之，亟至，扣户問所以，婦人始去。擴入，見衾席間皆爲酒沾漬，驗之則向所留酒也。明日，問諸人，乃某官昔年嘗殯亡女于此。項即徙室，自是不復遇。紹興八年，試南京，館于臨安逆旅。一夕，在室中，終夜如與人對語。同邸者詢之，項曰：「婺女所見之人，今復來矣。」然亦亡它，又十年方卒。

## 江心寺震

紹興丙寅歲，温州小民數十，詣江心寺赴誦佛會。或自外入，言江水極清，非復常色，競出門觀之。衆僧方坐禪，顧廊廡間有煙燄，懼不敢起。頃之，黑霧内合，對面不能辨，雷電震耀，兩刻而止。觀者五人死泥中，餘皆不覺。有行者方在廚滌器，一神身絶長大可畏，引其手以出，將及門，復有一神至，曰：「莫錯，莫錯！」即捨之。復入廚引一人出，亦隕于外。凡死者六人。三事皆林熙載宏昭説。

# 夷堅甲志卷第五二十事【一】

## 宗回長老

僧宗回者，累建法席，最後住南劍之西巖，道行素高。寺多種茶，回令人芟除繁枝，欲異時益茂盛，實無它心。有僧不得志於寺，詣劍浦縣訴云：「回慮經界法行，茶稅或增，故爾。」縣知其妄，撻逐之。僧復告于郡，郡守亦素聞回名，不然其言，復撻之。僧不勝忿，詣漕臺，言：「所訴皆實，而爲郡縣抑屈如此，乞移考它郡。」漕使下其事于建州，州遣吏逮回。吏至，促其行，回曰：「幸寬我一夕，必厚報。」吏許，爲留。回謂其徒曰：「是僧已再受杖，吾若往自直，則彼復得罪，豈忍爲此？吾不自言，則罪及吾，吾亦不能甘。不如去此。」僧徒意其欲遁，或有束裝擬俱去者。明旦，回命擊鼓升座，慰謝大衆畢，即唱偈曰：「使命來追不暫停，不如長往事分明。從來一個無生曲，且喜今朝調得成。」瞑目而化。時紹興十九年。

校勘記

【一】二十事　涵芬樓本按：實祇十九事。

## 義鶻

紹興十六年，林熙載自温州赴福州侯官簿【二】，道過平陽智覺寺。見殿一角無鴟吻，問諸僧，僧曰：「昔日雙鸛巢其上，近爲雷所震，有蛇蜕甚大，怪之，未敢葺。」僧因言：「寺素多鸛，殿之前，大松上三鸛共一巢。數年前，巨蛇登木，食其雛。鸛不能禦，皆捨去。俄頃，引同類盤旋空中，悲鳴徘徊，至暮始散。明日復集，次一健鶻自天末徑至，直入其巢。蛇猶未去，鶻以爪擊之，其聲革革然。少選，飛起，已復下，如是數反。蛇裂爲三四，鶻亦不食而去。」林誦老杜《義鶻行》示之，始驗詩史之言，信而有證。二事熙載説。

又台州黄巖縣定光觀，嶽殿前有塔，鸛巢于上。一蛇甚大而短，食其子，其母鳴號辛酸，瞥入海際。少時，引二鶻至，徑趨塔表，銜蛇去。陳燿説。

## 陳國佐

陳公輔國佐，台州人。父正，爲郡大吏，歸老，居于城中慧日巷。時國佐在上庠，有僧謁正，指對門普濟院，曰：「俟此寺爲池，貢元當上第。」正曰：「一刹壯麗如此，使其不幸爲火焚則可，何由爲池？君知吾兒終無成，以是相戲耳。」僧曰：「不過一年，吾言必驗。」普濟地卑下，每春雨及梅溽，所至水流不可行，寺中積苦之。偶得曠土于郡倉後，即

【二】侯官簿　涵芬樓本注，葉本「簿」上多一「主」字。

徙焉，而故基卒爲池，與僧言合。政和癸巳，國佐遂魁辟雍，釋褐第一，後至禮部侍郎。

## 巾山菌

台州資聖寺僧覺升，築菴巾山上。嘗早出，户有大蟒横道，命僕舁去之。是日，偶行松徑中，見數菌鮮澤可愛，即摘以歸。烹飪猶未熟，蛇以百數遶釜蟠踞。升大懼，急入室，坐榻上。方欲就枕，則滿榻皆蛇，不可復避，而同室僧皆無所覩，升即死。

## 許叔微

許叔微，字知可，真州人。家素貧，夢人告之曰：「汝欲登科，須積陰德。」許度力不足，惟從事於醫乃可，遂留意方書。久之，所活不可勝計。復夢前人來，持一詩贈之，其詞曰：「藥有陰功，陳樓間處。堂上呼盧，唱六作五。」既覺，姑記之於牘。紹興壬子，第六人登科。用升甲恩，如第五【三】，得職官。其上陳祖言，其下樓材也，夢已先定矣。呼盧者，臚傳之義云。

## 陳良器

陳良器好施食，紹興十一年，子爟爲婺州武義尉，迎之官。嘗同至郡，忘攜食盤。行

【三】如第五　涵芬樓本注，「如」葉本作「數」。

次，夜夢舊友夏、吕二人者來，曰：「連日門下奉候，不見。不知乃在此。」覺而言之，方審其故，亟就邸中施焉。右四事皆陳爟説。

## 人生鼈

予宗人性喜獵，遇其興發，雖盛寒暑不廢。末年得疾，背生三物，隱隱皮肉間。數日，頭足皆具，儼然三鼈也。已而能動，或以魚誘之，則其頭闖然，如欲食狀。稍久，左右齧食，痛不可忍。凡月餘而死。死五日，其靈憑子岳之婦，語曰：「我坐好獵，生受苦報。今日猶未已，冥間方遣使追我獵具爲證。及其未至，可取罔罟之屬急焚之。無重吾罪。」岳如其言，遂去。時紹興七年也。

## 黄平國

黄衡，字平國，建州浦城人。紹興十年，自祕書省正字出通判邵武軍，未赴任而卒。卒之三年，里人有爲商而死於宣城者，其家未知，魂歸，附語家人，曰：「我某月某日以疾終於宣州，從行某僕實殯我。斂時倉卒，遂遺一履。既入幽府，遇黄省元【四】，憐我跣足行，以鞋一緉與我。仍令一介引我歸，是以至此。」家人曰：「黄公今何在？」曰：「見判陰間一司，極雄緊。」家人方持泣，遽捨去。其子即日往宣州取喪欲火之，啓棺驗視，果跣

【四】黄省元　本句下，涵芬樓本注，原注：即衡也。

一足【五】。

## 閩丞廳柱

紹興己巳二月二十五日，福州大雷雨。閩丞薛允功未明起，聞霹靂聲甚近。及旦，廳事一柱已斧爲三，附棟椽泥皆墜，碎土如爪跡，印于書几，及狼藉西廡間。時將迓新丞，胡床、雨蓋之屬皆倚柱側，意必震動，乃徙在壁下，略無所損。先是，薛之子嘗見一青蛇入柱下，戲掣其尾，不可出。既震，皆疑其物蓋龍云。薛丞說。

## 皮場大王

席旦，字晉仲，河南人。事徽廟，爲御史中丞，後兩鎮蜀，政和六年終于長安。其子大光益終喪後，調官京師。時皮場廟頗著靈響，都人日夜捐施金帛。大光嘗入廟，識其父殞時一履，大驚愴。既歸，夢父曰：「我死即爲神，權勢甚重，不減在生作帥時。知汝苦窘用，明日以五百千與汝。」大光悸而寤，聞扣户聲甚急，出視之，數卒挽一車，上立小黄幟云，「皮場大王寄席相公錢三百貫【六】」，置于地而去。時正暗，未辨色，猶疑之。既明，乃真銅錢也。大光由此自負，以爲必大拜。紹興初，參知政事，後以大學士制置四川，蜀人皆稱爲席相公。已而丁其母福國太夫人憂，未除服而薨。嚴康□子□說【七】。

【五】以下宋本闕一行。南圖本所闕同。

【六】三百貫　李按：上文言「五百千」，與此異，二者必有一誤。

【七】中華本增「陸本作『嚴康以子祁說』」。南圖本作「嚴康□子卿說」。

## 蔣通判女

錢符，字合夫。紹興十三年，爲台州簽判，往寧海縣決獄。七月二十六日，憩于妙相寺。方凭桉戲書，有掣其筆者，回顧無所見。是夜，睡醒，覺床前彷彿似有物，呼從卒起張燈，作誓念詰問，遂不見。次夜復至，立於故處。符問之：「若果是鬼，可擊屏風。」言未既，自上至下，凡擊數十聲。符大懼，命燃兩炬于前，便有大飛蛾撲燈滅。物踞坐蹋床上，背面不語。審視，蓋一婦人，戴圓冠，著淡碧衫，繫明黄裙，狀絶短小，久之不動。符默誦天蓬呪數遍，遽掀幕而出。宿直者迭相驚呼，問其故，曰：「有婦人。」自内出，行甚亟，踐諸人面以過。説其衣服，乃向所見者。符謂已去，且夜艾，不暇徙，復就枕。夢前人徑登床，枕其左肩，體冷如冰石。自言：「我是蔣通判女，以産終于此。」强符與合，符力拒之，遂寤。次日，詢諸寺中寓居郭元章者，言其詳，與符所見無異，設榻處正死所也。符説。

## 葉若谷

承信郎葉若谷，洪州人。爲鑄錢司催綱官，廨舍在虔州。葉不挈家，獨處泉司簽廳。紹興甲子歲正月十六日，未晡時，有女子款扉而入，意態閑麗【八】，前與葉語。初意其因觀燈誤至，未敢酬。恍惚間，不覺就睡，女亦至，則並寢。以言挑之，陽爲羞避之狀。已而

【八】意態閑麗　「閑」原闕，據陸本、南圖本補。

遂合，凝然一處子耳。良久，歡甚。一老嫗自外至，手持錢篋，據胡床，箕踞而坐，傍若無人。徑趨床揭帳，以兩手拊席，曰：「你兩個好也。」葉疑女家人，懼甚。女摇手，掩葉口，令勿語，嫗遂退。女迨夜分方去。自是，連日或隔日一至，至必少留，葉猶以爲旁舍女子。往來幾兩月，漸覺羸悴，繼得疾，惙甚。徙居就醫，乃絶不至。方初見時，著粉青衫，水紅袴襦。既久，未嘗易衣，然常如新，亦其異也。若谷説。

## 劉氏寃報

高君贊，福州人。登進士第，爲檀氏孌壻【九】。生一子，既長，納同郡劉氏女爲婦，生二男、一女，而子死。君贊仕至朝散郎，亦亡。長孫不慧，次孫幼，唯檀氏與劉共處。劉年尚壯，失婦道，與一僧宣淫于家，姑見而責之，劉恚且懼。會姑病，不侍藥，幸其死。寘蠱以毒姑之二婢，未及絶，强斂而焚之。後數月，劉得疾，日日呼所殺婢名，曰：「我頭極痛，勿搊我髪。」又曰：「箠我已多，幸少寬我。」其家問之，曰：「阿姑與二婢守笞我。」旬日而死。其子以祖致仕恩得官，亦不立，今家道蕭然。君贊從子介卿説。

## 江陰民

林勲明甫言，紹興六年，寓居江陰時，淮上桑葉價翔湧。有村民居江之洲中，去泰州

【九】孌壻　涵芬樓本注，嚴校：此二字疑誤。

如皋縣絶近，育蠶數十箔，與妻子謀曰：「吾比歲事蠶，費至多，計所得不足取償，且坐耗日力，不若盡去之。載見葉貨之如皋，役不過三日，而享厚利，且無害。」妻子以爲然。乃以湯沃蠶，蠶盡死，瘞諸桑下。悉取葉，棹舟以北行。半道有鯉躍入，民取之刳腹實以鹽。俄達岸津，吏登舟視税物，發其葉，見有死者。民就視之，乃厥子也，驚且哭。吏以爲殺人，拘係之。鞫同舟者，皆莫知。問其所以來，民具道本末。縣遣吏至江陰物色之，至其家，門已閉，壞壁以入，寂無一人。試啟蠶瘞驗之，又其妻也，體已腐敗矣。益證爲殺妻子而逃，無以自明。吏亦不敢斷，竟斃於獄。此事與《三水小牘》載王公直事相類。

## 蛇報犬

世傳犬能禁蛇，每見必周旋鳴躍，類巫覡禹步者。人誤逐之，則反爲蛇所齧。林明甫家犬夜吠，燭火視之，見一蛇屈蟠，犬繞而吠，凡十數匝，蛇死，其體元無所傷，蓋有術以禁之也。林宏昭言，温州平陽縣道源山資福寺，有犬名花子，善制蛇，蛇無巨細，遇之必死，前後所殺以百數。一日，大蟒見于香積厨。見者奔避，僧急呼花子令噬之。未及有所施蛇遽前迎齧其頷，犬鳴號宛轉，須臾死于階下，蛇亦不見。豈非其鬼所爲乎？物類報復蓋如此。

## 蔣寧祖

蔣寧祖者，待制瑎之子。年四十，官至朝請郎。當遷大夫，不肯就。父母强之，不得已自列。既受命，即丐致仕，自是不御朝衣，常著練布道服，請于【一〇】。

## 趙善文

撫州金谿縣有神廟甚靈顯，祈請者施金帛無虚日，積錢至二千緡。宗室善文過廟下，心資其利【一一】，焚香禱曰：「損有餘，補不足，人神一也。善文至貧，願神以二十萬見假，不然，將白于官，悉籍所有，而焚廟。神雖怒，若我何【一二】？」既禱，即呼廟祝取錢。祝無辭以卻，但曰：「神許則可。」善文取杯珓擲之，連得吉卜，再拜謝，運鏹以出。如是十年，夢神來謂曰：「曩日所貸，今可償矣【一三】。」夢中窘甚，約以緡錢還之【一四】。神不可，曰：「此特虚名耳。」又欲倍其數【一五】，亦不可。善文計窮，以情告曰：「一時失計爲之，今實無可償【一六】。願神哀釋。」神【一七】沉思良久，曰：「必無錢見歸，但誦《金剛經》，每卷可折一十。他無以爲也。」既覺而懼，遽齋戒，取經諷讀。凡三日，得二百過，默禱以謝之。後不復夢。陳寅伯明説。

【一〇】常著練布道服請于　涵芬樓本注，此下宋本闕一葉又五行。李按：南圖本所闕同。

【一一】心資其利　涵芬樓本注，明鈔本作「心利其資」。

【一二】若我何　涵芬樓本注，「若」葉本作「奈」。

【一三】今可償矣　涵芬樓本注，「可」葉本作「應」。

【一四】緡錢　涵芬樓本注，「緡」葉本作「紙」。

【一五】又欲倍其數　涵芬樓本注，「倍」葉本作「許」。

【一六】今實無可償　涵芬樓本注，「實」葉本作「貧」。

【一七】神　涵芬樓本注，葉本下多「無所奈」三字。

## 林縣尉

紹興初，莆田人林迪功爲江西尉。秩滿，用捕盜賞改京官。未得調，時臨安多火，士大夫寓邸中者，每出必挾敕告之屬自隨。林性尤謹畏，納告袖中，時時視之。初未嘗失墜，然每歸輒不見，則懸賞三十千求之，不經日，必有得而歸之者。如是數四，林亦不能測。獨宿室中，外間常聞人共語者，怪之不敢問。一夕辯論喧甚，久之寂然。明旦，門不啟，店媪集同邸者發壁以入，已仆于榻上，旁有剪刀股存，蓋用此以自刺也。林初獲賊時，兩人頗疑似，林欲就其賞，鍛鍊死之。是以獲此報。

# 夷堅甲志卷第六【一】十三事

## 史丞相夢賜器

史丞相登科時，年恰四十矣。未策名之時，清貧特甚。嘗當歲除之夕，隨力享先。既罷，就寢，夢若在都城，二中貴人乘馬來宣唤，甚急。遂隨入大殿下，王者正坐，左右金紫侍立，容衛華盛。中貴引趨謁，稽首拜舞，類人間朝儀。殿庭兩傍各設一案。金銀器皿羅陳其上，晶熒奪目。未幾，殿上人傳呼，奉聖旨賜史某金器若干、銀器若干，凡四百七十件。史倥偬駭異，莫之敢承。兩青衣掖之使拜，乃跪謝而出。中貴復導之還，過巨川高橋，方陟數板，失足墜水，悸而寤。正旦日，以語其夫人，夫人笑曰：「昨夜大年節，民俗所重，我家尚無杯酒臠肉，虚度歲華，安得有金銀如是之富？真是姦鬼相戲侮耳。」史亦爲之解顔。已而，擢紹興乙丑第。踰一紀，始充太學官。至己卯歲，自祕書郎除司封郎，爲建王直講。財三歲，際遇飛龍在天之恩，遂躋位輔相。窮富極貴，三十餘年。計前後錫賚，正與夢中四百七十之數同。一時所蒙，夐絶倫輩，决非偶然，神明其知之矣。

### 校勘記

【一】夷堅甲志卷第六　涵芬樓本注，此下至「李似之」條目止，宋本作兩葉，嚴本於中縫均注「補」字。

## 俞一郎放生【一】

俞一郎者，荆南人。雖爲市井小民，而專好放生，及裝塑神佛像。紹熙三年五月，被病危困，爲二鬼卒拽出，行荒野間，遂至一河。見來者甚衆，皆涉水以度，獨得從橋到彼岸。别有鬼使，引飛禽走獸萬計，盡來迎接。稍抵前路，又遇千餘僧。及一門樓，使者導入，望殿上十人列坐，著王者之服。問爲何所，曰：「地府十王也。」判官兩人，持文簿侍側。俄押往殿下，檢生前所爲。王者問：「有何善業，可以放還？」判官云：「此人天年，尚餘一紀。并有贖放物命，已受生人身者三千餘，合增壽二紀。」王遂判：「俞一本壽只六十二歲，今來既增二紀，日下【三】差童子押回。」俄兩青衣童引行青草路，至一缺牆，推其背使過，不覺復活。左手掌内有朱字數行，不可認，蓋批判語也。

## 李似之

李子約撰生六子，長彌性，次彌倫、彌大，皆預鄉貢，未第。子約議更其名，以須申禮部乃得易，先改第四子彌遠，曰「正路」。正路年十六，入太學，夢人告曰：「李秀才，君已及第。」出片紙，闊二寸許，上有「彌遜」二字以示之。李曰：「我舊名彌遠，今爲正路，是非我。」其人曰：「此真郎君也，何疑之有？」辯論久之，方寤，頗喜。憚其父嚴毅，未敢

【一】俞一郎放生　涵芬樓本按：此條見三志己卷第四。

【三】日下　涵芬樓本注，三志己志此條重見，作「目下」。

白，以告母柳夫人。夫人爲言之，遂令名彌遜，而以似之爲字。後數年，兄似矩尚書，主曹州寃句簿。子約罷兗簽就養。似之試上舍畢，亦歸侍旁。報牓者一人先至，曰：「已魁多士。」索其牓無有，但探懷出片紙，上書「李彌遜」三字，方疑未信。似之云：「五年前所夢，豈非今日事乎？紙上廣狹，字之大小無不同。但夢中不著姓耳，必可信。」已而，果然。時大觀戊子也。亦蘇粹中説。

## 胡子文

蘇州常熟縣福山東嶽行宮，廟貌甚嚴。士人胡子文乘醉入廟，望善惡二判官相對，戲掣其惡者筆，同行者以爲不可，乃還之。歸至舟次，俄一使來曰：「被判官命收君【四】。」子文已醒，憶醉時事，甚懼，沿道默誦《金剛經》。既至廟，兩人相向【五】，坐西向者怒甚，叱曰：「汝爲士人，當識去就【六】。何得侮我！」對曰：「爲狂藥所迷，了不自覺，願丐微命以歸【七】。」不應。子文但密誦經，至第三分，二人皆起。又二章，則舉手加額。東向者解之，曰：「此子一時酒失，原其情，似可恕。」怒者曰：「正以同官太寬，使人敢爾。」子文扣頭曰：「某能誦《金剛經》，若蒙賜之更生，當日誦七卷以報。」怒者曰：「若爾，亦宜小懲。」以所執筆點其背，曰：「去。」覺遍身如冰，遂寤。所點處生一疽，痛不可忍，百日方愈。自是，日持經七遍，雖劇冗不敢輟。葉平甫説。

【四】被判官命收君　涵芬樓本注，此句葉本作「判官拘君」。

【五】相向　涵芬樓本注，「向」明鈔本作「對」。

【六】汝爲士人當識去就　涵芬樓本注，葉本作「當自重何侮神」。

【七】願丐微命以歸　涵芬樓本注，葉本作「乞赦罪」。

## 宗演去猴妖

福州永福縣能仁寺護山林神【八】，乃生縛獼猴，以泥裹塑，謂之猴王。歲月滋久，遂爲居民妖祟。寺當福、泉、南劍、興化四郡界，村俗怖聞其名，遭之者，初作大寒熱，漸病狂不食，緣籬升木，自投於地，往往致死。小兒被害，尤甚。於是祠者益衆，祭血未嘗一日乾也。祭之不痊，則召巫覡，乘夜至寺前，鳴鑼吹角，目曰：「取攝。」寺衆聞之，亦撞鐘擊鼓與相應，言助神戰。邪習日甚，莫之或改。長老宗演聞而歎曰：「汝可謂至苦。其殺汝者既受報，而汝横淫及平人，積業轉深，何時可脱？」爲誦梵語大悲呪，資度之。是夜獨坐，見婦人，人身猴足，血污左腋，下旁一小猴，腰間鐵索縶兩手，抱穉女再拜于前，曰：「弟子猴王也，久抱沉寃之痛，今賴法力，得解脱生天，故來致謝。」復乞解小猴索，演從之，且説偈曰：「猴王久受幽沉苦，法力冥資得上天。須信自心元是佛，靈光洞耀没中邊。」聽偈已，又拜而隱。明日，啟其堂，施鎖三重。蓋頃年曾爲巫者射中左腋，以是常深閉。猴負小女如所覩，乃碎之。并部從三十餘軀，亦皆烏鳶梟鴟之類所爲也。投之溪流，其怪遂絶。

## 福州兩院燈

福州左右司理院，每歲上元必空獄設醮，因大張燈，以華靡相角，爲一郡最盛處，舊皆

【八】能仁寺護山林神　涵芬樓本注：「林」，《榕陰新檢》作「寺」。

取辦僧寺，紹興庚午，侍郎張公淵道作守，命毋擾僧徒。獄吏計無所出，恥不及曩歲，相率强爲之。前一夕，左司理陳爟夢朱衣吏著平上幘揖庭下，曰：「設醮錢已符右院關取。」明旦，有負萬錢，持書至。取而視，乃閩清令以助右院者。方送還次，羣吏曰：「今夕醮事正苦乏使，留之何害？」陳亦悟昨夢，乃自答令書，而取其金。醮筵之外，其費無餘。是雖出於一時之誤，然冥冥之中，蓋先定矣。爟説。

## 絳縣老人

周公才，字子美，温州人。政和初，爲絳州絳縣尉。沿檄晉州，過姑射山，進謁真人祠。方下山，一人草衣丫髻坐道左，睨周曰：「尊官大好，然須過六十方快。」周時年三十餘，又與絳守同姓，守爲經營薦書數章，自意後任當改秩。聞其言，頗怒。而言不已，益忿，忿取劍欲擊之，忽騰上樹杪，復躍下，入木根穴中。周舉劍擊樹，其人呼曰：「我乃青羊也。與公誠言，何相苦如此？」周捨去。會日將暮，即止山下邸中。有道人先在，以一鶴及僕鐵鬼自隨，揖周曰：「天氣差寒，能飲一杯乎？」酒至，冷不可飲。道人畫桉作「火」字，置杯其上，俄頃即熱。飲畢，含餘瀝噀壁間，復噀周面曰：「爲君袚除不祥，君今日必見異物。」具以前事告，曰：「是矣，是矣！然亦不足怪。君知之乎？此正昔所遇呂洞賓老樹精輩也。」又取鯉鮓共食。時落日斜照，柈上鮓皆作五色。笑曰：「略見張華手段。」迨夜，各就寢。拂旦行，道人已起，曰：「欲與君款語，而行李甚遽，奈何！」是日，入邑境。薄晚。不值驛舍，就民家假室。鐵鬼忽至曰：「先生以昨日不成款，今當相就，令我先攜酒果來。」周曰：「先生安在？」曰：「至矣。」周出迎，遥望道人跨鶴，去地數尺而行。既至，民帥妻子以下羅拜，道人亦慰接之，曰：「爾家皆無恙否？」民跪白曰：「縣尉至，方患無伴，而先生偶來。某家有麥麪，適又得驢肉，欲作不托爲供，何如？」道人頷之。民揖坐東向，而周爲客。食罷，步至牆下，共飲。周連引滿，頗醉，不覺坐睡。及醒，但鐵鬼在傍，曰：「先生不能待，已去矣。」獻一桃甚大，曰：「先生令君食此，當終身無病。後八十年，相會於羅浮山。」周遜謝，且贈錢二百，大笑曰：「我何所用？」長揖而别，指顧間，已不見。民曰：「是古絳縣老人也。今爲地仙，時一遊人間，識之者皆過百歲。某自少獲見之，今亦八十矣。」周始悔恨。果連蹇二十餘年，甫得京秩，後監進奏院。紹興十六年，以正旦朝謁感疾。召鄉人林亮功飯，具言平生所履，乃及此事。又三日而亡，壽止六十八。所謂羅浮再會之語，不可曉云。林君説。

## 黄子方

黄琮，字子方，莆田人。宣和初，爲福州閩清令。平日多蔬食，但日市肉四兩供母。爲人方嚴，不畏强禦。時方興道藏【九】，郡守黄冕仲尚書裳使十二縣，持疏斂之民，琮獨不

【九】時方興道藏　涵芬樓本注，「藏」葉本作「教」。

應命。既聞他縣皆數百萬，乃自詣郡，以己俸四月輸之。冕仲雖不平，然以直在彼，莫敢詰。内臣爲廉訪使者，數干以私，皆拒不答，常切齒思報。會奏事京師，每見朝士，必以溢惡之言詆琮。嘗入侍，徽廟問：「汝在閩時，知屬縣有賢令否？」其人出不意，錯愕失對。唯憶琮一人姓名，極口稱贊之。即日有旨，改京官，通判漳州。使者既出，始大愧悔。乃知吉人之報，轉禍爲福如此。劉圖南説。

## 張謙中篆

張有，字謙中，吴興道士也。以篆名天下，爲人退靜好古，非古文所有字，輒闕不書。宣和中，年已七十餘。中書侍郎林彦振攄喪其母魏國夫人，歸葬於湖。將刻埋銘，請篆額，書魏字爲魏下山。彦振以爲不類今字，命去之，不從。彦振雖不樂，然度能書者無出其右，則召所親，委曲鐫説之，且許厚謝。張不可，曰：「世俗魏字，我法所無。林公不肯用，宜以見還。決不易也！」彦振知不可强，遂止。自是，人益賢之。余伯舅沈祖仁，爲歸安丞，與張善，憚其人，不敢求字。一日，被酒亟造門，索絹一端，作大字數十，尤高古可愛，至今寶藏之。有所著《復古編》行於世。

## 鳳池山

福州閩縣東十五里鳳池山，其上有池，冬夏不涸。俗傳唐末有樵者，嘗見五色雀羣浴于彼，以故得名。其南鼓山，山之半有涌泉寺，鳳池隸焉。熙寧中，元章簡公絳出守，訪之。鼓山寺僧憚其數至爲擾，嫁其名於北山報慈院。主僧頗黠，逢元公之意，刻木作鳳，立之小沼上，以喙吐水。公至，大喜，爲賦詩。數年間，參大政，鳳池之事，遂成先兆。後温左丞益出守，亦喜爲此游，且和元公詩。未幾，亦至兩地。然實非真鳳池山也，而休證如此，豈偶然邪？

## 古田倡【一〇】

陳筑，字夢和，莆田人。崇寧初登第，爲福州古田尉，惑邑倡周氏。周能詩，贈筑絶句曰：「夢和殘月到樓西，月過樓西夢已迷。唤起一聲腸斷處，落花枝上鷓鴣啼。」首句蓋寓「筑」字也。又《春晴》詩曰：「瞥然飛過誰家燕，驀地香來甚處花。深院日長無個事，一瓶春水自煎茶。」後與筑作合歡紅綬帶，自經於南山極樂院。從者知之，共排闥救解，二人皆活。已而事敗，筑失官去。周至紹興初猶在，既老且醜，門户遂冷落云。

【一〇】古田倡　涵芬樓本按：目録作《倡能詩》。

## 猾吏爲姦

福州老胥夏鏵【一一】者，自治平時爲吏，政和中以年勞得官，首尾四紀。嘗言閱郡將多矣，無不爲其黨所欺。不能欺者，惟得二人焉。其一程公闢師孟，其一羅儔老疇。羅公初精明【一二】，人莫敢犯，後亦有罅可入云。羅好學，每讀書必研究意義，苟有得，則怡然長嘯。或未會意，則搔首踟躕。吏伺其長嘯【一三】即抱牘以入，雖包藏機械，略不問【一四】。或遇其搔首，雖小姦欺，無不發摘。以故得而欺之。鏵曰：「彼好讀書，尚見欺於吾曹，況於他哉。」右三事，皆郡士鄭東卿説。

## 周史卿

周史卿，建州浦城人。元祐初，如京師赴省試。中途遇道者云云，即歸，與妻子入由果山鍊丹，聲價籍籍。士大夫經山下，無不往見。呂吉甫自建安移宣州，苦足疾，不能行，來謁周。周請呂伸足直前，爲布氣，令人以扇扇之。少頃，足底火熱，炎上徹心。良久，痛遂已。凡在山二十年，丹垂成，一夕風雷大作，霹靂甚震，曉視，藥爐丹已失矣。周不意，遂出神求之，謂妻曰：「我當略往，七日且復回。未死也，切勿焚我。」妻如其言。周平生與一僧善，僧亦在他山結廬，聞周死來弔，力勸其妻曰：「學道之人，視形骸如糞土。既

【一一】夏鏵　涵芬樓本注，「鏵」葉本作「鏵」，下同。

【一二】羅公初　涵芬樓本注，「羅」葉本作「程」。

【一三】吏伺其長嘯　涵芬樓本注，「伺」《榕陰新檢》作「乘」。

【一四】略不問　涵芬樓本注，葉本作「略不加問」。

去矣，安足惜。」妻信僧言，泣而焚之。明日而周回，則已無形體可生矣。空中咄咄，責其妻而去。異日，僧復來，妻以前事告之。僧曰：「吾適方聞訃故來，前日未嘗至，乃悟魔所化也。」其家後置周影像於僧舍，日輪一行者奉香火，必於地得四錢。又留醋一甕，至今不敗，往往爲人取去，然未嘗竭。縣人劉翔云：「由果山甚淺隘，氣象索然，非神仙所居也。」翔説。

# 夷堅甲志卷第七廿三事【一】

## 蔣員外

明州定海縣人大蔣員外者【二】，輕財重義，聞子姪不肖鬻田産者，必隨其價買之。既久，度其無以自給，復舉以還，不取錢。已而又賣，既買又還，至有數四者。嘗泛海欲趨郡，往柁樓便旋，爲回風所擊，遂溺水，舟人挽其衣，救之不可制【三】。舟行如飛，方號呼次，遥見一人冉冉立水上，隨風赴舟所，視之，乃蔣也。急取之，問所以，曰：「方溺時，覺有一物如蓬，藉吾足。適順風吹蓬相送，故得至。」人以爲積善報云。李郁光祖説。

## 李少愚

李少愚回參政，建康人，所居在秦淮畔。年二歲，因家人拜掃登舟，乳母懷抱間，失手墜水中。水急，不可尋，舉舟號慟。至明日，有漁舟聞哭聲，問知其故，即舟中取一兒還之，乃少愚也。曰：「夜來遥望灘上，數人附火，就視之，但見一嬰兒臥地上，四面火環繞，意謂罔兩竊取，故抱得之。」林亮功説。

校勘記

【一】涵芬樓本按：實祇二十事。

【二】大蔣員外者　涵芬樓本注，葉本無「大」字。

【三】救之不可制　涵芬樓本注，「制」葉本作「得」。

## 法道變餓鬼

紹興六年三月廿一日，平江虎丘山有常州僧法道【四】，因病入延壽堂，忽變形作餓鬼，頭目極大，頸窄咽青，口吐猛火。人以食與之，則呼曰：「鐵丸也，不可食。」如是七日。長洲令爲請道法師救之【五】，謂曰：「汝生前想有隱惡，急自言，佛法容人悔謝。我爲汝誦呪解釋。」病僧久之方自言，曰：「向時在廬山慧日寺作典座，盜常住菜【六】，日换酒一升。後作江州能仁副院，將寬剩米沽酒。有是二罪。」法師曰：「汝既知過，吾救汝。」即抉其口，灌呪水。僧昏然，遂睡，天明方醒。已索湯粥，漸進食，數日愈。宣僧日智說，時在虎丘寺見之。

## 張佛兒

紹興二年十月，宣僧日智至台州黄巖縣西鄉，寓宿山寺。次日，寺僧留齋。有村民張、陳二老來請主僧施戒。張曰：某女孫佛兒，年十五，昨夕暴死。至五更將歛，其祖母不忍，抱之以泣。女欻然開目，呼曰：「我通身是水，手足皆痛。」問其故，曰：「夜有二使來，追縛我，押過叉嶺【七】，辭不能行，遭鐵椎擊背兩下，極痛。嶺下有池，池中有橋，遂令我橋上立。别見人以黑被裹兩人入門内，此二使亦欲以花被裹我，曰：『汝欠他家錢

【四】僧法道　涵芬樓本注，明鈔本「僧」上多一「主」字。

【五】長洲令　涵芬樓本注，「洲」葉本作「老」。

【六】盜長住菜　涵芬樓本注，「菜」明鈔本作「米」。

【七】押過叉嶺　原注：與西鄉相去十餘里。

千五百，今當償之。』我力懇曰：『容我歸，從祖母請錢。』不許。旁緑衣人言曰：『此人曾聽説般若，可恕也。』二使不得已，擲我水中而去。池水甚淺，我踰岸得出，遂急歸。」某驚異其事，即往叉嶺。驗之，果見陳氏者，門有池。訪其主翁，問曰：「翁家昨日生何物？」曰：「犬生三子，二黑一斑。斑者爲犬母銜置池中，已死。獨二黑者在。」某具以孫女言告，仍以千五百金【八】償之。陳老曰：「元無錢在公女處。」不肯受。某自度不償此債，小孫【九】他日亦不免，遂率陳老來此。主僧乃爲施戒，而以其金齎。日智問其聽般苦之因，乃曾同母往縣中洪福寺，聽景祥師開堂説法。

## 張屠父

平江城中草橋屠者張小二，紹興八年，往十五里外黄埭柳家買狗。狗見張屠有喜色，直前抱之。張提其耳以度輕重，用錢三千得之。狗不待束縛，徑隨張歸。至齊門外，懼其逸，方以索縶之。狗忽人言曰：「我乃爾父，又不欠爾債，不可殺我。」張醉且困，不省其言，遂以歸。令妻具飯，狗又告其妻曰：「新婦來，我乃阿翁也。七八年不見爾夫妻面，今幸得歸。只欠柳家錢三千，已償了。切不可殺我。爾夫壽甚短，只一二年，宜急改業，後世不可爲人矣。我覺飢甚，可持飯來。」妻急以其夫飯分半與之，夫不知也。夫食畢，復索，則已無，甚怒。妻曰：「分一半與阿翁食矣。」具以狗言白，夫始大懼，留飼養，不敢

【八】涵芬樓本，「金」下有注「金」當作「錢」。

【九】小孫　涵芬樓本注，「小」葉本作「子」。

殺。三日後出，至蔣氏家，鬻人爲所殺。張屠遂改業，爲賣油家作僕云。

## 陳承信母

常州無錫縣村民陳承信，本以販豕爲業，後極富。其母平生尤好豢豕，紹興四年死。死之七日，其家正作佛事，聞棺中有聲，意爲再生，甚喜，遽取斧開棺，則已化一老牝豬矣，急復掩之。明日，請常州太平寺□□【一〇】主施戒，遂葬。時天色晴爽，喪車才出門，滂沱大雨，送者不可行，皆回。及墓坎，穴中水已滿，乃以石壓葬之。

## 龍翔行者【一一】

## 蔡真人詞【一二】

陳東，靖康間嘗飲於京師酒樓，有倡打坐而歌者，東不顧，乃去倚欄獨立。歌《望江南》詞，音調清越，東不覺傾聽，視其衣服皆故弊，時以手揭衣爬搔，肌膚綽約如雪。乃復呼使前，再歌之。其詞曰：「闌干曲，紅颺繡簾旌。花嫩不禁纖手捻，被風吹去意還驚，眉黛蹙山青。鏗鐵板，閑引步虛聲。塵世無人知此曲，却騎黄鶴上瑶京，風冷月華清。」東問何人製，曰：「上清蔡真人詞也。」歌罷，得數錢下樓。亟遣僕追之，已失矣。出

【一〇】太平寺□□　涵芬樓本注，葉本作「標搆」。嚴校：空處是「標搆」二字，不可解。況「搆」是思陵諱，此書不宜犯也。○是「講」之譌。講主者，講師也。標是其名，猶云某禪師耳。

【一一】龍翔行者　涵芬樓本注，此下宋本闕二十四行。

【一二】蔡真人詞　李按：本條原有目而闕文，今據《詩話總龜》補。

《夷堅志》。見《詩話總龜·後集》卷之四十。

## 劉粲民官【一三】

劉粲民，字光世，衢州人，丞相德初猶子。少時夢人告云：「君仕宦遇中則止。」凡十餘歲，又夢如是者三四。及年五十餘，官至朝議大夫。積年勞，不敢求遷秩。常以語人。其妻數趣之，曰：「中散大夫，世俗所謂十段錦。不隔郊祀任子，利害甚重。夢何足憑，勿信也。」劉不得已，竟自列。命將下，謂其所親葉黯晦叔曰：「中散將至矣。萬一如夢，奈何！」受命不兩月，詣祖塋拜掃，得疾，一日而卒，壽止五十九。

## 羅鞏陰譴

羅鞏者，南劍沙縣人。大觀中，在太學。學有祠，甚靈顯，鞏每以前程事朝夕默禱。一夕，神見夢曰：「子已得罪陰間，亟宜還鄉，前程不須問也。」鞏平生操守鮮有過【一四】，願告以獲罪之由【一五】。神曰：「子無他過，惟父母久不葬之故耳【一六】。」鞏曰：「家有弟兄【一七】，罪獨歸鞏，何也？」神曰：「以子習禮義，爲儒者，故任其咎。諸子碌碌，不足責也。」鞏既悟悔【一八】，乃急束裝【一九】遽歸。鄉人同舍者問之，以夢告。行未及家而卒【二〇】。曹口説【二一】，鞏乃曹祖姑壻也。

【一三】劉粲民官　涵芬樓本注，本條據葉本補。
【一四】鮮有過　涵芬樓本注，葉本作「自謂鮮過」。
【一五】願告以獲罪之由　涵芬樓本注，「願」葉本作「乞」。
【一六】不葬之故　涵芬樓本注，葉本無「之故」。
【一七】弟兄　涵芬樓本注，明鈔作「兄弟」。
【一八】鞏既悟悔　涵芬樓本注，葉本作「鞏寤追悔」。
【一九】乃急束裝　涵芬樓本注，明鈔本無「急」字。
【二〇】行未及家而卒　涵芬樓本注，「行」明鈔本作「人」。
【二一】曹口説　涵芬樓本注，陸本作「曹績説」。

## 不葬父落第

陳杲，字亨明，福州人。貢至京師，往二相公廟祈夢。夜夢神曰：「子父死不葬，科名未可期也。」杲【二二】猶疑未信，明年果黜於禮闈。遂遣書告其家，亟庀襄事。後再試登第。寧德人李舒長説。

## 禍福不可避

李似之侍郎云，艱難以來，士大夫禍福皆有定數。建炎丁未，傅國華尚書墨卿爲舒州守。聞武昌寇作，自武昌纔隔蘄、黄，即至舒，懼其侵軼，又嘗再使高麗，橐中裝甚厚，惜之，乃令其弟挈家避諸江寧。既至，泊江下，舟人曰：「外多草竊，不若入閘便。」時宇文仲達鎮江寧，與傅公善，家人即遣【二三】白宇文，假鑰啓閘，舟得入，自意安全無虞。是夜，卒周德爲變，劫其舟，一家盡死，惟存一老婢，而舒城帖然。吴昉、顧彦成爲兩浙漕，杭卒陳通積怒於有官君子，將爲亂。會顧君出巡吴興，通强抑衆不發，須其歸。凡一月，而顧至。杭之官吏【二四】及漕臺人皆出迎，是夜變□【二五】，官吏盡死，而顧君乃與其家泊城外僧寺，作佛事未入。聞亂復走湖州，遂免。傅公有心於避禍，而全家不免。杭卒一月待顧君，而顧竟脱。皆非人所能爲也。

【二二】杲　涵芬樓本注，葉本作「寤」。

【二三】家人即遣　涵芬樓本注，葉本作「即遣家人」。

【二四】官吏　「吏」原闕，據葉本、南圖本補。

【二五】變□　涵芬樓本注，闕字，葉本作「起」，陸本作「作」。

## 島上婦人

泉州僧本偁説，其表兄爲海賈，欲往三佛齊。法當南行三日而東，否則值焦上，船必糜碎。此人行時偶風迅【二六】，船駛既二日半，意其當轉而東，即回柁，然已無及，遂落焦上。一舟盡溺，此人獨得一木，浮水三日，漂至一島畔，度其必死。捨木登岸，行數十步，得小逕，路甚光潔，若常有人行者。久之，有婦人至，舉體無片縷，言語啁哳【二七】，不可曉。見外人甚喜，攜手歸石室中。至夜，與共寢。天明，舉大石室其外，婦人獨出。至日晡時歸，必齎異果至，其味珍甚，皆世所無者。留稍久，始聽自便。如是七八年，生三子。一日縱步至海際，適有舟抵岸，亦泉人，以風誤至者，乃舊相識，急登之【二八】。時【二九】婦人繼來，度不可及，呼其人駡之，極口悲啼，撲地氣幾絶。其人從蓬底舉手謝之，亦爲掩涕。此舟已張帆，乃得歸。按：「時婦人繼來」以下云云，見支志甲卷第十《海王三》條末，蓋元人補版時，以其事相類，誤爲聯綴也。

## 查市道人

常德府查市富户余翁家，歲收穀十萬石，而處心仁廉，常減價出糶。每糴一石，又以半升增給之，它所操持，大抵類此。慶元元年六月，在書室誦經，雷電當晝暴作，有樵夫避

【二六】偶　涵芬樓本注，葉本作「遇」。

【二七】啁哳　涵芬樓本注，「哳」明鈔本作「啾」。

【二八】急登之　涵芬樓本注，婦人奔走號呼，戀戀，度不可回，即歸。取三子，對此人裂殺之。其島甚大，然但有此一婦人耳。○此上三十五字，係本條原文，據葉本補。

【二九】時　涵芬樓本注，此下至《搜山大王》條「果見一人乘」，宋本作三葉，嚴本於中縫均注「補」字。

雨立門外。忽一道人，青巾布衣，引入余宅，扣書室，見翁謂之曰：「可令此村叟蹲伏經棹下，暫避雷聲。」道人遂就坐。少頃，雷火閃爍入室，旋繞數匝而息。及雨霽，一僕報言：「門楣上有新書朱字。」出視之云：「樵夫董二，前世五逆，罪惡貫盈，上帝有勅罰之，被陳真人安於慈喜菩薩誦經棹下護之，諸神不敢近。」凡三十九字。讀畢，失道人所在。未幾，余翁坐亡。

## 仁和縣吏

乾道間，仁和縣一吏早衰，病瘠齒落不已。從貨藥道人求藥，得一單方，只碾生硫黄爲細末，實於猪臟中，水煑臟爛，同研細，用宿蒸餅爲丸，隨意服之。兩月後，飲啖倍常，步履輕捷。年過九十，略無老態，執役如初。因從邑宰出村，醉食牛血，遂洞下數十行，所泄如金水，自是尫悴，少日而死。李巨源得其事於臨安入【三〇】内醫官管範，嘗與王樞使言之。王云：「但聞猪肪脂能制硫黄。兹用臟，尤爲有理。亦合服之，久當見功効也。」

## 周世亨寫經【三一】

鄱陽主使周世亨，謝役之後，奉事觀世音甚謹。慶元初，發願手寫經二百卷，施人持誦。因循過期，遂感疾，乃禱菩薩，祈救護。既小安，即以錢三千、米一石付造紙江匠，使抄經紙。

【三〇】「入」中華本改作「人」。

【三一】周世亨寫經　涵芬樓本按：此條見三志己卷第二。

江用所得別作紙入城販鬻，周見而責之。江以貧告，復增畀其直。及售紙于此【三二】，每幅皆斷爲六七，懼而亟還家，悉力緝製，納于周。周倩一僧摺成册，齋戒繕寫。方及二十卷，正書握筆，羣鴉數十，鳴譟屋上，逐之不退。起禱像前，迨出視，蓋一鴉中箭流血，衆鴉爲拔之，不能得，故至悲鬨。周連誦寶勝如來、救苦觀世音二佛，以筆指之，箭脱然自拔，鴉飛入空中。周贊嘆之際，箭從天井内擲落于佛龕【三三】，靈感如此。按此條見三志己卷第二。

## 金釵辟鬼

温州瑞安縣貧窶村民張七，妻久病。一夕正服藥，忽不見。急呼鄰里，燭火巡山尋之。至一洞，甚深，衆疑其在，譟而入。至極深處，見婦人面浮水上，取以歸。云：「數人邀我去。初在洞口，見火炬來，急牽我入，我衣領間有鍍金釵，恐失之，常舉手捫索，鬼輒有畏色，以故面得不沉。」

## 搜山大王

温州瑞安道士王居常，字安道。後還俗，居東山。因販海往山東，爲僞齊所拘。脱身由陸路將歸，至開封，夜夢人告曰：「汝來日當死。如遇乘白馬著戎袍挾弓矢者，乃殺汝之人。宜急呼搜山大王乞命，若笑，則可生。怒，則死。緣汝曩世曾殺他人，故今受報。」

---

【三二】及售紙于此　李按：「此」三志己卷二同條作「肆」。

【三三】擲落于佛龕　李按：「龕」下，三志己卷二同條多一「側」字。

居常次日行荒陂中，果見一人乘馬，宛如昨夢所言。即拜呼搜山大王乞命，其人笑而去，遂得脱。後歸鄉，繪其像事之。右二事亦朱亨叟説。

## 熾盛光呪

瑞安士人曹轂，字覺老。少出家爲行者。其家累世病傳尸，主門户者，一旦盡死，無人以奉祭祀，轂乃還儒冠。後數年亦病作。念無以爲計，但晝夜誦熾盛光呪。一日，讀最多，至萬遍。覺三蟲自身出，二在項背，一在腹上，周匝急行，如走避之狀。轂恐畏，不敢視，但益誦呪。忽頂上有光如電，蟲失所之，疾遂愈。郡人戴宏中履道説。

## 海大魚

漳州漳浦縣敦照鹽場，在海旁。將官陳敏至其處，從漁師買沙魚作線。得一魚長二丈餘，重數千斤。剖及腹，一人偃然横其間，皮膚如生，蓋新爲所吞也。又紹興十八年，有海鰌乘潮入港，潮落不能去，臥港中。水深丈五尺，人以長梯架巨舟，登其背，猶有丈餘。時歲饑，鄉人爭來剖肉【三四】。是日所取，無慮數百擔。鰌元不動，次日有刓其目者，方覺痛。轉側水中，旁舟皆覆，幸無所失亡。取約旬日方盡。賴以濟者甚衆，其脊骨皆中米

【三四】剖肉　涵芬樓本注，「剖」陸本作「割」。中華本「肉」下增〔按：陸本「剖肉」作「剖割」。〕

臼用。

嚴校：此卷中有補葉三，甲志自序已失，攷乙志有乾道二年序，此志定在乾道二年前。此卷所載多紹興中事，而補葉多載及慶元間，必非文敏元文，乃元人雜取戊志以後事攙入之耳。

# 夷堅甲志卷第八 十七事

## 吴公誠

興化人吴公誠，字君與。年七十，以大夫致仕。夢人告曰：「公猶有俸金七百千在官。」既覺，取券歷會之，凡積留未請者，正如其數。乃謂諸子曰：「我所得止此，且置，勿請。庶稍延我壽。」子如戒緘封，不復言。後一年而卒，計挂冠後所入半俸，適滿七百千，乃非昔日所積者。既服除，其子與郡守有舊，悉以向所當得者復給之。

## 金四執鬼

福州城南，禊遊堂下有公蓮池數十畝，民金四榷其利。其居在南臺，去池七里，盧有盜，每夕輒往巡邏。嘗遇一人行支徑中，詰之，曰：「我以事它適，偶夜歸耳。」時已三鼓，金素有膽，視其舉措不類人，又非人所常行路，乃好謂之曰：「我家在江南，偶飲酒多，覺醉，不可歸，欲與汝相負【一】。汝先自此負我至合沙門【二】，我乃負汝至馬鋪【三】，汝復負我過浮橋。」其人欣然，如所約而去。至馬鋪欲下，金執之甚急，連聲呼家人燭火來視，已

### 校勘記

【一】欲與汝相負　涵芬樓本注，《榕陰新檢》「相」上多一「互」字。

【二】合沙門　原注：去城二里。

【三】馬鋪　原注：去城四里。涵芬樓本注，葉本作「又四里」。

化爲一老鷄，乃縛而焚之【四】。

## 佛救宿寃

臨安民張公子者，嘗至一寺，見敗屋内古佛無手足，取歸，莊嚴供事之。歲餘，即有靈響。其家吉凶事，輒先告之，凡二三十年【五】。建炎間，金人犯臨安。張竄伏智井，似夢非夢，見所事佛來與之别，曰：「汝有難當死，吾無策可救。緣前世在黄巢亂中，曾殺一人。其人今爲丁小大，明日當至此，殺汝以報。不可免矣。」張怖懼。明日，果有人攜矛臨井【六】，叱張令出。既出，即欲刃之。張呼曰：「公非丁小大乎？」其人駭問曰：「何以知我名氏？」具告佛語。其人憮然，擲刃于地，曰：「寃可解不可結。汝昔殺我，我今殺汝。汝後世又當殺我，何時可了！今釋汝以解之。然汝留此，必爲後騎所戕，且與我偕行。」遂令相從，數日，度其脱也，乃遣去。丁生蓋河北民，爲金人簽軍者。三事皆陳季若説。

## 京師異婦人

宣和中，京師士人元夕出游，至美美樓下【七】，觀者闐咽不可前。少駐步，見美婦人舉措張皇，若有所失，問之，曰：「我逐隊觀燈，適遇人極隘【八】，遂迷失侣。今無所歸矣【九】！」以言誘之，欣然曰：「我在此稍久【一〇】，必爲他人掠賣，不若與子歸【一一】。」士

【四】縛　涵芬樓本注，葉本作「搏」。

【五】二三十年　涵芬樓本注，葉本作「二十三年」。

【六】臨井　「臨」原作「□」，據葉本、陸本補。

【七】美美樓　涵芬樓本注，嚴校疑誤，葉本作「二美樓」。

【八】遇人極隘　涵芬樓本注，葉本作「被人挨阻」。

【九】矣　涵芬樓本注，葉本作「士」，屬下。

【一〇】在此稍久　涵芬樓本注，葉本作「不能歸」。

【一一】不若與子歸　涵芬樓本注，葉本作「幸君子憐之」。

人喜，即攜手還舍。如是半年，嬖寵殊甚，亦無有人蹤跡之者。一日，召所善友與飲，命婦人侍酒，甚款。後數日，友復來，曰：「前夕所見之人【一二】，安從得之？」曰：「吾以金買得之。」友曰：「不然，子宜實告我。前夕飲酒時，見每過燭後色必變。意非人類，不可不察。」士人曰：「相處累月，焉有是事？」友不能强，乃曰：「葆真宮王文卿法師善符籙，試與子謁之。若有祟，渠必能言。不然，亦無傷也。」遂往【一三】。王師一見，驚曰：「妖氣極濃，將不可治【一四】。此祟異絶【一五】，非尋常鬼魅比也。」歷指坐上它客曰：「異日皆當爲左證。」坐者盡恐。士人已先聞友言。不敢復隱，備告之。王師曰：「此物平時有何嗜好？」曰：「一錢篋極精巧，常佩於腰間，不以示人。」王即朱書二符授之，曰：「公歸，俟其寢，以一置其首，一置篋中。」士人歸，婦人已大罵【一六】曰：「託身於君許久，不能見信。乃令道士書符，以鬼待我何故【一七】？」初尚設辭諱【一八】，婦人曰：「某僕爲我言，一符欲置吾首，一置篋中，何諱也？」士人不能辯，密訪僕，僕初不言，始【一九】疑之。迨夜，伺其睡。則【二〇】張燈製衣，將旦不息【二一】，士人愈窘。復走謁王師，師喜曰：「渠不過能忍一夕。今夕必寢，第從吾戒。」是夜，果熟睡。如教施符【二二】，天明無所見，意謂已去。越二日，開封遣獄吏逮王師下獄，曰：「某家婦人瘵疾三年，臨病革，忽大呼曰：『葆真宮王法師殺我。』遂死。家人爲之沐浴，見首上及腰間篋中皆有符，乃詣府投牒，云王以妖術取【二三】其女。」王具述所以，即追士人，并向日坐上諸客，證之皆同，始得免。王

【一二】人　涵芬樓本注，葉本作「婦」。

【一三】遂往　涵芬樓本注，葉本作「遂同往謁」。

【一四】將不可治　涵芬樓本注，葉本作「勢將難治」。

【一五】異絶　涵芬樓本注，葉本作「絶異」。李按：南圖本同葉本。

【一六】婦人已大罵　「婦人已」涵芬樓本作「其婦」。

【一七】何故　涵芬樓本注，葉本作「士」屬下。

【一八】設辭諱　涵芬樓本注，葉本作「設辭以對」。

【一九】始　涵芬樓本注，葉本作「益」。

師，建昌人。林亮功説，林與士人之友同齋。

## 永福村院犬

福州永福縣有村律院，伯仲二僧同房。伯僧愛一犬，每食必呼使前。仲甚惡之，見必叱逐，或繼以鞭箠，如是累歲。伯嘗出外旬日，歸不見犬，責仲曰：「汝常日【二四】讎犬特甚，乘我之出，必殺食之矣。」仲力辨，不得已，乃言：「因其竊食，誤擊殺之，埋諸後圃，非食也【二五】。」伯殊不信，潛往瘞所發視，急歸【二六】，語仲曰：「犬雖異類，心與人同。汝與結寃非一日，適吾視其體，頭已爲蛇，會當報汝。汝不宜往，可倩所知者再觀之。」洎別一人往視，則蛇頭愈長。始大恐，問所以解寃之策，伯教以盡鬻衣鉢，對佛懺謝。遂入懺堂，晝夜不息，凡數年。一夕，焚紙鏹，覺盆中有物，意其鼠，撥灰視之，蛇也。乘仲張口，急奔入喉中，遂死。本縣般若長老惟學説。

## 金剛靈驗

青州人柴注，爲壽春府司理。因鞫劫盜獄，一囚言：「離城三十里間開旅邸，每遇客攜囊槖獨宿，多殺之，投尸於白沙河下。前後不知若干人。惟謀一老嫗不得。」注問其故，囚曰：「頃年老嫗獨寄宿，某與兄弟言：『今夜好箇經紀。』至更深，遣長子推户，久乃

【二〇】則　涵芬樓本注，葉本作「婦」。

【二一】將旦不息　涵芬樓本注，「將」葉本作「達」。

【二二】如教施符　涵芬樓本注，葉本「如」上多一「乃」字。

【二三】取　涵芬樓本注，明鈔本作「殺」。

【二四】常日　涵芬樓本注，明鈔本無「日」字。

【二五】非食也　涵芬樓本注，葉本「食」下多一「之」字。

【二六】急歸　涵芬樓本注，葉本無「急」字。

還，云：『若有人抵户而立，不可啓。』某不信，提刀自行，及門，穴壁窺之。見紅光中一大神，與房上下等，背門而立，氣象甚怒。某驚懼失聲，幾於顛仆。天將曉，門方開。媪正起理髮，誦經不已。問：『何經？』曰：『金剛經也。』乃知昨夜神人，蓋金剛云。」

## 南陽驛婦人詩

靖康元年，鄧州南陽縣驛有女子留題一詩，曰：「流落南來自可嗟，避人不敢御鉛華。卻憐當日鶯鶯事，獨立春風霧鬢斜。」字畫柔弱，真婦人之書。次韻者滿壁。

## 王彦楚夢中詩

王彦楚，□□□州人。少年時，夢作詩，曰：「春罷雞□□，□行犬吠籬。溪深水馬健，霜重橘奴肥。」建炎初，將漕京西。遇寇至，彦楚腦間中刃，奔走墟落。聞農家春聲，正如昔年夢中作詩景象云。三事黄訥説。

## 劉氏子

劉敏求，字好古，居開封郊外。生一子，兩歲而病，將死，不忍視，徙置比舍民家，須其絶，而斂之。乳媪方抱以泣，有道人過，見之，曰：「兒未死也。」取藥一餅，餌之遂蘇。復索紙，書十數字，緘封以授媪。祝令謹藏去【二七】，勿得發視，視則兒死。媪先密窺之，能認「十九」兩字，餘不識也。自此兒浸安。母意其十九歲當不免，至是年，爲食素祝延之，既而無恙。及紹興十九年，敏求官建康，子四十三歲矣，得疾以三月二十六日不起。媪猶在，始啓所緘書，乃大書九字，其文曰：「十九年三月二十六日。」梁竑夫說。

## 潘璟醫

潘璟，字温叟，名醫也。虞部員外郎張咸妻孕五歲，南陵尉富昌齡妻孕二歲，團練使劉彝孫妾孕十有四月，皆未育。璟視之，曰：「疾也，凡醫妄以爲有娠耳。」於是，作大劑飲之。虞部妻墮肉塊百餘，有眉目狀。昌齡妻夢二童子色漆黑，倉卒怖悸疾走而去。彝孫妾墮大蛇猶蜿蜒不死。三婦人皆平安。貴江令王霽，夜夢與婦人歌謳飲酒，晝不能食，如是三歲。璟治之，疾益平，則婦人色益沮，飲酒易怠，歌謳不樂，久之遂無所見。温叟曰：「病雖衰，然未也。如夢男子青巾而白衣則愈矣。」後果夢，即能食。北湖吴則禮載其事。

## 黄山人

贈太師葉助【二八】，縉雲人，爲睦州建德尉。年壯無子，問命於日者黄某。黄云：「公嗣息甚貴，位至節度使。然當在三十歲以後。若速得之，亦非令器也。」天祐不樂。後官

【二七】去　涵芬樓本注，嚴校：「去」古「弆」字，見《漢書》。

【二八】葉助　涵芬樓本注，葉本下有「天祐」二字。李按：二字當爲助之字。

拱州，黄又至，令以《周易》筮之，得《賁卦》。黄曰：「今日辰居土，土加賁，爲墳字。君當生子，但必有悼亡之戚。」果生男，數歲而晁夫人卒，其子即少藴也。既擢第，爲淮東提刑周穜壻。周嘗延一黄山人，少藴命之筮。遇《晉卦》，黄曰：「三年後，當孿生二女。晉之卦，坤下離上，二陰也。晉之字從兩口，爻辭曰：『晝日三接，三年之象也。』俟此事驗，當以前程奉告。」少藴深惡其説，已而果然。自維揚歸吴興，復見之，少藴曰：「君昔日所言果中，異時休咎，盍以告我。」黄曰：「公貴人也。自此當徧儀清要【二九】，登政府，終於節度使。宜善自愛。」少藴異之，以白乃父。父曰：「憶三十年前，有客亦姓黄，爲吾言得汝之期，且謂當建節鉞，豈非此人乎？」試使召之，真昔所見者。父子相視而笑，待黄生如神。建炎中，少藴爲尚書左丞。紹興十六年，年七十，上章告老，自觀文殿學士除崇慶軍節度使致仕。二年而薨，竟如黄言。黄訒説，得之左丞。

## 饒州官廨

饒州譙門之南，一官廨素有怪。紹興十一年，常平主管官韓參居之，延樂平士人胡价爲館客，郡守程進道亦遣其子從學。會程受代，价納官奴韓秀賂，白程爲落籍，程許之。韓倡乘夜攜酒肴竊入价書室與飲，且堅囑之，遂得自便。他夕，倡復攜具至。既飲，又徧以餘尊犒從者。自是數至。一夕過三鼓，西鄰推官廳會客散，望价書室燈尚明，呼之，猶

【二九】自此當徧儀清要　涵芬樓本注，「儀」葉本作「歷」。

與相應答，及天明，則价臥榻上死矣。主人詰問侍童及外宿直者，皆云：「每夜有婦人自宅堂取酒炙以出，意宅中人，不敢言。及旦則去。昨宵已雞唱，聞先生大呼，疑其夢魘，不謂遽死。」蓋鬼詐爲倡以惑价，而价不悟。後三年，通判任良臣居之。其女十餘歲，常見二人相攜以行，因大病，急徙出。後以爲驛舍云。

## 閉糴震死

饒州餘干縣桐口社【三〇】民段二十八，紹興乙卯歲，爲雷所擊，挈尸至雲外，有朱衣人云：「錯也。」復撲於平地。段如夢中，移時方甦。項上并脇下皆有斧跡，出青黑汁數升。同村港西，亦有段二十六者，即時震死。此人元儲穀二倉，歲饑，閉不肯出，故天誅之。既死，穀皆爲火焚。而桐口之段，至今猶在。

## 不孝震死

鄱陽孝誠鄉民王三十者，初，其父母自買【三一】香木棺二具以備死。王易以信州之杉，已而又貨之，别易株板。及母死，則又欲留株板自用，但市松棺斂母。既葬，旬日爲雷擊死，側植其尸。或走報厥子，子急往，哭且扶尸仆地【三二】。正日中，震雷起，忽挈子往他處【三三】，約相去五里許。洎復回，父已復倒立矣【三四】。凡兩瘞之，皆震出。遂斲棺一

【三〇】桐口社　涵芬樓本注，「桐」葉本作「洞」，下同。

【三一】買　涵芬樓本注，明鈔本作「置」。

【三二】仆地　涵芬樓本注，「仆」葉本作「臥」。

【三三】震雷起忽挈子往他處　涵芬樓本注，上二句，明鈔本作「震雷忽起，挈往他處」。

【三四】倒立　涵芬樓本注，「立」葉本作「植」。

竅，表以竹而掩之，始得寧。

## 梅三犬

饒州東湖傍，居民梅三者，紹興二十年除夕，縛一牝犬欲殺，已刺血煮食，恍惚間不見。夜夢犬言曰：「我犬也，被殺不辭，但欠君家犬子數未足，幸少寬我。」梅許諾。明日，自外歸，恬然無所傷。乃復育之。

## 安昌期

安昌期，昭州恭城人，少舉進士。皇祐中，朝廷平儂智高，推恩二廣，凡進士曾試禮部者，皆特試于廷，昌期因是得横州永定尉。以事去官，遂不復仕。獨與小童游廣東，放浪山水間。同年曲江胡濬，爲惠州海豐令，昌期往過之，留甚久。杯酒間，多爲嬉戲小技，娱悦坐人。嘗結紙數紐，覆而呪之。良久器遂動，徐徐啟之，皆爲鼠矣，咀嚼舉動如真。復覆之，則依然結紙也。時采山藥，嚼而吐之以示人，津著藥上，皆如膠飴。或通夕不寐，指其童曰：「勿輕此童，它日與吾偕隱。」治平二年，游清遠峽山寺，謂僧曰：「久聞山中有和光洞，故來游。」遂與童俱往，數日不返。僧疑爲虎所食，徧求之無所見。於洞前石壁上得詩曰：「蕙帳將辭去，猿猱不忍啼。琴書自爲樂，朋友孰相攜。丹竈非無藥，青雲别有梯。峽山余暫隱，人莫擬夷齊。」後題云：「前横州永定縣尉安昌期筆。」山僧說。

## 海馬

紹興八年，廣州西海壖，地名上弓彎，月夜有海獸狀如馬，蹄鬣皆丹，入近村民家，民聚衆殺之。將曉，如萬兵行空中，其聲洶洶，皆稱尋馬。客有識者，慮其異，急徙去。次日，海水溢，環村百餘家盡溺死。

# 夷堅甲志卷第九十四事

## 鄒益夢

鄒益者，饒州樂平人。爲進士。初興三舍時，乞夢於州城隍廟。夜夢往官府，見壁間詩一聯，云：「鄒益若爲饒解首，朱元天下第三人。」既覺，大喜，謂必冠鄉舉。時舍法，初行挾書假手之法，甚嚴，益首犯禁。朱元者，徽州人。蔡京改茶法，元爲茶商，坐私販抵罪，正第三人云。

## 王李二醫

李醫者，忘其名，撫州人。醫道大行，十年間，致家貲巨萬。崇仁縣富民病，邀李治之，約以錢五百萬爲謝。李□療【一】旬日，不少差，乃求去，使別呼醫，且曰：「他醫不宜用，獨王生可耳。」時王、李名相甲乙，皆良醫也。病者家亦以李久留不効，許其辭，李留數藥【二】而去。歸未半道，逢王醫。王詢李所往，告之故。王曰：「兄猶不能治，吾伎出兄下遠甚，今往無益，不如俱歸。」李曰：「不然。吾得其脈甚精，處藥甚當，然不能成功

校勘記

【一】□療　涵芬樓本注，「□」葉本作「拯」。

【二】數藥　「數」原作「□」，據葉本、陸本補。

者，自度運窮，不當得謝錢耳，故告辭。君但一往，吾所用藥悉與君，以此治之，必愈。」王素敬李，如其戒。既見病者，盡用李藥，微易湯，使次第以進。閲三日，有瘳。富家大喜，如約謝遣之。王歸郡，盛具享李生，曰：「崇仁之役，某略無功，皆兄之教，謝錢不敢獨擅，今進其半，爲兄壽。」李力辭【三】曰：「吾不應得此，故主人病不愈。今之所以愈，君力也，吾何功？君治疾而吾受謝，必不可。」王不能强，他日以餉遺爲名，致物幾千緡，李始受之。二醫本出庸人，而服義重取予如此，士大夫或有所不若也。今相去數十年，臨川人猶喜道其事。

## 花果異

紹興二十一年四月，池州建德縣定林寺，桑樹生李，栗樹生桃，極甘美異常。鄱陽石門民張二公僕家竹籬上，生重臺牡丹一枝甚大。吾家田人【四】汪二十一家，鑊内現金色蓮花，有僧立其上，自四月八日至十日不退。其家以煮犬，遂滅。聞自彭澤至石門，民家鑊多生花，但無僧。此異所未聞也。是年，雨澤及時，鄉老以爲大有年之祥。

## 黄履中禱子

黄鉞，字元受，建昌人，汪應辰牓登科。言其祖履中無子，禱于君山廟。夢人以綵籠

【三】李力辭　「辭」原作「詞」，據葉本、陸本改。

【四】田人　涵芬樓本注，「田」明鈔本作「佃」。

盛五色鳳三，别以筠籠盛一鳥，併授之。後正室生三子，皆擢第。妾生一子，無所能。

## 絇紡三夢

絇紡，字公素，元姓句，犯上嫌名，遂增系爲絇，其音如章句之句。宣和甲辰，赴省試，夢人告曰：「遽得，逢州便得。」紡喜，謂遽得者，即得也。已而不利。至建炎戊申，試維揚，夢如初。紡曰：「遽者，絇也。我已姓絇，又試於揚州，其必得。」又不利。久之，復夢其人來，以實告曰：「君年四十八方登科，今未也。」紡時三十八矣。度猶有十年，以未可得，不敢萌進取意。屏居道州，富家翁召教其子。及紹興甲寅科，詔下，紡四十五歲矣。以爲必無成，不肯【五】往。主人强之，曰：「所以延君者，正欲挾【六】小兒俱入舉場，君必行。」陰令其子自爲下家狀求試。紡不得已，從之。遂與富子俱薦送。明年，繳公據，納禮部，漫啟視，則所具年甲誤以爲四十七。是年，正四十八也。默喜，以爲神助，獨未曉「逢州便得」之語。及坐圖混牓出，紡名之左一人姓馮，右一人姓周，是歲遂登第。首尾十二年，凡三見夢方驗，曲折明白如此。

## 黄司業夢

元符戊寅歲，睦州建德人黄司業者，失其四歲男子，日夜悲泣。夢之曰：「兒已受

【五】肯　涵芬樓本注，葉本作「欲」。
【六】挾　涵芬樓本注，葉本作「挈」。

生，無用相憶。兒前生嘗爲宰相，坐誣陷善人，謫爲公家子。偶又有小過，復再謫。今只在數里間，方十四秀才家。他日當有官，畢此一世後，卻生佳處矣。」明日，訪方秀才，果得子，以十二月二日生，正與黄氏子亡日同。黄請觀之，兒躍然甚喜。與之物，即舉手，如欲取狀。黄歸，遂不復哭。十四秀才者，名逸，官至朝請郎。所生子名序，紹興十二年登科，然仕纔至常山丞以死，壽五十有三。右三事皆余執度文特言。

## 俞翁相人

邵武俞翁者，善相人，尤能聽器物聲驗吉凶。先世仕南唐爲太史令，後主歸朝【七】，俞氏舉族來居邵武之泰寧。翁年既高，人尊之，呼爲翁云。葉祖洽兒童時，好騎羊爲戲，翁見之曰：「郎君當魁天下士，勉之，無戲。」祖洽遂折節讀書。會黄右丞履丁内艱，鄉居，祖洽與邑子上官均執弟子禮，師事之。嘗過小山寺，遇翁，翁逆謂曰：「狀元、牓眼何自來？」此二人相視而笑，曰：「寧有是？」翁曰：「不特爾，又同年焉。吾爲子選一題，可預爲之備。」二人未之信，戲曰：「題目謂何？」翁指庭下竹一束，曰：「當作此。」二人笑而去。熙寧三年廷試，進士罷詩賦論三題，易以策問，祖洽遂首選，均次之。方悟竹一束，蓋策字也。祖洽父恪，少不學，嘗過翁門，縣之士子羣集，無一可翁意，獨指恪，曰：「此人年六十當官七品，服銀緋。」衆皆憮然。恪後以子貴，封累朝請郎，賜朱紱，正年六十

【七】歸朝　涵芬樓本注，「朝」明鈔本作「正」。

云。翁嘗行田間，聞水聲，曰：「水流悲，田將易主。」已而果然。又嘗入市，聞樂聲，曰：「金聲亢，其有兵。當在申酉間，然我無傷，兵四人當溺死。」至期，果有戍卒自汀州還，過市羣飲，爭倡女，抽戈相戕。度不自安【八】，乘暮亂流而渡，正春濤怒漲，溺死【九】，果四人。或問其故，曰：「日在子，又屬水，水旺於子，金至此死焉。」其巧發奇中，類是。今邵武人猶傳其《相書》一編，然去翁遠矣。

## 宗本遇異人

僧宗本者，邵武田家子。宣和元年，因餉田行山陘中，遇道人麻衣椎髻丐食。本曰：「吾父未哺餐，可同至家取食否？」道人怒，唾左拇端，抽一劍脅之。本對如初，道人笑曰：「獠子可教。」解衣帶小瓢，傾紅藥三顆授之。本舉掌欲服間，其二墜地不可得，但噉其一。道人復笑曰：「分止此耳。」忽不見。本不復歸家，入近村雙林院，止佛殿上，即能談僧徒隱事。咸驚異，走告其家。妻子來視，斥去不使入。明日，讙傳一鄉，來詢休咎者，系道不絕。郡將以下，咸遺書乞頌。本握筆瞑目，頌立成，筆法清勁可愛。寺僧指爲生佛，欲令久居，以壯聲勢。本曰：「吾緣不在是，當往汀州，謁定光佛。」奮臂便行。至泰寧之豐巖，樂其山水秀邃，亦夢紫衣金章人挽留，遂止不去。縣人共出錢爲祝髮，得廢丹霞院額，標其巖。未幾，羅畸疇老自沙縣遺信招迎，欣然而往。時李伯紀丞相自右史斥監

【八】度不自安　涵芬樓本注，「自安」葉本作「免」。

【九】溺死　涵芬樓本注，「溺」上葉本多一「皆」字。

邑征，本與頌曰：「青共立，米去皮。此時節，甚光輝。」伯紀罔測。洎靖康初得君，驟拜執政，方悟其語。鄧肅志宏，以諸生見本，本指伯紀謂肅曰：「君他日貴由此人。」及伯紀登庸，志宏白衣至左正言。本留沙縣踰年，復還丹霞。建炎四年，伯紀自嶺外歸。見本，本大書机上，作「紹興」二字，明年果改元。語伯紀曰：「兹地血腥觸人，當有兵起，公可居福州。」從之。二月，環境盗起，邑落焚劉無餘。二年六月，伯紀帥長沙，過邵武，迂道訪本。本送至建寧，趣其速行，戒之如泰寧。復大書邑廳壁曰：「東燒、西燒。」又連書「七」、「七」數字。纔出境，江西賊李敦仁入邑縱火，正七月七日也。本初住丹霞，有飛雀立化于佛前香爐上，疇老爲著《瑞雀頌》，人以爲師所感云。紹興十六年，豫言某日當去，至期無疾而化。本晚工詩，殖貨不已，尤悉嗇視出一錢如拔齒。其徒多諫之，曰：「此吾宿業也。」

## 惠吉異術

僧惠吉，張氏，饒州餘干人。少亡賴，爲縣五伯，因追胥村社，少休山麓，遇婦人乘竹輿，無所服，惟用匹布蔽體，訝其韶秀而結束詭異，揖而訊之，曰：「非汝所知也。」取一卷書授之，曰：「勉旃！後當爲僧。」言訖，輿去如飛，二僕夫冉冉履空中。張歸，即能談人意間事。棄妻子出遊，過撫州宜黄縣，行止佯狂，人無知者。時大旱，縣人作土龍禱雨。

張投牒，請自祈禬。約明日午必雨，不爾，願焚軀以謝。即趺坐積薪上，民之輕慓猾賊者爭益薪。及明【一〇】，烈日滋熾，萬衆族觀，至秉炬以須。如期，果大雨，四境霑足，邑人謹事之。鄒柄居是邑，惡其惑衆，張往見之，曰：「吾宿負公杖，幸少寬我。」會張爲邑人甃治衢陌，裒金數百萬【一一】，或譖於鄒曰：「彼乾没其半，間道以遺妻孥。」鄒怒，言於縣宰，捕笞之。已而悔，詣張謝，張曰：「曩固言之矣，無傷也。」宣和三年，適邵武泰寧，謂縣人黄温甫曰：「吾與若隔生同爲五臺僧，若嘗病，費吾藥餌，今當館我以償。」黄爲築庵香爐峰頂，買僧牒落髮。師能呪水起疾，數百里間，來者絡繹。通直郎葉武爲令，夢一女子持火，東西焚庭廡，復爇鼓門【一二】，驚覺。遲明，師造縣，迎問曰：「昨夕無恐否？」葉愕然，具以夢告。師命輿土地木胎至庭，斧之，血津津然。初縣有祟物，化爲美姝，惑宿直吏，至是遂已。縣丞江定國，母吕氏有眩疾，每發，頭涔涔不可忍。以扣師，師曰：「無它故，要是銀兒爲孽。」定國駭懼。銀兒者，其父時故姬，吕氏陰殺之。於是，丐爲禳謝，師引紙畫爲禽畜百十種，令秉火炬，設瓜果，賓主置榻，戒其家人皆就寢，勿顧，獨一二僕使在。迨夜，師入吕氏寢，物色之，得於粧閣。僕者咸見好女子，年可十六七，緑衣黄裙，對之掩泣，若不從狀。師徐徐諭解，已而肯首【一三】。乃以所畫，并楮鏹付之，送使出門。吕氏明日疾不作。富人江景淵，嘗與人爭田，不勝，用計殺之。忽得脾疾，詣師請水【一四】，師具數其過，景淵叩頭哀祈。爲至其居，命斸地丈許，得蒼狗吽牙怒視，左右

【一〇】及明　涵芬樓本注，葉本作「明日」。

【一一】金數百萬　涵芬樓本注，「金」明鈔本作「錢」。

【一二】鼓門　涵芬樓本注，葉本作「鼓樓門」。

【一三】肯首　涵芬樓本注，明鈔本作「首肯」。

【一四】請水　涵芬樓本注，明鈔本作「請救」。

皆恐。視之乃塊石，師以杖擊之，應手糜碎。景淵即瘉。又有倡，棄籍歸一胥，同謁師。師所居山椒，林樾蔽繞，來者未至門，不知也。師逆告其徒曰：「某人夫婦少選至，勿令其婢子入。」及二人至，元無婢自隨。師言狀，倡驚泣求救。乃昔日曾逼一婢赴井死，胥固未之知。嘗入市，見摶揜【一五】者立道左，呼使前。捫其項下，如揭物狀，曰：「後不得復爾。」人問故，蓋此人昨夕負博進，恚而投繯，救至得不死。師白晝捕魑魅，逆説禍福甚多，不勝載。紹興四年死，泰寧人至今繪事其像，不呼其名，惟曰張公，或曰張和尚云。

## 卓筆峰

泰寧縣東十五里，有仙棺石。相傳往年因風雨，白晝晦冥，人聞空中音樂聲。及霽，見棺木在巖間。其處峭絶，人莫能上，疑仙人蜕骨送于此，因名音山，亦曰聖石。遇大旱，祈雨即應。蔣穎叔使福建日，過之，爲賦詩，更名卓筆峯。宣和五年，復大雷雹，風雨雺塞。及霽，而棺旁又列一棺，題湊不異世俗作者。次年春，山邊人見輿馬旌幢，騎從呵殿，騰雲至其地，作樂而去。樂聲泠然，非世間音。村民能猱援者，嘗登之，云：「棺不施釘，可開視，骨色青碧，葬具悉古製。惟一小剪刀，細腰修刃，同人間用者。」將挈而下，忽霹靂挾崖起，大蛇旁午，民驚怖墜地，體無所傷而病狂，半年方愈。爲鄉人言如此。右五事皆邵武士人黄文譽言。

【一五】摶揜　涵芬樓本注，葉本無「揜」字。

## 張琦使臣夢

左武大夫、榮州刺史張琦，紹興十六年，自建康解軍職，爲江東兵鈐，駐饒州。三年而病。琦有田在池州建德縣，命使臣掌之。是歲，使臣夢黄衣數人持一朱書漆牌云：「攝饒州鈐轄張琦、潭州長沙知縣趙伯某。」既寤，意謂琦被召命，詣鄱陽慶之。琦病已篤，不得見。家人恐其夢不祥，不敢言。而琦數詢其子，云：「趙知縣到未？」子謂病中譫語，不敢對。凡月餘，果有趙君者，罷長沙縣，歸至饒，泊城下，卒於舟中。琦登時亦死。

## 周濱受易

周濱，字東老，福州閩人，佳士也。陳了翁以兄之女妻之。濱受《易》於翁，如有所悟。翁喜參禪，見濱論死生之説，禪者所不能言，甚訝之。宣和中，以疾卒。前一日，作詩與蔡氏甥，曰：「三舅報無常【一六】，諸甥脚手忙。熟搥三挺皂，爛煮一鍋湯。垢膩從君洗，形骸任爾扛。六釘聲寂寂，千古路茫茫。」

## 蔡振悟死生

蔡振，字子玉，閩縣人。年甫冠，從鄉先生鄭東卿學《易》，忽悟死生之理。其家在鼓

【一六】三舅報無常　原注：濱行第三。

山下，紹興十七年，聞莆田鄭樵入山，從老僧問禪，振作書柢樵，論儒、釋之學。樵見其年少而論高，疑假手於人，親扣之，益奇怪。乃見東卿，問振所學，東卿曰：「不知也。」十九年四月，振來謁東卿，問《尚書·禹貢》得疾歸家，遂篤。叱出其妻，呼弟掄告以死，令掄把筆，口占一詩，曰：「倈同舍生來弔，可出示之。」其語云：「生也非贅，死兮何缺？與時俱行，別是一般風月。」詩畢而逝【一七】。

## 許氏詩讖

許太尉將未第時，居福州晉浦巷。夜有虎自東山踰破城入其園，傷圈豕而去。及旦，舉室慮其復至。太尉不以爲異，且高吟曰：「昨夜虎入我園，明年我作狀元。」叔母戲續其下，云：「顛狗不要亂吠，且在屋裏低蹲。」鄰里傳以爲笑。明年，太尉魁天下士，後登政府。叔母之子特以恩得官，至大夫，謂之許工部。舊所居室，太尉悉以與之。後工部得心疾，家人閉不使出，所謂「顛狗低蹲」之語，乃其母詩，實先讖也。三事鄭東卿說。

【一七】詩畢而逝　涵芬樓本注，嚴校：「詩」字疑誤。

# 夷堅甲志卷第十 十九事

## 桐城何翁

舒州桐城縣何翁者，以貲豪於鄉。嗜酒及色，年五十得風疾，手足奇右不能舉。與之同郡良醫李百全幾道家治療，月餘而病良已。將去，幾道飲之酒。酒半，問之曰：「死與生孰美？」翁愕然曰：「公，醫也，以救人爲業。豈不知死不如生，何用問？」幾道曰：「吾以君爲不畏死耳。若能知死之可惡，甚善。君今從死中得生，宜永斷房室。若不知悔，則必死矣。不復再相見也。」翁聞言大悟，才歸，即於山顛結草庵屏處，卻妻妾不得見，悉以家事付諸子。如是二年，勇健如三十許人。徒步入城，一日行百二十里。幾道見之，曰：「君果能用吾言，如持之不懈，雖未至神仙，必爲有道之士。」翁自是愈力，但多釀酒，每客至，與奕碁飲酒清談，窮日夜，凡二十有五年。建炎初，江淮盜起，李成犯淮西，翁度其且至，語諸子曰：「急竄尚可全。」諸子或顧戀妻孥、金帛，又方治裝，未能即去。翁即杖策，腰數千錢獨行。至江邊，賊尚遠，猶有船可度，徑隱當塗山寺中。諸子未暇走，而賊至，皆委鋒刃。翁在寺，與鄰室行者善。一日，呼與語曰：「吾欲買一棺，煩君同往取之，可乎？」曰：「何用此？」笑不應，遂買棺歸，置室內，數自拂拭。又謂行者曰：「吾終慁公矣，吾屋後儲所市薪，明日幸以焚我柩。恐有吾家人來，但以告之。」行者且疑且信，密察其所爲，至暮臥棺中，自托蓋，掩其上。明日，就視，死矣。時年七十九。後歲餘，翁有姪亦脱賊中，訪翁蹤跡，至是寺，方聞其死。翁與中書舍人朱新仲翌有中外之好，朱公嘗記其事，以授予云。

## 龐安常鍼

朱新仲祖，居桐城時，親識間一婦人妊娠，將産，七日而子不下，藥餌符水，無所不用，待死而已。名醫李幾道偶在朱公舍，朱邀視之，李曰：「此百藥無可施，惟有鍼法【一】。然吾藝未至此，不敢措手也。」遂還。而幾道之師龐安常適過門，遂同謁朱。朱告之故，曰：「其家不敢屈先生，然人命至重，能不惜一行救之否？」安常許諾，相與同往。纔見孕者，即連呼曰：「不死。」令家人以湯温其腰腹間，安常以手上下拊摩之，孕者覺腸胃【二】微痛，呻吟間【三】生一【四】男子，母子皆無恙。其家驚喜拜謝，敬之如神，而不知其所以然。安常曰：「兒已出胞，而一手誤執母腸胃【五】，不復能脱，故雖投藥而無益。適吾隔腹捫兒手所在，鍼其虎口，兒既痛，即縮手，所以遽生【六】。無他術也。」令取兒視之，右手虎口鍼痕存焉。其妙至此。新仲説。

【一】鍼法　涵芬樓本注，「法」葉本作「耳」。

【二】腸胃　涵芬樓本注，「胃」葉本作「中」，明鈔本作「間」。

【三】呻吟間　涵芬樓本注，「間」明鈔本作「次」。

【四】一　「一」原作□，據葉本、陸本、南圖本補。

【五】腸胃　涵芬樓本注，葉本無「胃」字。

【六】遽生　涵芬樓本注，葉本作「得脱」。

## 紅象卦影

紹興二年，廬陵董良史廷試罷，詣紅象道人作卦影，欲知其低昂。卦成有詩曰：「黑猴挽長弓，走向天邊立。系子獨高飛，中人嗟莫及。」良史不能曉。占者曰：「事應乃可解。」及唱名，張子韶九成爲牓首，張生於壬申，所謂黑猴者也。長弓，張字也。良史在三甲，其上孫雄飛，所謂系子高飛也。其下仲并，所謂中人莫及也。良史【七】說。

## 譚氏節操

英州真陽縣曲江村人吳琪【八】，略知書，其妻譚氏。紹興五年閏二月，本邑觀音山盜起，攻剽鄉落【九】，琪竄去。譚氏與其女被執，并鄰社村婦數人偕行。譚在衆中頗潔白，盜欲妻之，訴曰：「爾輩賊也，官軍旦夕且至，將爲虀粉。我良家女，何肯爲汝婦。」强之不已，至於捶擊，愈極口肆駡，竟斃於毒手。後盜平，鄰婦同執者皆還，曰：「使吳秀才妻不駡賊，今日亦歸矣。」因備言其死狀，吳生始知之。聞者高其節，予嘗爲之傳云。

## 草藥不可服

紹興十九年三月，英州僧希賜，往州南三十里洸口掃塔。有客船自番禺至，舟中士人

【七】良史　「史」原作「吏」，李按：據本條正文改。

【八】吳琪　涵芬樓本注，「琪」陸本作「琦」。

【九】鄉落　涵芬樓本注，「鄉」葉本作「村」。

之僕，脚弱不能行。舟師憫之，曰：「吾有一藥，治此病如神。餌之而差者，不可勝計。當以相與。」既賽廟畢，飲胙頗醉，入山求得藥，漬酒授病者，令天未明服之。如其言，藥入口，即呻呼云：「腸胃極痛，如刀割截。」遲明而死。士人以咎舟師，舟師恚曰：「何有此！」即取昨夕所餘藥，自漬酒服之，不踰時亦死。蓋山多斷腸草，人食之輒死。而舟師所取藥，爲根蔓所纏結，醉不暇擇，徑投酒中，是以及於禍。則知草藥不可妄服也。

## 南山寺

鄭良，字少張，英州人。宣和中，仕至右文殿修撰、廣南東西路轉運使，累貲【一〇】爲嶺表冠。既奉使兩路，遂於英築大第，亟以丹碧，窮工極麗，南州未之有也。靖康元年，或訴其過於朝，朝廷遣直龍圖閣陳述爲漕，俾鞫之。述至英，良居家，初不知其故，盛具延述，述亦推心與飲，締同官之好。至廣州，始遣使逮良下獄，窮治其贓，榜笞不可計。奏案上，方得出獄。出之一日，而良死。比斷勑至，止於停官編隸，已無及矣。家人未能葬，權厝于英之南山寺。所追録實貨甚多，述遂攝帥事。建炎二年代還，以它事復爲轉運使許君所劾，下廷尉，削籍，編置英州，太守置之南山。時良已遷葬數日，殯宫空，欲述居之。或告以實，述曰：「吾前治其獄，王事也。今已死，何足畏？」即居之。纔三四日，白晝見良，驚曰：「鄭良何敢來！」即感疾死，時建炎二年也。良之宅，今三分，爲天慶觀、州學、

【一〇】累貲　中華本注「貲」當作「資」。

驛舍，其家徙江西云。三事英僧希賜言。

## 賀氏釋證

賀氏者，吉州永新【一一】人，嫁同鄉士人江安行，有二子。自夫死不茹葷，日誦《圓覺經》，釋服不輟。或勸更誦他經，賀氏曰：「要知真性，本圓本覺，不覺不圓，是名凡夫。我不誦經，要遮眼耳。」長子楹登進士第，紹興六年，爲賀州簽判，迎母至官。賀氏從容語其婦曰：「吾誦經以來，了無夢想。比年夜艾，常見瑞光中有猊坐，欲升之，未果。今白日閉目，亦見佛相。」是歲五月甲戌，沐浴易衣。明日，食罷，盥漱如常，忽收足端坐，兩中指結印，瞑目而逝。家人倉黄召醫，已無及矣。郡守范直清帥其屬瞻禮，嘆曰：「大丈夫不能如此。」命畫工寫其像。像成，惟目睛未點，乃禱曰：「精神全在阿堵中，願賜開示。」俄兩目燁然，子孫扶視，皆謂再生【一二】。點睛訖，復瞑。時年七十七。傳雱彦濟言。

## 昌國商人

宣和間，明州昌國人有爲海商，至巨島泊舟，數人登岸伐薪，爲島人所覺，遽歸。一人方溷，不及下，遭執以往，縛以鐵絙，令耕田。後一二年稍熟，乃不復縶。始至時，島人具酒會其鄰里，呼此人當筵，燒鐵箸灼其股，每頓足號呼，則烘堂大笑。親戚間聞之，才有宴

【一一】永新　「永」原作「水」，據葉本、南圖本改。李按：宋代江南西路吉州有永新縣。

【一二】再生　涵芬樓本注，葉本作「未死」。

集，必假此人往，用以爲戲。後方悟其意，遭灼時，忍痛齧齒不作聲，坐上皆不樂，自是始免其苦。凡留三年，得便舟脱歸，兩股皆如龜卜。張昭時爲縣令，爲大人言。

## 盤谷碑厄【一三】

孟州濟源縣，韓文公送李愿歸盤谷序碑，唐元和中，縣令崔浹所立。歲月既久湮没，爲民井甃。政和三年，縣尉宋鞏巡警至其地，洗濯視之，曰：「此至寶也。」村民愚，以爲真有寶，伺宋去，碎之，無所獲，棄于道上。高密人孟温舒爲令，聞之，舁歸縣，龕于出治堂中。出治堂者，元祐中宰傅君愈所建，秦少游作記，且書之刻石。崇寧時，爲觀望者礲去。温舒得舊本於民間，再刊之，但隱其姓名，亦好事君子也。

## 孟温舒

孟温舒，爲濮州雷澤令，吏不敢欺。嘗有瘖者投空牒訴事，左右皆愕，温舒械之，曰：「有所聞，即告。」果有語者曰：「是人傭於某家，累年負其直不償，故詣令訴。」特口不能言耳，「彼恃廢疾來侮我。」命二吏隨扶以出，肆諸通衢。復潛遣謹厚者物色其旁，曰：「有所聞，即告。」果有語者曰：「是人傭於某家，累年負其直不償，故詣令訴。特口不能言耳，今乃獲罪，安用令！」吏以白温舒，遣執語者，訊之，遂得直。一縣稱爲神明。郭樞密三益作《温舒墓誌》書此事。

【一三】盤谷碑厄　涵芬樓本按：目録無「厄」字。

## 盜敬東坡

紹興二年，虔寇謝達陷惠州，民居官舍，焚蕩無遺，獨留東坡白鶴故居，并率其徒葺治六如亭，烹羊致奠而去。次年，海寇黎盛犯潮州，悉毁城堞，且縱火。至吴子野近居，盛登開元寺塔，見之，問左右曰：「是非蘇内翰藏圖書處否？」麾兵救之，復料理【一四】吴氏歲寒堂，民屋附近者，賴以不爇甚衆。兩人【一五】皆劇賊，而知尊敬蘇公如此。彼欲火其書者，可不有愧乎【一六】？

## 鬼呼學士

范鏜，字宏甫，建州浦城人。布衣時，至日中無炊，里人未之奇。一夕寒甚，自村墅回邑，假寐溪橋。中夜，聞人聲，從橋出，若有詢之者，應曰：「學士寢于是。」鏜不疑其鬼，徐徐聽之，皆涉水而濟。黎明，鏜還。浦城人目教授生童者爲學士，意所稱謂此。未幾，鏜登第，終龍圖閣學士。蓋宿橋之夕，相去五里許，一家設水陸，呼學士者，乃鬼也。

## 惠兵喏聲

黄鷹可，字宋翰，福州長溪人。紹興中，除惠州守，迓兵已至。有日者過門，聞從吏聲

【一四】料理　涵芬樓本注，《苕溪漁隱叢話》無「理」字。

【一五】兩人　涵芬樓本注，《苕溪漁隱叢話》作「是」。

【一六】可不有愧乎　涵芬樓本注，《苕溪漁隱叢話》無「有」字。

喏，告其人曰：「吏聲無土，公必不赴。」未行，果罷。三事黄文譽説。

## 廖用中詩戲

廖尚書用中剛，崇寧初，以士人爲辟廱録，已而擢第。宣和中，復以命士爲録於太學。時蔡魯公方盛，用中嘗戲作詩寄所善者曰：「二十年前録辟廱，而今官職儼然同。何當三萬六千歲，趕上齊陽魯國公。」好事者傳以爲口實。鄭樵説。

## 觀音醫臂

湖州有村媪，患臂久不愈。夜夢白衣女子來謁，曰：「我亦苦此，爾能醫我臂，我亦醫爾臂。」媪曰：「娘子居何地？」曰：「我寄崇寧寺西廊。」媪既寤，即入城，至崇寧寺，以所夢白西舍僧忠道者，道者思之，曰：「必觀音也。吾室有白衣像，因葺舍誤傷其臂。」引至室中瞻禮，果一臂損。媪遂命工修之，佛臂既全，媪病隨愈。湖人吴价説。

## 李八得藥

政和七年，秀州魏塘鎮李八叔者，患大風三年，百藥不驗。忽有遊僧來，與藥一粒令服。李漫留之，語家人曰：「我三年間，化主留藥多矣，何嘗有効！」不肯服。初，李生未病時，誦大悲觀音菩薩，滿三藏。是夜，夢所惠藥僧告之曰：「汝尚肯三藏價誦我，卻不肯服我藥。」既寤，即取服之。凡七日，徧身皮如脱去，須眉皆再生。邊公式説。

## 佛還釵

平江民徐叔文妻，遇金人破城，獨脱身賊手。出郭，於水中行，惟誦觀音佛名，首插金釵，恐爲累，擲置水中。半途迷所向，有白衣老媪在岸，呼之令上，指示其路，曰：「遇僧即止。」又云：「恐汝無裹足，贈汝金釵。」視之，蓋向所棄者。至一林中，見寺遂止，乃薦福也。次日，其壻蔣世永適相值，乃攜以歸。

## 佛救黐胃

平江僧惠恭病黐胃，不能飲食。夜夢一狸猫自項背入腹中，從此日甚。每過市見魚，深起嗜想。遂發意，誦觀音菩薩百萬聲，日持大悲呪百八遍。復夢至山中，遇道人相慰，問曰：「吾與汝藥。」俄青衣童籠一雞至前，猫自僧口出，徑入籠擒雞，因驚覺，病頓愈。

## 歐十一

湖州民歐十一，坐誤殺人配廣中。其妻在家齋素，日誦觀音。歐在配所，見一僧，呼曰：「汝家妻孥極念汝，欲歸否？」曰：「固所願。」遂出，藥擦其腕，初無痛楚，腕已墮地，血流不止。僧曰：「可持以告官，當得歸。收汝斷手，勿失也。」歐如言，得放還。及中途，復見僧，曰：「汝斷手在否？」曰：「在。」取而續之，脗合如初。三事皆李樫與幾説。

校勘記

# 夷堅甲志卷第十一 十八事

## 梅先遇人

予宗人慶善郎中興祖，紹興十二年，爲江東提刑，治所在鄱陽。王元量尚書鼎，從假二卒往夔峽，既回，拜于廷。其一梅先者，獨着道服，拜至十數不已，慶善訝之。答曰：「伺郎中治事退，當請間以白。」少頃，慶善坐書室，梅復至，曰：「初至夔州，數日，有道者歷問所從來，令某隨之去。某應曰：『諾。』道者曰：『汝當有妻孥，安能捨而從我？』某曰：『惟一妻一子。今得從先生，視彼如涕唾耳。』道者甚喜，曰：『汝能若此，良可教。吾將試汝。』即於糞壤中拾人所棄敗履令食。初極臭穢，强齧不能進。道者笑，自取啖之，曰：『如我法以食。』歷數日，覺不復臭，而味益甘軟。又問，所以來此爲何事。答曰：『奉主公命，爲王尚書取租入。』曰：『如是當歸，畢之。此公家錢，如未了，不可從我。他日未晚也。』某曰：『家在江東，相距數千里，豈能再來？』曰：『汝思我，我即至矣。』又授藥方三道，曰：『若乏用時，可合此藥貨，視一日所用留之，有餘棄諸道上，以惠貧窶。或無食，則茹草履。人與酒食，但享之，特不可作意。大抵無心，乃得道耳。』某拜之數十，又與某道服，曰：『汝歸見主公時，拜之如拜我。但著此衣，勿易也。』」慶善曰：「果如此，勿復爲走卒。」命直書閤，以自近。嘗召使坐，取草履試之。梅展足，據地坐。淨滌履而食，每數口即飲水少許。久之，吐其滓，瑩滑如碧玉，以示慶善。慶善復還之，梅徑取投口中，食履盡乃已。時方二十四歲，即與妻異榻，曰：「人世只爾，殊可厭惡，汝盍同我學道，不然，隨汝所之。」妻始猶勉從，不一年竟改嫁。慶善後予告，令往丹陽茅山預三月鶴會。山有洞，常人欲入，須秉燭。然極不過數十步，即止。梅索手而入，無所礙。聞石壁中若人叩齒行持者。至最深處，得一澗，澗中水數尺，細視有書數軸，取得之，才霑漬其半，乃元祐中劉法師所受法籙也。後送慶善還丹陽。慶善有外兄病，每食輒吐。梅曰：「瓢中藥正爾治此。」取數粒與服，一日即思食，旬時病盡失去。慶善寓訊代者，爲除兵籍。既得文書，遂辭去。後數年，曾一歸鄉里。今不知所之。

## 食蠏報

洪慶善從叔母好食蠏，率以糟治之。一日正食，見机上生蠏散走，大恐，呼婢撤去。婢無知，復取食，爲一螯鈐其頰，盡力不可取，頰爲之穿，自是不敢食蠏。

## 瓦隴夢

洪慶善妻丁氏，温州人。雖居海濱，而性不嗜殺。後至江陰，有【一】惠瓦隴百餘枚，不忍食，置之盆中，將以明日放諸江。夜夢丐者甚衆，裸體臞瘠，前後各以一瓦自蔽，皆有喜色。别有十餘人愀然曰：「爾輩甚樂，我一何苦也【二】。」丁氏寤而思之，以瓦蔽形，必瓦隴也。夢中能密記其數，取視之，已爲一妾竊食十餘枚，乃愀然者也。得活者，與夢中數同。

## 促織怪

洪慶善爲湖州教授日，當秋晚宴坐堂上，聞庭下促織聲極清。詣其所聽之，則聲如在房外，復往房外，則又在庭下，甚怪之。别令一人往聽，則移在床下。又詣床下，則乃在其女床側，竟不能測。是年妻丁氏捐館，次年女亡。

## 陳大録爲犬【三】

秀州華亭縣吏陳生者爲録事，冒賄稔惡，常帶一便袋，凡所謀事，皆書納其中。既死，夢于家人曰：「我已在湖州顯山寺爲犬矣。」家人驚慘，奔詣寺省問。一犬聞客至，急避

【一】有　涵芬樓本注，明鈔本作「或」。

【二】我一何苦也　涵芬樓本注，「一」明鈔本作「抑」。

【三】陳大録爲犬　涵芬樓本按：目録無「爲犬」二字。

伏衆寮僧榻下，連呼不出，意若羞赧。其家【四】不得已，遂還。既去，僧語之曰：「陳大録宅中人去矣。」方振尾而出。此犬腹下垂一物，正方，宛如便袋狀，皮帶周匝繫其腹，猶隱隱可辨。洪慶善嘗與葛常之侍郎至寺見之，詢諸僧，云然。

## 蔡衡食鱠

蔡攸之子衡，爲保和殿學士。將入朝，家人呼之不醒，意其熟睡，乃爲謁告。至辰巳之交，方覺，謂家人曰：「我非睡，乃入冥耳。初寢時有人云：『某官召。』隨以行。至官府，其人入報曰：『追蔡衡至。』既入，獄吏問曰：『近日殺生何也？』答曰：『某舉家戒殺，無有是事。』吏曰：『此間不容抵諱。』吾徐思之，近往池上，得鮮鯉因鱠食之。但此一罪耳。吏曰：『是也。』即取鐵鉤貫頰，挂樹間，數武士臠肉，頃刻而盡。約食頃，體已復故。主者延升廳事，抗禮，拱手問曰：『保和相識否？吾乃太師門人沈某也。太師今安否？』答曰：『適方受刑，痛楚未定。少憩，當言之。』主者命飲以湯，即不痛。徐問諸兄弟及它事，甚詳。將退，吾禱之曰：『衡作惡如許，不知何以自贖？』曰：『盡捨平生服用，庶可救。』可悉取所衣朝服、金帶、鞍馬之屬，施慧林寺，且飯僧數百，爲吾謝過。」是日，洪慶善適遊寺，見主僧言之，云，可以爲戒。未幾時，復以六百千贖所施物去，竟以是年死。六事皆慶善説。

【四】其家　涵芬樓本注，葉本作「其家人」。

## 李邦直夢

孫巨源、李邦直，少時同習制科。熙寧中，孫守海州，李爲通判。倅廳與郡圃接，孫季女常遊圃中，李望見，目送之。後每出，聞其聲，輒下車，便旋。邦直妻韓夫人，於牖中窺見屢矣。詰其故，李以實告。一夕夢至圃，見孫女，踵之不可及。亟追之，躡其鞋，且以花插其首。不覺驚寤，以語韓夫人。韓大慟，曰：「簪花者，言定【五】之象。鞋者，諧也。君將娶孫氏，吾死無日矣【六】。」李曰：「思慮之極，故入於夢。寧有是？」未幾，韓果卒。李徐令媒者請於孫公，孫怒曰：「吾與李同硯席交，年相若，豈吾季女偶邪？」李不敢復言。已而，孫還朝爲翰林學士，得疾將死。客見之，孫以女未出適爲言，客曰：「今日士大夫之賢無出李邦直，何不以歸之？」曰：「柰年不相匹。」客曰：「但得所歸，安暇它問？」未及綢繆，而孫亡，其家竟以女嫁之，後封魯郡夫人。邦直作巨源墓誌，曰：「三女，長適李公彦，二在室。」蓋作誌時未爲壻也。邦直行狀，晁無咎所作，實再娶孫氏云。强行父幼安說。

## 趙敦臨夢

明州趙敦臨，爲大學生。政和戊戌年，詣二相公廟乞夢。夢云：「狀元今歲方生。」紹興乙卯，敦臨始登第。狀元乃汪聖錫，生於戊戌，時年十八矣。果符昨夢。

【五】言定　涵芬樓本注，葉本作「定約」。

【六】吾死無日矣　涵芬樓本注，葉本作「吾其死矣」。

## 張太守女

南安軍城東嘉祐寺，紹興初，有太守張朝議女，因其夫往嶺外不還，怏怏而夭，槀葬于方丈。遇夜即出，人多見之。既久，寺僧亦不以爲怪。過客至，必與之合，有所得錢若絹，反遺僧。嘗有二武弁，自廣東解官歸，議投宿是寺。一人知之不欲往，一人性頗木强，不謂然，獨抵寺。方弛擔，女子已出，曰：「尊官遠來不易。」客大恐，誘之使去，即馳入城。解潛謫居而卒，有孫營葬，憩寺中，爲所荏苒，得疾幾死。紹興二十年，郡守都聖與潔率大庾令遷之於五里外山間。今猶時出，與村落居人接。予嘗至寺，老僧言之，猶及見其死時事云。

## 大庾震吏

紹興二十一年二月晦，大庾令連潛正午治事，書吏抱文書環立。忽黑氣自庭入，須臾一廳盡暗，雷電大震，吏悉仆地。令悸甚，手足俱弱，亦仆于案下。少頃，即散。衆掖令起，吏死者四人，二録事、二治獄者，蓋昔皆爲經界吏云。連令說。

## 張端愨亡友

張端愨，處州人。嘗爲道士，平生好丹竈爐火。初與一鄉友同泛海如泉州，舟人意欲逃征税，乘風絶海，至番禺乃泊舟。二人不得已，少留。鄉友者得疾死，張爲殯斂，寄柩僧寺。一夕，寢未熟，而友至，呼其字曰：「正父，公酷好爐鼎，何爲也？」張悟其死，應曰：「吾自好之，何預君事。」即閉目默誦大悲呪，纔數句，友已知，曰：「偶來相過，何爲爾也。」即去。久之，復夢曰：「我與君相從久，今當遠别，不復再見。幸偕我行數步相送。」張諾之。與俱行數步，至一紅橋。友先行，語張曰：「君且止，此非君所宜過。」揮淚而别。既覺，不能曉。後數日，廣帥王承可侍郎令諸刹，凡寄殯悉出焚。張念其故人，命僧具威儀，火之城下。收其骨，至一橋，擲水中，乃夢中所至處也。時紹興十八年。張生説。

## 六鯉乞命

汪丞相廷俊，宣和中，爲將作少監，鄭深道資之爲同寮。一日，坐局，汪得六鮮鯉，將鱠之。鄭不知也，方假寐，夢六人立階下，自贊云：「李秀才乞公一言，干少監乞命。」鄭曰：「不知君等何罪？」俱曰：「只在公一言。」鄭許諾。既寤，達之汪公。汪曰：「適得六鯉，將設鱠，豈爲是邪？」遂放之，鄭自是不食魚。深道説。

## 五郎鬼

錢塘有女巫，曰四娘者，鬼憑之，目爲五郎。有問休咎者，鬼作人語酬之。或問先世，驗其真僞，雖千里外，酬對如響，莫不諧合。故咸安王韓公兄世良尤信暱，導王令召之。巫至韓府，而五郎者不至，巫踧踖不自安，乃出。後數日，偶至靈隱寺，鬼輒呼之，巫詰其曩日不應命，曰：「門神禦我于外，不能達也。」

## 東坡書金剛經

東坡先生居黄州時，手抄《金剛經》，筆力最爲得意，然止第十五分，遂移臨汝。已而，入玉堂，不能終卷，旋亦散逸。其後謫惠州，思前經不可復尋，即取十六分以後續書之，置於李氏潛珍閣。李少愚參政得其前經，惜不能全，所在輒訪之，冀復合。紹興初，避地羅浮，見李氏子輝，輝以家所有坡書悉示之，而祕金剛殘帙，少愚不知也。異日，偶及之，遂兩出相視，其字畫大小高下，黑色深淺【七】，不差毫髮，如成於一旦。相顧驚異。輝以歸少愚，遂爲全經云。黄文譽說。

## 何丞相

縉雲何丞相執中，在布衣時，貧甚。預鄉貢，將入京師，無以爲資，往謁大姓假貸，閽人不爲通，捧刺危坐俟命。主人晝寢，夢黑龍蟠户外，驚寤。出視，則何公在焉。問之，曰：「五秀何爲至此【八】？」以所欲告。主人舉萬錢贈之，且曰：「君異日言歸，無問得失，必

【七】黑色深淺 涵芬樓本注，「黑」當作「墨」。李按：南圖本作「黑」。

【八】五秀何爲至此 原注：何第五，五秀者，鄉人呼秀才云。

過我。」何試竟，復造其家，館于外廡。迨日暮，執卷徙倚楹間，主人髣髴又見黑龍蜿蜒而下，攀繞庭柱，就視之，則又何公也。心異之，密告何曰：「君且大貴，毋相忘。」已而，何擢第，調台州判官。有術者能聽物聲知吉凶，聞譙門鼓角聲，曰：「是中有貴人，誰其當之。」或意郡守貳，視之不然。凡閱數日，不可意。一日，何乘轎出，術者見之，曰：「此真貴人。角聲之祥，不吾欺也。」何後以徽宗皇帝藩邸恩至宰相，終于太傅，贈清源郡王。

## 潘君龍異

縉雲富人潘君，少貧。嘗貿易城中，天且暮，值大雨，急避，止道傍人家，不能歸，因丐宿焉，不知其倡居也。倡夜夢黑龍繞門左，旦起視之，正見潘臥簷下。心以爲異，延入，厚禮之，欲與之寢。潘自顧貧甚，力辭至再三，强之不可。一日，醉以酒，合焉。自是傾家貲濟之，不問其出入。潘藉以爲商，所至大獲，積財踰數十百萬，因娉倡以歸。生子擢進士第，至郡守，其家至今爲富室云。

## 横山火頭

常州横山觀火頭，暑月汲井，得冰一片，有蛙立其上。方以手執冰，蛙躍去，乃食其冰，遂絶穀不食。初不知書，自此曉然。後不知所之。宣和中也。李彌正似表說。

## 松江鯉

平江王子簡，以四月八日至松江市魚鰕放生，得巨鯉以爲鱠，庖人取魚，斷尾去鱗，惟頭腹未殊，忽躍入江中。頃之，索鱠，庖人以告。子簡不加責，然意其魚死矣。明年，復以是日游松江，如前市魚，一鯉鱗尾殲焉，庖人視之，蓋昨歲魚也，竟食之。

# 夷堅甲志卷第十二 十五事

## 林積陰德

林積，南劍人。少時，入京師，至蔡州息旅邸。覺牀笫間物逆其背，揭席視之，見一布囊，中有錦囊，又其中則綿囊，實以北珠數百顆。明日，詢主人，曰：「前夕【一】何人宿此？」主人以告，乃巨商也。林語之，曰：「此吾故人。脱復至，幸令來上庠相訪。」又揭其名于室，曰：「某年某月日，劍浦林積假館【二】。」遂行。商人至京師取珠欲貨，則無有。急沿故道處處物色之，至蔡邸見榜，即還，訪林於上庠。林具以告，曰：「元珠具在，然不可但取【三】。可投牒府中，當悉以歸。」商如教。林詣府，盡以珠授商。府尹使中分之，商曰：「固所願。」林不受，曰：「使積欲之，前日已爲己有矣。」秋毫無所取。商不能强，以數百千就佛寺作大齋，爲林君祈福。林後登科，至中大夫【四】。生子乂【五】，字德新，爲吏部侍郎。

## 林氏富證

姑蘇人殿中丞吴感，初造宅，圬墁既畢，明日牆壁間遍印鶴爪，髣髴若「林」字。居數

### 校勘記

【一】前夕　涵芬樓本注，明鈔本无「夕」字。李按：宋《自警編》有「夕」字。

【二】假館　涵芬樓本注，葉本多「於此」二字。李按：宋《自警編》無此二字。

【三】然不可但取　涵芬樓本注，葉本作「然不宜私還」，明鈔本「然不宜以私取」。李按：宋《自警編》同底本。

【四】至中大夫　涵芬樓本注，葉本「至」上多一「官」字。李按：宋《自警編》同底本。

【五】生子乂　「乂」原作「又」，據葉本、宋《自警編》改。

月，頗有怪異【六】，往往至夜分則白衣數人泣而出。吳君卒，其家他徙。同郡林茂先大卿售得之，卜居才一日，見庭前小兒數十，皆白衣，行至屋角不見。即命斸其地，未數尺，得銀孩兒數十枚，下皆刻「林」字，悉貨之，自此巨富。

## 雷震石保義

紹興十六年夏，鎮江大雨雷電，發屋撤木，火毬數十衮于地。長人不可數，皆丈餘，朱衣青袖，持巨斧入一屠家，屠者死之。又入數家，詢巡轄遞鋪石保義所在。至軍營中，得其居。石生正抱子，長人揮去之，死斧下。焦山湛老說。

## 食鱔戒

紹興戊辰三月，平江小民醉中食鱔魚，誤吞其鉤，線猶在口旁，急以手牽之，線中斷。鉤不可出，痛楚之甚，幾不救，旬日始能食。

## 縉雲鬼仙

處州縉雲鬼仙，名英華，姿色絶豔，肌膚綽約，如神仙中人，居主簿廨中。建炎間，主簿王傳表弟齊生者，與之相好，交歡如夫婦。簿家亦時見之，以詰齊，齊笑不答。一日，與

【六】怪異 「異」字原闕，據陸本、南圖本補。

英偶坐，而簿至，英急入帳中。簿求見甚力，英曰：「吾容色迥出世人，若見我，必有惑志。子有室家，恐嫌隙遂成，非令弟比，決不可得見也。」居無何，簿妻病心痛瀕死，更數醫莫能療。英以藥一劑授齊生云：「以飲爾嫂，當有瘳。世間百藥不能起其疾，若不吾信，則死矣。」齊先以白簿，簿曰：「人有疾而服鬼藥，何邪？」妻雖病困，然微聞其言，亟攘藥服之。少頃即甦，明日而履地，舉室大感異之。踰年，齊辭歸。英送至臨安城外，曰：「帝城多神明，不可入，將告别。」英泣曰：「相從之久，不忍語離。觀子異日必死於兵。吾授子一炷香，願謹藏去。脱有難，焚之，吾聞香煙，即來救子。但天數已定，恐不可免爾。」既别，而齊生從張王俊軍淮上，與李成戰，竟死。久之，他盗犯縉雲，吏民奔竄。及盗去，堂吏某中奉者，據主簿官舍，簿乃居山間。英至山間，問簿妻何以未反邑，具以告。英曰：「吾能去之。」盛飾造中奉宅，因稱主簿侍兒，厲聲譙責，忽不見。中奉大恐，急徙出。嘗有部使者至邑，威嚴凜然，官吏重足。正坐廳事，一婦人緩行廡下，歷階阤而升。訝之，以詢從吏，皆不敢對。會邑官白事，語之曰：「諸君婢媵，不爲隄防，乃令得至此。」衆以英爲解，懼甚。即日治行。後轉之丞廳，丞爲所染，沿檄桉行經界，英亦同塗。丞未幾死。邑令趙道之欲去其害，齋戒數日，將奏章上帝。英已知之，語令曰：「吾非下鬼比也，若我何！」俄齋室振動，令家大小皆病，遂不敢奏。至今猶存。閭丘寧孫叔永説。

## 宣和宮人

宣和中，有宮人得病，譫語，持刃縱横不可制。詔寶籙宮法師治之，不效。盡訪京城道術者，皆莫能措手。於是閉之空室，不給食，如是數年。有程道士者，從龍虎山來。或以其名聞，命召之。上曰：「切未可啟户，彼挾刃將傷人。」道士請以禁衛數百，執兵仗圍其室三匝，隔門與之語，且投符使服。宮人笑曰：「吾服符多矣，其如予何！」遂吞之。已而稍定，曰：「此符也得。」道士遂啓門，宮人譊譊不已，然既爲符所制，不能出。道士以刀劃地爲獄，四角書「火」字，叱之曰：「汝爲何鬼所憑，盡以告我。不然，舉輪火焚汝矣。」不肯言。取火就四角延燒，始大叫，曰：「幸少寬，我將吐實。」道士爲滅去兩角火，乃言曰：「吾亦龍虎山道士，死而爲鬼。凡丹呪法籙，皆素所習，故能解之。不意仙師有真符，今不敢留，願假數日而去。」道士怒曰：「宮禁中，豈宜久此？必速去。」即入奏曰：「此鬼若不誅殛，必貽禍他處，非臣不可治。」遂縛草爲人，書牒奏天訖，斬之。宮人即蘇。

## 京師道流

京師有道流，居城外，夢一神將告之曰：「帝遣我等五百輩，日侍左右，從師行持。」自是法大振。嘗騎驢入城，見一村民，急下驢語之曰：「有妖鬼隨汝，不可不除。」命俱至茶肆。市人千百聚觀，道流遣神將杖之，民號呼不已。杖畢，飲之以符，即如平常。有惡少年受杖號呼如前人，且謝罪，乃釋之。未幾，復夢神人來告曰：「帝以師妄笞平民，令吾持牒盡索神將。」既寤，法不復行。得大病，幾死。二事强幼安說。

少年語衆曰：「第能杖有鬼者，不能杖我。」道士大怒，又叱神將杖之二百。

## 倉卒有智

秀州士大夫家一小兒，纔五歲，因戲，劇以首入擣藥鐵臼中，不能出，舉室無計。或教之，使執兒兩足，以新汲水急澆之，兒驚啼，體縮，遂得出。又有一兒，觀打稻，取穀芒置口中，黏著喉舌間，不可脱。或令以鵝涎灌之，即下。蓋鵝涎能化穀也。二者皆一時甚急，非倉卒有智，未易脱也。聞人茂德説。

## 汪彦章跋啟

錢塘關景仁子開，爲税官，爲其下告訐，郡守械之獄。子開弟子東注往會稽，告急於兵部侍郎汪彦章。汪爲馳書屬杭守，事遂釋。子開具啟謝汪，未達而死。子東爲致之，汪書其後曰：「解晏子之驂，昔曾伸於賢者；挂徐君之劍，今有感於斯文。」

## 六合縣學

真州六合縣，自兵戈後，學舍焚燎無遺，諸生相與築茅屋十數間以居。久之，議欲遷徙。初，邑有廢寺，當羣盜既息，一僧出力丐錢經營之。嘗取石郊外，得兩大石，頗平，移置諸殿前之溝上，若橋然。凡累年，寺略成，而主僧死，無有繼者。縣因即其宮爲學，方聚工葺治，揭溝石去之，其陰大刻「縣學」兩字，莫知何歲月也。則此寺當爲學校，疑若冥數云。縣人崔嵓叔詹說。

## 高俊入冥

昔東坡先生居儋耳，有處女病死。已而復蘇，云：「追至地獄，其繫者率儋耳人也。」近夔州戍兵高俊事，大類此。豈非所謂地獄者，一方各有之。時託人以傳，用爲世戒歟。俊家睢陽，世爲卒，隸雄威軍。紹興二十二年正月辛亥，登夔之高山，逢一人披髮執杖，出符示俊，曰：「受命追汝。」俊恐怖，亟歸，彼人隨之不置。俊至家，舉食器擲之，彼人怒扼其喉，俊立仆地。即覺從而西，且行且出其符，凡大書數行，後有押字，俊不識也。行久之，路正黑，俄豁然明，見城郭嚴峻，四隅鐵扉甚高，四顧廛市列肆，如一郡邑。其中若大府，兩廡囚繫幾滿。一女子懸足於桁，吏曰：「前生妄費膏油以塗髮，故懸以瀝之。」又一女反縛，以鉗鉗其舌，吏曰：「生前好摇唇鼓舌者。」後所識寧江都將荷鐵校，曳鐵鎖，獄卒割剔其股文，血肉淋漓，形容枯瘠，不類人。左右破腦者、折脛者、折肱者、穴胸者，百十人環守之，吏曰：「生前賊殺無辜者也。」一部將亦同繫，箠掠無全膚。次則市之鬻麵者曰冉二，死已數年矣。前列一大甕，畜腐水敗泔，其七已空。吏曰：「是嘗棄麵與水漿，今積于此。日使盡三杯。」又有鬻餳者黄小二，爲獄卒，勞問俊曰：「汝何時來耶？」與俊同曹追者，凡三百餘人。奉節令趙洪先一夕死，亦彷徨庭下。堂上黄綬主者呼俊曰：「汝以何年月日時生乎？」俊曰：「俊年二十五歲，六月二十四日辰時生。」主者披籍，曰：「吾所追，乃生于巳時者。」使俊止，以俟命。其它一一問如前。有即荷校驅而東去者，亦有閉諸廡者。庭中壯士金甲持斧立，俊進揖，曰：「主者留俊而未有以命，奈何？」曰：「吾爲汝入白。」頃之，出曰：「可去也。」戒一童曰：「速與偕行，或埋瘞則無及矣。」童導俊由始來之路，其正黑者既窮，即失此童。惟望西而行，殆數里，登山，下有河流，溺者不可計。官曹坐岸上，使卒徒擁行人入于河。入者爲魚龍所噉食，能涉而得岸者，百不一二也。益大恐，奔及重嶺，乃東行，至平川。二徑交午，不知所適。憩川上，伺過者將問津。有犬來牽俊衣，趨左徑，凡七里許，復失犬。獨進，踰前岡，抵大溪，甫過橋，而橋壞。後一騎來，迫壞橋呼曰：「急治橋。」尋有四五人，負大木横其溪，騎者不克度。俊愈益疾步，踰時達夔之東津，視其體則裸也。或訴之，歐其背，遂驚寤。蓋死二日，家方謀瘞之云。晁公遡作説。

## 鼠壞經報

邵武泰寧瑞雲院，僧有貴持律甚嚴。嘗坐方丈，有新生鼠三四繼墮於前，諦視，悉無足。命取梯探其穴，迺鼠母用《金剛經》碎以爲窠，是以獲此報。黄文誊説【七】。

## 誦天尊止怖

陳季若言，平生多夢怖，不能獨寢。每寢熟，必驚魘，甚患之。夢有教者曰：「但持元始天尊、靈寶護命天尊號，每日晨興，焚香誦二號，各三十過，久當有益。」如其言，不一歲，怖心不萌。或夜獨臥古驛中，亦無苦，至今不少懈。

## 僧爲人女

僧善旻者，長沙人，住持洪州觀音院，已而退居光孝之西堂。紹興二十三年秋，得疾。鄱陽董述，爲司户參軍，攝新建尉，居寺側，憐其病，日具粥餌供之。旻每食，必再三致謝。光孝主僧祖璿誚之曰：「汝爲方外人，而受俗人養視，如此惓惓，有欲報之意。以我法觀之，他生必爲董氏子矣。」旻雖感其言，終不能自克。時董妻汪氏方娠，璿陰以爲慮，而董

【七】黄文誊説　「黄」南圖本作「董」。

旦暮供食，情與親骨肉等。旻病益篤，以十月二日巳時死。寺中方撞鐘誦佛，外人入者云：「司户妻免身，得女矣。」較其生時，旻適死云。女數月而夭。祖璿説。

## 向氏家廟

欽聖憲肅皇后姪向子騫，妻周氏賢婦人也，初歸向氏，自以不及舅姑之養，乃盡孝家廟【八】，行定省如事生【九】，未嘗一日廢。歲時節臘【一〇】，於烹飪滌濯，必躬必親。政和間，隨夫居開封里第得疾，於夢中了了見五六人，若世間神廟所畫【一一】鬼物。内一人取所佩篋櫝，出紙小幅，滿書其上，字不宜識【一二】。既而斷裂作丸，如所服藥狀，取案上湯飲，勸周曰：「服此即安。」周取服【一三】不疑。既覺，即苦咽中介介噎塞，飲食不能下，疾勢且殆。周自念，此非醫所能爲【一四】，而世間禳禬事又素所不信，但默禱家廟，求祐。數日後，因服藥大吐，始能進粥且肉食。既有間，夢仙官乘羽蓋車，冉冉從空下，儀從甚盛【一五】。升堂坐，取前五六鬼捶撲于廷，如鞫問狀。諸鬼取醫所治藥，與所餘粥肉之屬，各執以進，曰：「所見惟此耳。」内一鬼，乃書紙作丸者，獨戰栗𢥞懼【一六】，於唾壺中探取丸書，展之，復成小幅，文字歷歷如故，上之。仙官坐間，命行文書，械諸鬼付獄，徐整駕而去。周涣然寤，即履地復常。後享壽七十。仙官蓋家廟神靈也。周仲子汸説。

【八】乃盡孝家廟　涵芬樓本注，「盡孝」葉本作「於」。
【九】行定省如事生　涵芬樓本注，明鈔本「定省」下多「禮有」三字。
【一〇】歲時節臘　涵芬樓本注，「節」葉本作「伏」。
【一一】畫　涵芬樓本注，明鈔本作「繪塑」。
【一二】字不宜識　涵芬樓本注，「宜」葉本作「可」。
【一三】服　涵芬樓本注，明鈔本多一「之」字。
【一四】此非醫所能爲　涵芬樓本注，「爲」葉本作「療」。
【一五】儀從甚盛　涵芬樓本注，「盛」葉本作「都」。
【一六】𢥞懼　涵芬樓本注，「𢥞」明鈔本「悚」。

# 夷堅甲志卷第十三 十八事

## 狄偁卦影

狄武襄之孫偁，得費孝先分定書，賣卜於都市。薌林向伯共子諲，自致仕起貳版曹，偁爲寫卦影，作乘巨舟泛澄江，舟中載歌舞婦女，上列旗幟，導從之屬甚盛。岸側一長竿，竿首幡脚獵獵從風靡。詩云：「水畔幡竿險，分符得異恩。潮迴波似鏡，聊以寄君身。」向讀之甚喜，自以必復得謝，浮家泛宅而歸【一】，但未盡曉。一日，上殿占對頗久，中書舍人潘子賤良貴攝記注，侍立，前呼曰：「日晏，恐勤聖聽。向子諲退。」而天語未終，向不爲止。潘還就班。少焉，復出，其言如前，向乃趨下。明日各待罪，上兩平之。已而各丐外，向章再上，以學士知平江府。到官三月餘，力請謝事，優詔進秩以歸。始盡悟卦意。「水畔幡竿」指潘公也。而出守輔郡，上眷益厚，所謂「分符得異恩」也。「潮迴」者，言自朝廷還。「波似鏡」者，平江也。「聊以寄君身」，謂姑寓郡齋，終當歸休耳。郟次南說。

校勘記

【一】浮家泛宅而歸 涵芬樓本注，葉本多「之兆」二字。

## 死卒致書

紹興戊午，吕丞相居天台。族壻李修武寓會稽虞氏館，方與妻對食，一走卒以丞相書至。李接書展讀，其人曰：「本府某提轄已在大善寺，使邀修武。」李諾之，須臾起更衣，久不出。妻往尋之，乃見在圃内池水上，身没至腹矣。急呼童僕共拯之，得不死。徐問所見，曰：「適與某提轄飲梅花酒，樂作，正歡，而爾輩挾我出，不能終席，殊敗人意也。」池四面有桃、梅數十本，遣視走卒，已失所在。後半月，有自天台來，言提轄者死幾月矣。走卒乃丞相所遣至李氏者，道死於嵊縣。縣人檢尸，得其券帖，獨不見丞相書。是日，蓋李得書日也。死卒能致生人書，亦異矣。傅世修説。

## 傅世修夢

傅世修，會稽人。鄉舉不利，夢入省闈，試《德隆則晷星賦》。次夜，又夢如初。試卷内畫巨鉤，鉤下有髯龍，用爪覆李伯時馬五六紙。傅以夢稍異，因志之。後三年鄉貢，明年省試《天子以德爲車賦》。默念車有軌，軌者，晷也。當□□，已而不利。又三年，復赴省，試《天地之大德曰生賦》，策問馬政，遂中第。乃悟昨夢，自解曰：「德隆者，大德也。星者，曰生也。卷中畫馬，馬政也。」而不了髯龍之義。既奏名，謁謝坐主，見勾龍庭實校書，言傳所試卷在其房中。勾龍狀貌甚偉，而富髯須，乃盡曉畫中意。時紹興十二年。

## 樊氏生子夢

衢人樊國均説，建炎庚戌歲，其父察調宣州通判，代鄉人徐昌言，明年八月當赴官。是歲十二月七日，樊夜夢是月二十五日，宣卒攜書來迎，抱一小兒，拜廷下。訝其無儀從之物，答曰：「途間盜梗，不敢以器皿來，只有青蓋及數轎耳。」問所以抱子狀，曰：「家無妻室，唯此一子，愛之，故以自隨。」次日，以白父。父曰：「心思之官，故夢如是。」是時，樊妻柴氏孕，當以正月免身。歲未盡五日，忽苦腹痛，將就蓐。宣卒張德以徐通判書來，云：「已得祠禄歸鄉，就攜迓兵來。」樊視其人，絶類所夢者，但不抱子。而詢所賫物，其答與夢中言無異。至暮，柴誕一子。既閲月，俱往宣城。張德者來謁告，曰：「向被差時，一子纔六歲，以無母，留姑氏拊養之。今歸，則死矣。」問其日，乃與柴氏誕子時同。則夢中之祥，蓋當爲樊氏子也。

## 楊大同

楊大同，懷州人。未第時，隨兄官下。嘗與兄之小兒肩輿爲戲，兒已下轎，楊揭簾，見婦人抱幼女坐轎中，大驚異，即以兄子歸。急出外舍，思所以挑招之策。旋踵間，婦已在臥内，笑曰：「在此待子。」遂與之狎。問其故，曰：「我某家婦，夫行役不歸累年，以子獨居，故逸而從子。子勿泄，勿娶，我雖久此，外人不能知。」自是，與同寢食。歷數月，楊顔色日枯悴，兄家疑之，亦嘗聞夜榻人聲，意有淫厲，呼道士以天心六丁符籙治之。婦忽變形作可畏相，欲殺楊。楊哀鳴懇拜曰：「請後不敢。」遂如初。少時，自垂泣辭去，曰：「我乃爾三生前妻。此女，爾女也。爾爲商往他州，顧戀倡女，不知還。我貧困，不能自存，攜此女赴井死。訴之帝，帝令天獄□法曰：『爾逐利忘家，致妻子死於非命。雖有別善業，當登科，然終不能享。自此十年間，將受報。』我以前緣未斷，來尋盟。今數盡當去，亦從此受生矣。」出門即不見。紹興五年，楊登科，再仕爲廣西帥屬。以事至柳州，過靈文廟。廟祝請人謁，楊不可。祝曰：「不然，神且譴怒。」楊叱之，徑謁太守。飲湯未畢，盞落手而仆，即死。皆云柳侯所怒，不知其向來事也。相距正十年云。傳世修説。

## 董白額

饒州樂平縣白石村民董白額者，以僧牛爲業，所殺不勝紀。紹興二十三年秋，得疾。每發時，須人以繩繫其首及手足於柱間，以杖痛捶之，方欣然忘其病之在體。如是七日，方死。董平生殺牛，正用此法。其死也，與牛死無少異云。

## 婺源蛇卵

徽州婺源縣，紹興二十三年七月三日，大雷雨。邑中有老樹，蟠結數十圍，震爲數截。中藏蛇卵十餘斛，或取碎之，每殼中必一物，詰曲其間，如鱓然。雞猪食之輒死，小民食死猪肉者亦死。卵大小如彈丸，如小橘。去縣十五里，有巨蟒，同時震裂，皆疑其爲蛇母云。予族人邦直，時爲邑尉，嘗取其卵碎之，實然。

## 鄭氏女震

婺州武義縣鄭亨仲資政，族中三女，從姊妹也，皆未適人。長者十八歲，次十四歲，次十二歲。紹興二十四年二月六日，族有姻會，三女往觀之。會罷，親族相聚博戲，忽大雨震雹，三女皆捨去。自便道小户欲還家，未至而火滅，共憩一小亭上。族人遣婢明燈視之，則皆仆地。其一已震死，裸臥雨中，衣服粘着柱間。其一體半焦，衣皆破碎。其一無所傷，扶歸，明日方甦。問之，曰：「方行次，忽滿眼黑暗，無所覩，遂驚蹶如睡，他皆莫知也。」身焦者，數日方能言，亦不死。劉邦翰子宣說。

## 鄭升之入冥

衢人鄭升之，宣和間，爲樞密院醫官。後居湖州累年。嘗往臨安，於轎中遇急足持文書來，視之乃追牒也。上列官爵、姓名二十餘人，鄭在其末。讀畢，即惚如醉，還家而病。前使亦至，呼之，遂隨以行。路半明半暗，如月食夜。到冥府，使者先入。鄭窺窻間，見兩廊皆囚，而以泥泥其首。少頃，呼入。主者問曰：「汝當死，有陰德否？」曰：「無。」「嘗從軍乎？」曰：「然。」曰：「汝昔宣和中隨諸將往燕山，有二卒得罪於將，欲斬之，以汝諫獲免。又汝在京師時，好以藥施人。有之否？」鄭曰：「頗憶，有之。」主者曰：「有此二美，當令汝還。」取元牒判云：「特與展年，放還。」鄭拜謝。既出門，詢向使者曰：「吾復活幾何年？」應曰：「不知也。」將行，使者曰：「汝平生好飲，餘瀝沾几案間。積已數斗，須飲訖，乃可去。」即舉一甕，甚臭，强鄭令飲。飲至斗許，不能進，失手墜甕，乃醒。又病一月，方愈。自以陰限不明書年數，常恐死，乃別所知者，自還鄉治冢地。明年，其所知者邢懷正孝肅爲衢簽。見鄭之子，則鄭已死矣。計其復生，僅旬月云。邢懷玉説。

## 黄十一娘

福州侯官縣黄秀才女十一娘，立簾下，觀人往來。一急足直入，曰：「官追汝。」女還房，即苦心痛死。經日復生，曰：「追者與我俱行數十里，忽有恐色，曰：『吾所追乃王十一娘，誤喚汝。今見大王，但稱是王氏。若實言，當捶殺汝。』我强應之。至官府，見三人鼎足而坐，中坐者乃我父也。望我來，即凴軒問，曰：『汝何爲來此？』曰：『正在簾內，爲人追。至及中途，則言當追王十一娘，而誤追我。戒我不得言。』父還坐，謂東向者曰：『所追王氏，今誤矣。』曰：『公何以知之？』曰：『此吾女也。』東向者即命吏閱簿，顧曰：『果誤矣。』又【二】笑曰：『王法無親，今日却有親。』皆大笑，乃放我還。」鄭彦和知剛說。

## 謝希旦

徐人竇思永，居洪州，妻鄭氏方娠。紹興二十三年閏十二月一日，思永夢洪州監税、秉義郎謝希旦來，拜不已。思永不敢受，夢中愧謝。睡覺至亥時，妻生一子。旋聞寺擊鐘，問之，則謝生正以是時死矣。思永名其子曰「宜哥」。謝氏後知之，云：「希旦小字實曰宜哥，則竇氏子爲希旦後身，昭昭矣。」希旦，邵武人，亦知書。思永登二十四年進士，與予妻族有連，聞其說。

【二】又　涵芬樓本注，《榕陰新檢》作「因」。

## 盧熊母夢

盧熊，邵武人，校書郎奎之子。紹興二十一年，赴試南宫。母樊氏夢數人舁棺木至中堂，曰：「此夫人母也。」號泣而寤，以告奎，曰：「人言夢棺得官。若三郎者【三】，恐有登科之兆。如君者，或有遷官之喜。今乃吾亡母，此何祥也？」奎未能遽曉。質明，出視事。既歸，有喜色，遥呼其室曰：「吾爲爾釋昨夢矣。爾母何姓？」樊氏矍然悟，蓋其母乃熊氏也。於是知熊必擢第，已而果然。熊説。

## 范友妻

張淵道，紹興五年爲右司郎官。兵士范友居于門側，其妻以九月二十四日死，已斂而未蓋棺。翌日五鼓，張六參入朝，方傳呼，范妻忽自棺中舉手，撼其夫。夫驚問之，曰：「適有數鬼來此。一判官緑袍，滿面皆猪毛逆生。問我蹤跡，答云：『夫范友，本黄河埽岸兵士。因張郎中入西川，差爲水手。後從至行在，今爲院子。』判官頷之。方徘徊間，忽聞人呼：『右司來。』諸鬼皆奔散，獨判官歎恨曰：『收氣不盡矣。』方出門去，猶未遠也。」妻復起，能飲食，又十日竟死。

【三】三郎者　原注：熊行第三。

## 婦人三重齒

鄭公肅右丞雍姪某，家于拱州。時京東饑，流民日過門。有婦人塵土其容，而貌頗可取，鄭欲留爲妾。婦人曰：「我在此飢困，不能行，必死於是。得爲婢子，幸矣。」乃召女儈立券【四】，盡以其當得錢爲市脂澤、衣服。婦人慧而麗，鄭嬖之，凡數月。一夕，大雷雨，聞寢門外人呼曰：「以向者婦人見還。此是餓死，數不當活。」鄭初猶與問答，已而悟其怪，拒不應。旦而念之，欲遣去，又戀戀不忍。計未決，他夜扣門者復至，鄭罵曰：「何物怪鬼，敢然！任百計爲之，我終不遣。」相持累夕，婦人忽苦齒痛，通昔呻吟【五】。天明視之，已生齒三重，極聱牙可畏。鄭氏皆懼，即日遣出。形狀既異，無復有敢取之者，竟死於丐中。會稽唐閱信道，鄭出也。云少時聞母言云然，而失其舅名。

## 馬簡寃報

秦州人馬簡，本農家子。因刈粟田間，有婦人竊取其遺穗，爲所毆，至折足而死，里胥執赴府。簡長六尺餘，軀幹偉然。府帥奇其人，曰：「汝肯爲兵，吾宥汝。」簡從命，遂黥爲卒。後童貫擇健兒好身手者，爲勝捷軍，簡隸焉。兵罷，後從張淵道侍郎爲僕。張公爲桂林守，嘗令曝畫於簷間。簡取三足木床登之，纔一級，失足而墜，旁觀者以爲無傷。簡

【四】立券　「券」字原漫漶，據南圖本補。

【五】通昔呻吟　李按：「昔」疑爲「夕」之誤。

起坐，大聲呻痛，曰：「損我脚矣。」拔所佩小刀，欲自刺。人急視之，則髒骨已出，傷處流血如注。簡曰：「方登梯時，覺眼界昏然，如人自空推我下，故跌。」乃自言舊事，曰：「必此寃爲之。」數日死。

## 陳昇得官

邵武威果卒陳昇，嗜酒。嘗大醉，感其身世微賤，歎曰：「何日脱此厄？」少頃，如夢非夢，有人告曰：「明日爲官人，何歎也。」昇明旦醒，能憶其語，曰：「鬼神戲我如此，我何從得官？」其日薄暮，欲至軍校之舍，聞一卒與軍校耳語。卒既出，昇隨其後，與俱至酒家飲。又與之錢，稍醉，問之曰：「爾適告管營何事？」卒具以語之，曰：「營中某人等謀亂，欲以夜半燒譙門，伺太守出救火，即殺之爲變。」昇亟與之同謁軍校，三人偕列名，走告于郡。郡守亟召兵官，密將他營兵，如狀中人數捕之，皆獲。獄具，悉斬之。告者皆得官，昇爲承信郎。時紹興十三年。

## 了達活鼠

吉州隆慶長老了達言：嘗寓袁州仰山寺，與同參數人約往他郡行脚。取笠，欲治裝，見笠内有鼠窠，實以碎絹紙，新生鼠未開目者五枚，啾啾然。達欲去之，恐其死，乃謝同行者，託以他故不往。又數日，五鼠能行，達以粥食飼之。每夕，宿笠中，旬餘始不見，其中潔然無滓穢。得淨笠衣及茶一角，達意其竊以來，懸之僧堂，三日無取者。於是白主者，告於衆，以其茶爲供而行。自是所至，不蓄猫，鼠亦不爲害【六】。

## 魚顧子

井度爲成都漕，出行部，至蜀州新津。買魚於江，其重數斤，命庖人鱠之。方操刀間，魚躍入水中。庖懼得罪，有漁舟過其下，乃鄭重囑之，許以千錢，約必得如前魚巨細相若者。漁人問向所買處，曰：「去此一里許，得之江潭窟中。」漁人即鼓棹往所指處，一舉網，獲長魚以還。庖視之，乃適所墜者也。蓋方春時，魚產子葦間，其母日往來顧【七】之，至成魚乃去。或母獲則子不能育，故漁者以是候之云。杜莘老起莘說。

【六】不爲害　李按：南圖本作「不至爲害」。

【七】顧　原作□，據陸本、南圖本補。

# 夷堅甲志卷第十四 十七事【一】

## 開源宮主

劉允，字厚中，潮州海陽人，登紹聖【二】四年進士第。宣和甲辰，除知循州，命下遽乞致仕。會朝廷以復燕雲肆赦，雖已告老，並許復從宦。劉獨不起，而出入閭里，飲食起居，了無衰相。親舊交口勸勉，確然不回。明年春，丁母憂，感疾，正晝忽起，呼其子昉曰：「有詔授我奎文殿學士。」昉聽未審，復質之，劉挽其手，書「奎文」二字，曰：「須爲作劄子，辭不獲命，則具謝表。」又數日，復言：「天官已除他人，吾免矣。」家人喜相賀，遂浸安，然絶不茹葷。至四月一日，又曰：「吾比得開源宮主，蓋仙官之最清要者，吾甚樂之。」家人曰：「豈其夢邪？」曰：「非也，適有人報，甚明。非久去矣。」即索紙筆，疏數事，大抵以喪葬過度爲戒。又三日，整衣起，坐呼二子昉、景，告以從治命。中夜而卒。前數夕，鄉人李正甫夢謁劉，見吏卒盈門，云：「來迎新君。」其鄰許氏婦，亦夢所居巷陌間，播幢寶蓋，飛揚雜沓。頃之，劉冉冉從導者而去。既卒數日，肌體柔滑如生，四支皆可伸屈。時方烝暑，而色不少變。劉少時，當元祐甲寅中秋之夕，夢遊一洞府。見塑像道裝，

校勘記

【一】十七事　涵芬樓本按：實有十八事。

【二】紹聖　「聖」原作「興」，下句爲「宣和甲辰」，「紹興」應爲「紹聖」之誤，據改。

青娥在旁指，曰：「此公前身也。」既寤，作八詩以紀之。至是頗應云。其詩曰：「銀築層臺玉砌成，五雲深映百花明。獸環響徹重門啟，無限青娥喜笑迎[一]。青鬟前引度回廊，簾捲雲間舊院堂。松桂滿庭龜鶴在，儼然丰觀道家裝[二]。徐入東堂百步餘，虛堂猶記舊來居。窗紗掩映瓊籤軸，盡是當時讀遍書[三]。曈曨瑞日照觚稜，溶曳祥煙遠棟甍。松檜雅知人趣尚，風來偏作步虛聲[四]。側金壇畔虬松老，甃玉池邊綬藹長。吟折紫芝香滿手，數聲鳴鳳在脩篁[五]。獸爐煙和百花香，玉葉瓊枝倚兩旁【三】。一曲雲和鸞鶴舞，勸人爭捧九霞觴[六]。雲母屏間看舊題，醉吟阿母碧桃枝。羣仙指點未題處【四】，更乞淩虛白鶴詞[七]。步出朱宮日漸移，青鬟羅拜問歸期。塵緣若斷人間世，看取蟠桃正熟時[八]。」潮人陳安國嘗敍其事。昉後更名旦，仕至太常少卿。紹興庚午，終於直龍圖閣、知潭州。景嘗知台州。

## 漳民娶山鬼

建州人范周翰，爲漳州司理參軍。郡近村民，有以負薪爲業，而無妻者。久之，得一婦人，遂與歸。以二籠自隨，其家皆喜，唯民妹獨見婦一足，不敢言。至夜同寢，日高不啟門，父母壞壁以入，但白骨在床。發其篋，皆瓦石及紙錢耳。蓋山魈類也。

【三】玉葉瓊枝倚兩旁　涵芬樓本注，「枝倚」二字字形不全，今據陸本補。李按：南圖本同陸本。

【四】羣仙指點未題處　中華本注，「未」字疑誤。

## 王刊試卷

梁山軍人王刊，字夢錫。初名某，嘗夢至大官府，見巨牌揭于壁間，有「王刊」二字，遂更今名。已而預貢。崇寧五年赴省，白晝遇黄衣卒子通衢，持試卷三通與之，刊愧謝，但有三百錢以勞之，曰：「我若及第，當厚報汝。」其人唯唯而去。遂以所得卷子入試，其年登科，竟不知爲何人也。刊官至朝奉郎。

## 楊暉入陰府

紹興二十二年，虔卒齊述叛。未撲滅間，吉州吉水縣民楊暉，夢追入陰府。見數百人，身拔五木【五】繫庭下。主者責暉曰：「汝何敢與齊述爲亂！」暉曰：「暉乃吉水村民，與述了無干涉。」主者曰：「然則誤矣。」即遣還。

## 吴仲弓

鄭州人吴仲弓，建炎末，知桂陽監。時湖湘多盜，仲弓一切繩以重法，入獄者多死。及得疾，繞項皆生癧疽。久之，瘡潰，喉管皆見，如受斬刑者。一日，命家人作烝鴨，欲食，未及而死。死之二日，司理院推吏忽自語，曰：「官追我證吴知郡公事。」即死。時衡州

【五】五木　涵芬樓本注，陸本作「三木」。李按：南圖本同陸本。

人劉式爲司理，親見之。

## 芭蕉上鬼

紹興初，連南夫帥廣東，曹绅以宣義郎攝機宜，連公前後所殺海寇不可計，或同日誅一二百人，曹皆手處其事，不暇細問也。以是論功，遷官至朝奉大夫。後爲廣倅，公宇在淨慧寺，到官未幾而病。每吏卒衙時，其家婢使咸聞寺後芭蕉林間有人聲，或見人坐葉上，見羣婢亦不驚。婢問：「何人？」曰：「來從通判索命。我輩二十六人，分四道尋覓，今我六人先至此。」曹聞之懼，力禱之，許以水陸醮設，皆不應，曰：「但相從去，乃可。」曹竟死。未死前，一妾生子，遍體皆長毛，瘞之山下。經三日發視，猶不死，甚怪其事。蓋寃鬼所託云。五事皆張可久説。

## 董氏禱羅漢

鄉人董爟彦明，三十餘歲，未有子。與其妻自番陽偕詣廬山圓通寺，以茶供羅漢，且許施羅帽五百頂，以求嗣。董躬擕瓶瀹茶，至第一百二十四尊者，茶方點罷，盞已空。董禱曰：「豈尊者有意應緣乎？當以真珠莊嚴一帽以獻。」既歸，經旬月，妻手自裁帽，命族人董道士持以往。道士回，董有侍妾先見之，迎問曰：「道士歸邪？」是月，妾有身。

未誕之前，家人數夢一僧頂帽往來室中。凡十有二月，而生一子。纔逾月間，聞人誦經聲，雖正啼哭，必止。董爲日誦《金剛經》一卷。已而，每聞經，必欲前，如傾聽之狀。既過百晬，董偶問之曰：「汝酷愛此，豈前世曾誦乎？」兒急張目，作老人聲曰：「我曾念來。」董驚愕，再問之，遂不答。自是不甚食乳，既而有疾，將死，兩目數開闔，如不忍去者。董拊之曰：「汝既方外人，去留皆任意自在，要行即行，何須爾。」即閉目。捫其體，已冷矣。其生正一百二十四日云。董說。

## 王夫人

獻穆大主之孫李振，妻王夫人，嫁十餘年，無子。嘗晚步家園，彷彿見一黄鳥飛舞樹間，戲逐之，即没於地。疑其異，亟呼童斸土，視之，得黄金一塊，如斗大。王祝曰：「此天賜妾也。雖然，暗昧之物，妾不敢當。但願得一子耳！」遂歸。明日，試再發之，已空矣。是月有孕，生子曰景直。崇寧末，仕至工部侍郎。景直從弟景遹說。

## 舒民殺四虎

紹興二十五年，吴傳朋說除守安豐軍。自番陽遣一卒往呼吏士，行至舒州境，見村民穰穰，十百相聚，因弛擔觀之。其人曰：「吾村有婦人，爲虎銜去。其夫不勝憤，獨攜刀往探虎穴。移時不反，今謀往救也。」久之，民負死妻歸，云初尋跡至穴，虎牝牡皆不在，有二子戲巖竇下，即殺之，而隱其中以俟。少頃，望牝者銜一人至，倒身入穴，不知人藏其中也。吾急持尾，斷其一足，虎棄所銜人，踉蹡而竄。徐出視之，果吾妻也，死矣。虎曳足行數十步，墮澗中。吾復入竇伺，牡者俄咆躍而至，亦以尾先入，又如前法殺之。妻冤已報，無憾矣。乃邀鄰里往視，舁四虎以歸，分烹之。

## 妙靖錬師【六】

妙靖錬師陳氏，名瓊玉，婺州金華人，年十有七。一日，邀兄遊四明海中。兄乘舟，而妙靖行水上。閱數日，衣裳不濡。既還，語人曰：「我水中遇婺女星君，相導往蓬萊。始知元是第十三洞主。」遂省悟。從此絶食，便能詩詞，及知人間禍福。公卿士庶日往叩之，户外屨滿。政和七年，郡守劉安上、部使者盧天驥王汝明等聞于朝，召至京師，賜對。妙靖錬師對訖，即乞還山。師所居，前面葛仙峰。後枕仙姑壇，獨處一室。邑宰柯庭堅贈詩曰【七】：「絶粒棲神知幾年，閉關終日更翛然。高風默與麻姑契，妙法親從嬰女傳。功行素超三界外，姓名清徹九重天。憑誰與問西王母，師是金華第幾仙？」贈詩者多，師獨喜此篇。師作詩，前後無慮數千首。弟昭嘗曰：「詩詞所言，其應如響。何從而知？」師曰：「聲其里系，即仙官持簿來，五百年過去未來皆知。恐泄天機，姑以風花雪月爲詠，

【六】妙靖錬師　涵芬樓本注，按：目録此下有《張十三公》一條，今闕。

【七】邑宰柯庭堅贈詩曰　涵芬樓本注，此下至《建德妖鬼》條「悲懼不自勝平時習」止，宋本作四葉。嚴本於中縫均注「補」字。

而吉凶寓其中【八】。非苟知之，又且掌之。昨權無常縣尉，管人間生死。後權陰典，管人間六犯事，謂逌官錢【九】、王逆【一〇】、不孝、姦盜、踰濫、故殺也。世人冒犯，故多夭厲。不犯者，三世中出神仙。近又管月臺仙籍，凡士大夫聰明者，皆上籍。若有功行，可作月臺仙。大抵勉人以忠孝誠信。」至八九十歲容貌不衰。

## 蕪湖儲尉【一一】

建炎間，太平州寇陸德叛，燒刼居民，殺害官吏。蕪湖尉儲生竄避不及，爲賊黨縛去。德自臨斬之，已脱衣搊坐，德見其頂有毫光三道出現，乃釋之。且令主邑事，付以倉庫。後盜平，用此策勳【一二】，改京官。宣城僧祖勝云：「儲尉每日誦《圓覺經》一部，觀世音菩薩千聲，率以爲常，以故獲果報，得免橫逆。」

## 鸛坑虎【一三】

羅源鸛坑村，有一嶺不甚高。上有平巔，居民稱爲簷上。田家一婦嘗歸寧父母，過其處，見一虎蹲踞草中，懼不得免，立而呼之，曰：「班哥，我今省侍耶娘，與爾無冤讎，且速去。」虎弭耳竦聽，遽曳尾趨險而行，婦得脱。世謂虎爲靈物，不妄傷人。然此婦見鷙獸不怖悸，乃能諭之以理，亦難能也。

【八】而吉凶寓其中　「吉」原作「言」，據陸本、南圖本改。

【九】逌官錢　涵芬樓本注，嚴校：「逌」當作「逋」。

【一〇】王逆　涵芬樓本注，嚴校：「王」當作「五」。

【一一】蕪湖儲尉　涵芬樓本按：此條見支志庚卷第八。

【一二】策勳　「勳」原作「動」，據支志庚卷第八同條改。

【一三】鸛坑虎　涵芬樓本按：此條見支志戊卷第一。

## 蔡主簿治寸白【一四】

蔡定夫戡之子康積，苦寸白蟲爲孽。醫者使之碾檳榔細末，取石榴根東引者煎湯，調服之。先炙肥猪肉一大臠，置口内，噍咀其津膏而勿食。云：「此蟲惟月三日以前，其頭向上，可用藥攻打，餘日則頭向下，縱有藥皆無益。蟲聞肉香，起咂啖之意，故空羣爭赴之。覺胸間如萬箭攻鑽，是其候也。然後飲前藥。」蔡悉如其戒，不兩刻，腹中鳴雷，急奏廁，蟲下如傾。命僕以竿挑撥【一五】，皆聯緜成串，幾長數丈，尚蠕蠕能動，舉而抛於溪流，宿患頓愈。此方亦載楊氏集驗中。蔡游臨安，爲錢仲本説，欲廣其傳，以濟後人云。

## 許客還債【一六】

許元惠卿，樂平士人也。其父夢有烏衣客來，語曰：「吾昨貸君錢三百，今以奉還。」未及問爲何人，及何時所負而覺。明日思之，殊不能曉。平常蓄十餘鴨，是日歸，於數外見一黑色者，小童以爲他人家物，約出之，鴨盤旋憩于傍，墮一卵乃去。自是歷一月，每日皆然，凡誕三十卵，遂不至。竟不知爲誰氏者，計其直恰三百錢。

【一四】蔡主簿治寸白　涵芬樓本按：此條見支志戊卷第三。

【一五】命僕以竿挑撥　「竿」原作「僕」，據陸本、南圖本改。支志戊卷第三同條作「杖」。

【一六】許客還債　涵芬樓本按：此條見支志戊卷第八。

## 黃主簿畫眉【一七】

黟縣黃祝紹先【一八】爲鄱陽主簿。慶元二年四月，有偷兒入室，收拾衣衾，分置兩囊。臨欲去，黃氏育畫眉頗馴黠【一九】，解人語，是夜，一家熟睡，禽忽躑躅雕籠中【二〇】，鳴呼不輟，聞者以爲遭猫搏噬，遽【二一】起視之，盜望見驚懼急走出遺其一囊【二二】。黃亦覺，遣僕追躡，已失之矣【二三】。一禽之微，懷哺養之恩，而知所報如此，人蓋有愧焉【二四】。

## 潮部鬼

明州兵士沈富，父溺錢塘江死。時富方五六歲，其母保養之，數被疾祟，訪諸巫，皆云父爲厲。母瀝酒禱之，曰：「爾死，唯一子，吾恃以爲命，何數數禍之？有所須，當夢告我。」是夕，見夢曰：「我死爲江神所録，爲潮部鬼。每日職推潮，勞苦痛至【二五】，須草履并杉板甚急。宜多焚，以濟用。年滿方求代【二六】，脱去矣。」母如其言，焚二物與之。富自是不復病矣【二七】。

## 建德妖鬼

祈門汪氏子，自番陽如池州，欲宿【二八】建德縣，未至一舍間，過親故居，留與飲。行

【一七】黃主簿畫眉　涵芬樓本按：此條見支志戊卷第六。

【一八】黟縣黃祝紹先　「黟縣」二字原脱，據葉本及支志戊卷第六同條補。

【一九】頗馴黠　「黠」原脱，據葉本及支志戊卷第六同條補。

【二〇】雕籠中　「雕」字原脱，據葉本及支志戊卷第六同條補。

【二一】遽　涵芬樓本注，葉本無「遽」字。

【二二】盜望見驚懼急走出遺其一囊　「望見」、「出」、「其」四字原脱，據葉本及支志戊卷第六同條補。

【二三】已失之矣　「矣」字原脱，據葉本及支志戊卷第六同條補。

李已先發，飲罷，獨乘馬行，遂迷失道，與從者不復相值。深入支徑榛莽中，日且曛黑【二九】，數人突出，執之行十里許，至深山古廟中，反縛于柱。數人皆焚香酹酒，拜神像前，有自得之色。禱曰：「請大王自取。」乃扃廟門而去。汪始知其殺人祭鬼，悲懼不自勝。平時習《大悲呪》，至是但默誦，乞靈而已。中夜，大風雨，林木振動，聲如雷吼，門軋然豁開，有物從外入，目光如炬，照映廊廡，視之大蟒也。奮迅張口，欲趨就汪。汪戰栗，誦呪愈苦。蛇相去丈餘【三〇】，若有礙，其前退而復進者三，弭首徑出。天欲曉，外人鼓簫以來，欲飲神胙，見汪依然，大駭，問故，具以事語之。相顧曰：「此官人有福，我輩不當得獻也。」解縛謝之，送出官道，戒勿敢言。汪既脫，竟不能窮其盜。王嘉叟説。

【二四】蓋有愧焉　李按：支志戊卷第六同條「焉」下多一「耳」字。

【二五】勞苦痛至　涵芬樓本注，嚴校：「痛」字疑誤。葉本作「備」。

【二六】年滿方求代　涵芬樓本注，「方」，葉本作「當」。

【二七】富自是不復病矣　涵芬樓本注，明鈔本無「矣」字。

【二八】欲宿　涵芬樓本注，「宿」葉本作「往」。

【二九】日且曛黑　涵芬樓本注，葉本作「月且朧暗」。

【三〇】丈餘　涵芬樓本注，「餘」葉本作「許」。

校勘記

# 夷堅甲志卷第十五 十七事

## 薛檢法妻

薛度，紹興初，爲夔路提刑司檢法官，官舍在恭州。其妻病，召醫者劉太初療之，不效以死。移時復開目，問醫姓名、鄉里甚詳。已而，竟死。後數年，劉徙居荆南，白晝有緋衣婦人蒙首入門，云有疾求治。劉不在家，家人以實告。婦人徑入，及中堂端坐以待。或發其首幕，迺一髑髏，驚呼間，遂不見。劉自是醫道浸衰，家日貧悴。時薛君爲潭之衡山宰，聞其事，泣曰：「吾妻也。」

## 雷震二蠻

邕州守臣兼經略都監，每歲至横山寨，與交人互市。紹興二十三年，趙愿爲守，至寨市馬。蠻千餘人往來憧憧爲過，二民行省地中，爲所殺，掠同行一婦人以去，愿不能捕詰。明日，天無雲，雷震一聲隕二蠻於地，尸一仰一俯，正如二民死時狀。蠻酋恐懼，訪知其事，即送婦人還邕。劉襄子思説。

## 馬仙姑

果州馬仙姑者，以女子得道。嘗爲一亡賴道人醉以藥酒而淫之，後忽忽如狂。靖康元年閏十一月二十五日，衣衰麻杖絰哭于市，曰：「今日天帝死，吾爲行服。」市人皆唾罵逐之。後聞京師以是日失守。楊朴公全説，時爲工曹掾。

## 陳尊者

閬州僧陳尊者，居常落拓如狂，而言事多先見，人莫能測。紹興元年四月十四日，忽衣衰麻，望譙門大哭。或曰：「此州治也，何得爾！」曰：「今日佛下世，故哭。」聞者皆以爲誕。逾月而奉隆祐遺誥，其哭之日，乃上僊日也。外舅説。

## 賈思誠馬夢

賈思誠，字彦孚，紹興十七年，爲夔州帥。夢受命責官，厩卒挾馬來迎，臨欲攬轡，細視馬有十三足，歎異而覺。明日背疽發，十三日死。賈生於庚午，近馬禍云。張達説。

## 淨居巖蛟

衡山縣西北淨居巖，有蛟窟于中。僧宗譽初至，樂其幽閴，謀結庵。爲婦人數出擾，不敢留，避諸嶽寺。紹興十一年，僧善同來居之，纔草屋數間。游僧妙印在他舍，婦人來與合，自腰以下即冷如冰，數日死。行者祖淵采木於山後，迷不還，凡五日，求得於老虎巖中，云：「一婦人令住此，今出求果餌以飼我。」巖口甚窄，僅容人身，而其中頗廣，蓋蛟所穴也。祖淵歸亦病。是年四月幾望，風雨暴至，徧山皆黑，雹雷掣旋屋外。善同素不睡，宴坐龕中。夜且半，起明燈，聞聲出龕下，如鼓鞴然，視之，乃巨蟒，蟠結數匝，尾猶在户外。善同呼衆僧以杖擊去，既去復回，又擊之，始趨入石罅，未及而震死。山水大至，衝室屋太半。已而，月星粲然。明旦視死蟒，長二丈許，圍數尺，體皆黑方花紋。祖淵即日發狂嗟惜，數月亦死。前後僧僕爲所殺者，凡八人。向時每夜山輒昏昧，雖月出亦然。自蟒死，夜色始明。今有屋數十間，僧十輩云。善同説。

## 伊陽古絣

張虞卿者，文定公齊賢裔孫。居西京伊陽縣小水鎮，得古瓦絣於土中，色甚黑，頗愛之，置書室養花。方冬極寒，一夕忘去水，意爲凍裂。明日視之【二】，凡他物有水者皆凍，

【二】意爲凍裂明日視之　涵芬樓本注，「爲凍裂明日視」六字原闕，從葉本補。

獨此瓶不然，異之。試注以湯【二】，終日不冷。張或與客出郊，置瓶於篋，傾水瀹茗，皆如新沸者。自是始知祕惜。後爲醉僕觸碎，視其中與常陶器等，但夾底厚幾二寸，有鬼執火以燎，刻畫甚精，無人能識其爲何時物也。

## 晁安宅妻

鄧州晁氏，大族也。相傳云，自漢以來居南陽。劉先主嘗從貸錢數萬緡，諸葛孔明作保立券，猶存其家【三】。建炎二年，鄧民【四】殘于胡兵，或俘或死。晁氏男女數百人，皆囚以北。至汾州青灰山爲紅巾邵伯邀擊，盡失所掠而去【五】。晁安宅之妻某氏，并其女及乳母，皆爲邵之黨王生所得。張丞相宣撫陝蜀，邵舉軍來降。王生爲右軍小將，與晁婦同處於閬中。閬有靈顯王廟，婦與乳嫗以月二日往焚香。嫗視道上一丐者病【六】，以敝紙自蔽，形容甚悴。諦觀之，以告婦曰：「有丐者，絶類吾十一郎。」遣詢其鄉里、姓行【七】，果安宅也。婦色不動，令嫗持金釵與之，約十六日復會，且戒無易服。及期相見，又與金二兩，曰：「以其半詣宣撫司投牒，其半買舟置某所以待我。」安宅既通訴，宣撫下軍吏逮王生。會王出獵，婦攜己所有，直數千緡，與嫗及女赴安宅舟，順流而下。王生家貲巨萬，一錢不取也。王晚歸，不見其妻，而追牒又至，視室中之藏皆在，喟然曰：「素聞渠爲晁家婦，今往從其夫，理之常也。」了不以介意【八】。晁氏夫婦離而復合如初，婦人不忘故夫

【二】試注以湯　涵芬樓本注，「試注」二字原闕，從葉本補。

【三】猶存其家　涵芬樓本注，明鈔本於「猶」上多「今券」二字。

【四】鄧民　涵芬樓本注，「民」明鈔本作「邑」。

【五】盡失所掠而去　涵芬樓本注，明鈔本於「盡」上多一「胡」字。

【六】病　涵芬樓本注，葉本作「病目」。

【七】姓行　涵芬樓本注，明鈔本作「姓名」。

【八】不以介意　涵芬樓本注，「介」明鈔本作「爲」。

於丐中，求之古烈女可也，惜逸其姓氏。王雖武夫，蓋亦知義理可喜者。

## 犬齧張三首

唐州方城縣典吏張三之妻，本倡也。凶暴殘虐，婢使小過，輒以錢縋其髮，使相觸有聲。稍怠，則杖之。或以針籤爪，使爬土。或置諸布囊，以錐刺之。凡殺數妾，夫畏之，不敢言。後殺其子婦，婦家詣縣訴。縣檄尉檢尸，小婢出，呼曰：「牀下又有死者，可併驗也。」獄具，以倡非正室，與平人相殺等，尸於唐州市。張自是亦病，左支皆廢，涕洟出不禁，以首就桉，始得食，三年而死。既葬，爲野犬齧墓揭棺，銜首擲之縣門外而去。三事皆妻叔張宗一貫道說。

## 虵王三

方城民王三，善捕虵。每至人門，則能知其家虵多少，見在某處，有爲害者，取食之，人目爲虵王三。方城令得一虵，召之使食，爲爪所傷，抉二齒。近村民苦毒蟒出没爲害，釀金十萬，命王作法以捕。王畫地爲三溝，語人曰：「若是常虵，越一溝即死，極不過二【九】。如能歷三溝，則我反爲所噬矣。」既而，虵徑前，無所畏，欲就王。王甚窘，亟脱袴，中裂之，虵分爲兩，死焉。嘗適麥陂村，謂富室曰：「君家有巨黑虵，方旺財，不宜

【九】極不過二　涵芬樓本注，「過」下明鈔本多一「踰」字。

取。」富室欲驗其言，强使取之。王書片紙，命其人投於廚後牆左角小穴，呼曰：「虵王三喚汝。」「即急走，勿反顧，恐傷汝。」其人不信，投紙畢，少留【一〇】觀之，則巨黑虵已出，其人驚仆。虵從旁徑出，至王所，王袖之而行。其家自是果破【一一】。予婦家居麥陂，數呼之至。建炎盜起，不知所終，或以爲虵精云。

## 應聲蟲

永州通判廳軍員毛景，得奇疾，每語，喉中輒有物作聲相應。有道人教令學誦本草藥名，至「藍」而默然。遂取藍捩汁飲之，少頃，嘔出肉塊，長二寸餘，人形悉具。劉襄子思爲永倅，景正被疾，踰年親見其愈。予記前書載應聲蟲因服雷丸而止，與此相類。

## 辛中丞

辛企李次膺，紹興八年，自右正言出爲湖南提刑。舟到武昌，大將岳飛來江亭通謁。辛以道上不見賓客爲解【一二】，岳不肯去。良久，不獲已，見之。即欲以明日具食，意殊懇切，不得辭。既宴，酒三行，延辛入小閤，盡出平生所被宸翰，凡數百紙，具言眷遇之渥。執辛手，曰：「前夕夢爲棘寺逮，對獄，獄吏曰：『辛中丞被旨推勘。』驚寤，遍體流汗。方疑懼，不敢以告人，而津吏報公至。公自諫官補外，他日必爲獨坐，飛或不幸下獄，願公救

【一〇】少留　涵芬樓本注，葉本作「徘徊」。

【一一】自是果破　涵芬樓本注，「果破」葉本作「漸敗」。

【一二】解　涵芬樓本注，葉本作「辭」。

護之。」辛悚然，不知所對。纔罷酒，即解維。後數年，飛罷副樞奉朝請。故部將王貴，迎時相意，告其謀叛，繫大理獄，命新除御史中丞何伯壽鑄治其事。方悟昨夢，乃新中丞也。何公後辭避不就，乃以付万俟丞相云。二事劉襄子思說。

## 猪精

紹興十年春，樂平人馬元益，赴大理寺監門，與婢意奴俱行。至上饒道中，同謁一神祠丐福。是歲六月，婢夢與馬至所謁祠下，有親事官數輩傳呼曰：「大卿請。」指前高樓云：「大卿在彼，辛猪爲慶，會召寮屬。」明日，馬以語寺卿周三畏，意建亥之月當有遷陟【一三】。明年冬，寺中作制院鞫岳飛。遇夜，周卿往往間行至鞫所。一夕，月微明，見古木下一物，似豕而角，周疑駭卻步。此物徐行，往【一四】獄旁小祠而隱。經數夕復往，月甚明，又見前怪，首上有片紙書「發」字，周謂獄成當有恩渥。既而，聞岳之門僧惠清言：「岳微時，居相臺，爲市游徼。有舒翁者，善相人，見岳必烹茶設饌，嘗密謂之，曰：『君乃猪精也，精靈在人間，必有異事。它日當爲朝廷握十萬之師，建功立業，位至三公。然猪之爲物，未有善終，必爲人屠宰。君如得志，宜早退步也。』岳笑不以爲然。至是方驗。」元益說。

【一三】遷陟　涵芬樓本注，「陟」葉本作「陞」。

【一四】往　涵芬樓本注，葉本作「入」。

## 沃焦山寺

紹聖中，有僧游天台，迷失道。入越州新昌縣沃焦山上，遇大佛刹，寂無人聲，頗歎叢林之整肅如此。既登堂，望官吏治事甚嚴【一五】，疑深山中不應爾。徐入法堂，過屋兩重，始見長老數人相對默坐。僧前欲問訊，摇手止之。不敢問，卻下僧堂側立以視。有頃，聞請第一員長老升堂，其人號泣就坐，紫衣金章者立于前，瞬息間火從坐者體中起，延燒其身，并及金紫者，不留遺燼。次第升堂，周而復始。僧問吏何爲，吏言：「平生無戒業，妄作住持人，謗佛正法，故受此報。金紫者，請主也。」僧懼，亟出。至山腰，逢數卒驅一老婦人，髣髴認【一六】其母。回首留顧，老婦呼曰：「以汝平日妄談般若，累我至是。」其行甚遽，不得復語【一七】。僧下山覓路，問居人：「此山何寺？」曰：「路絶人行【一八】，安得有寺？」指别路示之，云：「此去天台道也。」問其日，則已三宿矣。不復東遊，徑還家，母已死。時播傳此事，長老退居者數人。關子東、强幼安皆作文以記。

## 羅浮仙人

藍喬，字子升，循州龍川人。母陳氏無子，禱羅浮山而孕。及期，夢仙鶴集其居。是夕生喬，室有異光。年十二，已能爲詩文。有相者謂陳曰：「爾子有奇骨，仕宦當至將

【一五】望官吏治事甚嚴　涵芬樓本注，「望」下葉本多「見有」二字。

【一六】認　涵芬樓本注，明鈔本無「認」字。

【一七】不得復語　涵芬樓本注，「復」葉本作「敘」。

【一八】路絶人行　涵芬樓本注，「行」明鈔本作「稀」。

相，學道必爲神仙。」喬曰：「將相不足爲，乃所願則輕舉耳。」自是，求道書讀之。患獨學無師友，因辭母，之江淮，抵京師。七年而歸，語母曰：「兒本漂然江湖，所以復反者，念母故也。」瓢中出丹一粒，餽焉，曰：「服之可長年無疾。」留歲餘，復有所往，以黄金數斤遺母，曰：「是真氣嘘冶所成，母寶用之，兒不歸矣。」潮人吴子野遇之于京師，方大暑，同登汴橋買瓜，喬曰：「塵埃汙吾瓜，當於水中噉耳。」自擲於河。吴注目以視，時時有瓜皮浮出水面，齕迹儼然，至夜不出。吴往候其邸，則已酣寢，鼻間氣如雷。徐開目，云：「波中待子食瓜，久之不至，何也？」吴始知喬已得道，再拜，愧謝，遂與執爨。後游洛陽，布衣百結，每入酒肆，輒飲數斗。常置紙百番於足下，令人片片拽之，無一破者，蓋身輕乃爾。語人曰：「吾羅浮仙人也，由此升天矣。」一日，貨藥郊外，復置紙足底，令觀者取之。紙盡足浮，風雲倏倏，躡而上征。仙鶴成羣，自南來迎，望之隱然，歷歷聞空中笙簫音，猶長吟李太白詩云：「下窺夫子不可及，矯首相思空斷腸。」母壽九十七而終，葬之日，樵枚者聞墟墓間哭聲，識者知其來歸云。英州人鄭總作傳。

## 毛氏父祖

衢州江山縣士人毛璿，當舍法時，在學校。以不能治生，家事堙替，議鬻居屋。未及售，晨起，見亡祖父母、父母四人列坐廳上，衣冠容貌，不殊生人。璿驚拜，問曰：「去世已久，安得至此？」皆不答。惟父曰：「見汝無好情況。」因仰視屋太息，曰：「汝前程尚遠，可寬心。」璿問：「地獄如何？」父曰：「有罪始入耳。吾無罪，當受生。但資次未到。」曰：「既未有所歸，還只在墳墓否？」曰：「不然，日間東來西去閑遊，惟夜間不可說。近日汝預葉氏播問祭，我亦在彼。」指門外五通神曰：「神力甚大，閑野之鬼不可入。」又指所事真武曰：「謹事之。死後不入獄，便詣北斗下，爲弟子。」璿曰：「大人且在，是當呼大兄來。」父止之，曰：「我脚頭緊，便去矣。」令璿入門，數人皆下庭中，向空飛去，如鳥鵲然，直上不見。璿方悵望，而一僕自外至。蓋不欲與生人接，所以亟去也。

## 方典薄命

方典，字大常，莆田人。累舉進士不第，術者多言其無禄。同縣人劉仲敏爲泉州同安宰，典之兄與爲丞，劉謂與曰：「賢弟不應得官，若罷舉，庶可延數年之命。」與不信也。紹興十五年，典試南宫，劉又諫其勿行，典不聽。是歲，擢第。牓至同安，與持往誚劉，劉曰：「一第未足喜，恐不能得禄耳。」典調晉江尉，歸，待次之。明年，莆中春試，諸生例以寄居同教官考校，郡以命典。既入院，日獲餐錢千餘【一九】，旬日間，所得盈萬錢，暴卒于院。陳應求說。

【一九】日獲餐錢千餘　「餐錢」二字原闕，據陸本、南圖本補。

# 夷堅甲志卷第十六 十五事

## 衞達可再生

衞仲達，字達可，秀州華亭人。爲館職時，因病入冥府，俟命庭下。四人坐其上，西嚮少年者呼曰：「與它檢一檢。」三人難之。少年曰：「若不檢，如何行遣？」三人曰：「渠已是合還，何必檢。恐出手不得爾。」少年意不可回，呼朱衣吏諭意，吏捧牙盤而上，中置紅黑牌二，紅者金書「善」字，黑者白書「惡」字。少年指黑牌，吏持以去。少焉，數人捧簿書盈庭，一秤橫前，兩首皆有柈。吏舉簿置東盤，盤重壓至地，地爲動摇，衞立不能安。三人皆失色，曰：「向固云不可檢，今果爾，奈何？」少年亦慘沮，有悔意。須臾曰：「更與檢善看【一】。」吏又持紅牌去。忽西北隅微明，如落照狀。一朱衣道士捧玉盤出，四人皆起立。道士至，居中而坐。望玉盤中文書【二】，僅如筯大，吏持下置西盤，盤亦壓地，而東盤高舉向空。大風欻起，捲其紙蔽天，如烏鳶亂飛，無一存者。四人起相賀，命席延衞坐。衞拱手曰：「仲達年未四十，平生不敢爲過惡。何由簿書充塞如此？」少年曰：「心善者惡輕，心惡者惡重。舉念不正，此即書之，何必真犯。然已灰滅無餘矣。」衞謝曰：「是則

校勘記

【一】更與檢善看　中華本注，「看」字疑誤。

【二】文書　涵芬樓本注，葉本作「文字」。

然矣。敢問善狀何事也？」少年曰：「朝廷興工修三山石橋，君曾上書諫，此乃奏稾也。」衞曰：「雖曾上疏，朝廷不從，何益於事？」曰：「事之在君盡矣。君言得用，豈只活數萬人命？君當位極人臣，奈惡簿頗多，猶不失八坐。勉之！」遂遣人導歸。衞後至吏部尚書。徐槫説聞之於衞仲子□【三】。

## 郁老侵地

鎮江金壇縣吴干村，張、郁二家鄰居，後爲火焚，皆散而之它，所存惟空址焉。同邑湯氏子【四】病熱疾死，至有司【五】，云：「當復生。」令出門，需送者【六】。至門外，見市廛邸列，與人世不異，遂坐茶肆。時郁氏之老，死已十餘年矣，相見如平生，喜曰：「數日聞公當來，故候於此。今知得還，將奉託以事。吾家故宅頗憶之乎？」曰：「然。」郁曰：「生時與張氏比鄰，吾屋柱址【七】已盡吾境，而檐溜所滴者張地也。吾陰利其處【八】，巧訟于官而奪之，凡侵地三尺許。張翁死，訴于地下。吾既伏前愆，約使宅人反之。然二居皆已煨燼，張既轉徙，吾兒又流落建昌，爲南豐符氏壻。幽明路殊，此意無從可達。公幸哀我，煩一介諭吾兒，使亟以歸張氏，作券焚之。吾得此，則事釋，復受生矣。」湯許之。少焉，送者到，即告别。既甦，呼張氏子，語之故，答曰：「昔日實爭之。今已徙居，無用也。」湯以郁所囑，不忍負，訖遣報其子，取券授張，而書其副焚之。它日夢來致謝。湯乃致遠長子。

【三】衞仲子□　闕字，涵芬樓本注，葉本作「秾」，陸本作「臧」。南圖本同陸本。

【四】湯氏子　「湯」原作「張」，據葉本、陸本、南圖本改。

【五】有司　涵芬樓本注，「有」葉本作「冥」。

【六】需送者　涵芬樓本注，「需」葉本作「索」。

【七】柱址　涵芬樓本注，「柱」葉本作「住」。

【八】張地也吾陰利其處　涵芬樓本注，「地也吾陰」四字原闕，據明鈔本補。

## 車四道人

蔡元長，初登第，爲錢塘尉。巡捕至湯村，薄晚，休舍有道人，狀貌甚偉，求見。蔡【九】平日喜接方士，亟延與語，飲之酒而去。明日，宿它所，復見之。又明日，泊近村，道人復至。飲酒盡數斗，懇曰：「夜不能歸，願託宿，可乎？」蔡始猶不可，其請至再，不得已，許之。且同榻，命蔡居外，己處其内，戒曰：「中夜有相尋覓者，告勿言【一〇】。」蔡意其姦盜亡命，將有捕者。身爲尉，顧匿之不便也，然無可奈何。展轉至三更，目不交睫，聞舍外人聲。俄頃，漸衆，遂排户入，曰：「車四元在此，何由可耐。」欲就牀擒之。或曰：「恐并損牀外人，帝必怒，吾屬且獲罪。」蔡大恐，起坐，呼從吏，無一應者。道人安寢自如，撼之不動。外人云：「又被渠躲了六十年。可怪，可怪。」咨嗟良久。聞室内如揭竹紙數萬番之聲，雞鳴乃寂。呼從者始應，問所見，皆不知。道人矍然興謝，曰：「某乃車四也。賴公脱此大厄，又可活一甲子。已度世第三次矣。自此無所患，公當貴窮人爵【一一】，吾是以得免。如其不然，與公皆死矣。念無以爲報，吾有藥，能化紙爲鐵，鐵爲銅，銅爲銀，銀又爲金【一二】。公欲之乎？」蔡拒不受。强語乾汞之術，曰：「它日有急，當用之。」天且明，别去後，不復見。」蔡唯以其【一三】説傳中子脩。蔡死，脩家竄廣西，賴是以濟。蔡之客陳丙嘗爲象郡守，云然。

【九】蔡　涵芬樓本注，葉本疊「蔡」字。

【一〇】告勿言　涵芬樓本注，「告」葉本作「可」。

【一一】貴窮人爵　涵芬樓本注，「窮」葉本作「極」。

【一二】銀又爲金　涵芬樓本注，明鈔本無「又」字。

【一三】以其　原作「其以」，據葉本、陸本、南圖本乙正。

## 女子穿溺珠

湖州人王槩，紹興十六年八月，赴邵武建寧丞。宿信州玉山驛，便溺已，且就寢。見美女在旁，探手虎子中，拾碧粒如珠者三四顆，串以紅縷，掛頸上。槩驚問：「汝何人？」已不見。自是，每溺，其旁輒地裂，女子盛服出，或器内，或溷廁，必得珠，乃没。槩日以困悴，醫巫束手莫能療，幾二年。久，女所穿纍纍，繞頸至腹，數十匝。其後珠益減，至纔一二顆，而色漸白。女慘容，謝曰：「得君之賜厚，吾事濟矣。但恨傷君之生，無以報。當亦徐圖之。」再拜而去。槩是夕不復溺，翌日大汗而卒。三事亦徐榑【一四】説。

## 李知命

李知命，建昌人。紹興二十四年八月，宿豫章村落。就枕未睡，月色皎然，見窗外人往來。少焉，回首與窗對，如一男子緇巾汗衫而立，恍忽間已入室。李疑其盜也，熟伺所爲。俄至前，繞牀而行。牀之東北皆距壁，而其人行通無所礙，方知鬼也。如是十餘匝，徑揭帳，執李項。李有膽力，舉手承之，復以左手來，又與相拒。欲大叫，而喉中介介如咽，良久方能呼。兩僕同應曰：「喏。」李曰：「常夕叫汝，數聲不一應，今何謹如此。既不寐，何不早覺我。」皆曰：「見一男子至主公之前，相撐柱甚力。欲起則足不可動，欲叱

【一四】徐榑　「榑」南圖本作「搏」。

則氣不得出。適聞主公之聲，男子始去，某等方得能言耳【一五】。」

## 光州墓怪

光州士人孔元舉，居城外數里間。每入城，輒經亂葬壠。常日詣州學，晨往暮歸，必過之。一夕，歸差晚，日猶銜山，聞有人高誦「維葉萋萋，黄鳥于飛」之句，至于再三。審其聲，當所行道上。少頃，差近，則聞聲在墓間。回首視之，一物如蹲鴟，毛毿毿覆體，赤目猪喙，瞠視孔生，厲聲曰：「維葉萋萋。」孔大駭，亟步歸，即病，旬日死。

## 碧瀾堂

南康建昌縣民，家事紫姑神，甚靈，每告以先事之利。或云下江茶貴可販，或云某處乏米可載以往，必如其言，獲厚利。一日，書來曰：「來日貴客至，宜善待之。」其家夙戒子弟、奴僕數輩候門，盡日無來者。將闔門，而一丐者至，即延以入，爲具沐浴更衣。丐者雖喜過望，而懼其家或事神殺己，懇請曰：「雖乞丐至賤，亦惜微命，幸貸其死！」主人告以昨日之故，丐者曰：「若然，幸復致禱，將得自詢之。」始焚香而神至，書九字於紙上，曰：「吁！君忘碧瀾堂之事乎？」丐者觀之，則悶絶。久之，方蘇，泣而言：「少年時，本富家子，與一倡有終身之約。憚父母不容，遂挾以竄。已而，窘窮日甚，又慮事敗，因至吴

【一五】某等方得能言耳　「得」字原闕，據陸本、南圖本補。

興，游碧瀾堂，乘醉推倡入水，遂亡命行丐。今公家所致，蓋其寃也。」言已，復泣。其家贈以數百金，遣去。自是不復事神云。三事李紹祖說。

## 戴氏宅

常州無錫戴氏，富家也。十三郎者，於邑中營大第，備極精巧。至鑄鐵爲範，度椽其中，稍不合，必易之。又曳緜往來，無少留礙則止。歲餘將落成，夢士人東向坐堂上，顧戴曰：「吾李謨秀才也。」既寤，絶惡之。又數年，邑子李謨登科，戴嫁之以女。戴且死，囑其二子曰：「汝曹素不立，必不能善守遺緒。此屋當貨於汝手，與其歸他人，不若歸李郎也。」後如父言，以宅予李氏。建炎、紹興間，亂兵數取道，邑屋多經焚毀，唯李宅巋然獨存，至今居之。謨，字茂嘉，嘗帥浙西，官至中大夫、直寶文閣。外舅說。

## 二兔索命

予婦叔張宗正，家方城之麥陂，性好弋獵。其父祖塋側，長林巨麓，禽獸成聚。日與其徒從事，罘網彌山，號曰「漫天網」，一網所獲，亡慮數百計，不暇拾取，唯惡少年數輩，馳逐其上，壓死之，各分挈以去，雖風雪不止也。遭亂度江，紹興九年，隨兄侍郎居無錫，亦時時彈射自娛。嘗於明陽觀旁得一兔，甚小，耳有缺，如攫傷痕。未幾，感疾如狂，自取獵具焚棄，築道室獨處。忽見二兔作人言，其一曰：「我爲兔三百年矣。往在張氏東墳【一六】，爲爾所殺。」其一曰：「我百八十歲矣。隱於明陽觀側，與樵人俱出入，嘗爲鷹所搦，力竄得脱，傷吾耳焉。凡鷹犬罔罟，吾悉能避，不虞君之用弩矢也。今當以命見償。」張遜辭求解，旁人悉聞之。病數月，小愈，然猒猒如癡人。後十年乃死。

## 蒲大韶墨

閬中人蒲大韶，得墨法於山谷，所製精甚，東南士大夫喜用之。嘗有中貴人持以進御，上方留意翰墨，視題字曰「錦屏蒲舜美」，問：「何人？」中貴人答曰：「蜀墨工蒲大韶之字也。」即擲於地，曰：「一墨工而敢妄作名字，可罪也。」遂不復用。其薄命如此。自是印識，只言姓名云。大韶死，子知微傳其法，與同郡史威皆著名。夔帥韓球令造數千斤【一七】，愆期不能就，遣人逮之。舟覆江中，二工皆死。今所售者，皆其役所作【一八】，竊大韶名以自貴云。杜起莘説。

## 升平坊官舍

洪州升平坊一官舍多怪。紹興二十一年，空無人居，有鬻冠珥者過後門，二婦人呼之入，徧閲所貨物，買二冠，先償半直，令自大門取餘金。鬻者信之，至前候伺，守舍老兵扣

【一六】張氏東墳　原注：張氏墳在方城者曰西墳，惟其父别葬，曰東墳。

【一七】數千斤　涵芬樓本注，「千」《墨史》注：一作「十」。

【一八】皆其役所作　涵芬樓本注，《墨史》「其」下多「族人」二字。

其故，具以告。兵曰：「此空室耳，安得有所謂婦人者？」率與俱入，堂宇凝塵如積，二冠高掛壁間，始悟爲鬼。出視所償錢，亦無有矣。又一年，予族弟爟爲江西漕屬居之。其姪城夜被酒如廁【一九】，見桃樹下人，白髮鬅鬙，身甚大，箕踞而坐。城方醉，不問。及從廁還，尚如故，漸近漸小，僅高數寸，叱之乃滅。爟說。

## 晏氏媪

晏元獻家老乳媪燕氏【二〇】，在晏氏數十年，一家頗加禮。既死，猶以時節祭之。嘗見夢，曰：「冥間甚樂，但衰老須人挾持，苦乏使耳【二一】。」其家爲畫二婦人焚之。復夢曰：「賜我多矣【二二】，奈軟弱不中用何。」其家感異【二三】，囑匠者厚以紙爲骨，且繪二美婢。它日來謝【二四】，曰：「新婢絶可人意，今不寂寞矣。」明年寒食，家人上冢歸，復夢曰：「向所得婢，今又捨我去。」曰：「何得爾？」曰：「初不欲言，以少年淫蕩，皆爲燕三誘去。」家人曰：「燕三，人也。安得取媪侍女【二五】？」曰：「亦已來矣。」曰：「然則當爲辦之，不難也。」明日相語，皆大笑。燕三者，媪姪也，素不檢。自媪死，不復聞其在亡【二六】。遣詢之，果已死。遂復畫二老者與之，又來致謝。蓋前後五夢，而得二老婢云【二七】。

【一九】其姪城夜被酒如廁　「夜」原作「衣」，據陸本、南圖本改。
【二〇】燕氏　涵芬樓本注，葉本作「燕婆」。
【二一】苦乏使耳　涵芬樓本注，「使」葉本作「人」。
【二二】賜我多矣　涵芬樓本注，「賜我」葉本作「受賜」。
【二三】感異　涵芬樓本注，葉本作「嘆異」。
【二四】它日來謝　涵芬樓本注，「它日」下葉本多「又夢」二字。
【二五】安得取媪侍女　涵芬樓本注，葉本作「安有是」。
【二六】不復聞其在亡　涵芬樓本注，葉本作「不復往來，莫知其存亡」。
【二七】云　涵芬樓本注，葉本作「去」。

## 鄭畯妻

鄭畯字敏叔，福州人，寶文閣待制閎中之子也。先娶王氏，生一女泰娘。王氏且死，執夫手囑之，曰：「切勿再娶，善爲我視泰娘。」既卒，鄭買妾以居。久之，京師有滕氏女將適人，鄭聞其美，乃背約納幣。一日，將趨朝，尚未起，見王氏入其室，自取兀子坐牀畔，以手掛帳，拊鄭與語死生契闊，且問再娶之故。鄭曰：「家事付一妾，殊不理，不免爲是。」王曰：「既已成約，吾復何言。若能撫養泰娘，如我在時，亦何害？吾不復措意矣。」又語過去它事，甚悉。忽曰：「盛寵已來呼，君當上馬矣。」遂去。鄭急問之，曰：「何時當再會？」曰：「更十年，於江上舟中相見。」鄭明日與其弟語，悲歎不樂，然卒婚滕氏。建炎初，自提舉湖南茶鹽罷官，買巨杉數千枚，如惟揚【二八】。時方營行在官府，木價踊貴，獲息十倍。未幾，金虜犯揚州，人多竄徙。鄭以錢爲累，戀戀不肯去，乃謀買舟泛江而下，而江中舟如織，不得前。又聞寇已至，急復入城，買金百餘兩。纔出門，胡騎已在後。鄭乘馬馳去，一騎自後射之，鄭回顧曰：「我鄭提舉也，不可害我。」騎知其官人，追及之，投以刀，即墜馬，騎取金而返。鄭創甚困，臥草間，僕走視之，已不可救，兩日死。鄭無子，去王氏所言正十年。二事尚定國説。

【二八】惟揚　涵芬樓本注，陸本作「維揚」。南圖本同陸本。

## 化成寺

沈持要爲江州彭澤丞，紹興二十四年六月，被檄往臨江，過湖口縣六十里，宿於化成寺。已就客館，至夜訪主僧。僧留止丈室別榻，方談客館之怪，曰：「舊有旅櫬在房中，去年一客投宿，望棺中有光，頗駭。起坐凝思諦觀，覺光中如人動作狀，愈恐。所居鄰佛殿，客度且急，則當開門，徑趨殿上。方啟帳伸首次，棺中之鬼亦揭棺伸首。客下一足，鬼亦下一足。客復收足，鬼亦然。如是數四。客惶駭，知不可留，急走出。鬼起逐之，客入殿環走，且大呼乞救。羣僧共赴之，未至，客氣乏仆地，幾爲所及。鬼忽與殿柱相值，有聲鏗然，遂寂無所聞。僧至，扶客起，就視其物，則枯骨縱橫，碎于地矣。它日，死者之家來，疑寺中人發其柩，訟于官，數月乃得解。」

## 吳公路

吳逵，字公路，建州人。政和間，自太學謁歸。過錢塘，夢吏卒迎入大府，金章貴人在焉。揖吳坐上坐，吳辭，曰：「逵，布衣也。今遽爾，恐涉冒仕之嫌【二九】，必不敢。」貴人捨去。吳踞牀正面，吏抱案牘盈几上，以手摘讀，吳意郡縣胥吏，乘己初視事，以此困我，未有以決。望廷下已驅數囚，皆美男子、婦人，荷械立，大抵所按盡姦事也。吳大書

【二九】恐涉冒仕之嫌　涵芬樓本注，「仕」葉本作「任」。

曰：「檢法呈。」别一吏捧巨册至，視其詞云：「姦人妻者，以絶嗣報。姦人室女者，以子孫淫泆報。」吴判曰：「准法。」吏相顧駭，伏其敏，曰：「事畢矣。」遂寤。吴還京師，爲同舍金彦行安節言之。金侍郎説。

# 夷堅甲志卷第十七 十五事

## 土偶胎

仙井監超覺寺九子母堂在山顛。一行者姓黄，主給香火，顧土偶中乳婢乳垂于外，悦之。每至，必摩拊咨惜。一旦，偶人目動，遂起行，攜手入屏後狎昵。自是日以爲常，累月矣。積以臥病，猶自力登山不已。主僧陰伺之，至半山，即有婦人迎笑。明日，尾其後，婦人復至，以拄杖擊之，鏗然仆地，於碎土中得一兒胎，如數月孕者。令行者取歸，暴爲屑，和藥以食，遂愈。

## 永康倡女

永康軍有倡女，謁靈顯王廟，見門外馬卒，頎然而長，容狀偉碩，兩股文繡飛動，諦觀慕之，眷戀不能去。至暮，家人强挽以歸，如有所失，意忽忽不樂。過一夕，有客至求宿。其儀觀，與所慕丈夫等。倡喜不勝情，自以爲得客晚。其人遲明即去，黄昏復來。留連數宿，忽泣曰：「我實非人，乃廟中厩卒也。以爾悦我，故犯禁相就，屢不赴夜直，爲主者所糾，得罪。明日，當杖脊流配。至時，過爾家門，幸多買紙錢贈我。」倡亦泣，許之。如期，此卒荷鐵校，血流滿體，刺面曰「配某處」，二健卒隨之。過辭倡家，倡設奠焚錢，哭而送之。他日，詣廟，偶人仆地矣。

## 人死爲牛

永康軍導江縣人王某者，以刻核彊鷙處官。紹興五年，爲四川都轉運司幹辦公事。來被檄榷鹽於潼川路，躬詣井所，召民强與約，率令倍差認課，當得五千斤者，輒取萬斤。來歲，所輸不滿額者，籍其貲。王心知其不能如約，規欲没入之，使官自監煎。既復命，計使以鹽額倍增，薦諸宣撫使，得利州路轉運判官。未幾死。眉州彭山人楊師錫，以合州守待次田間，夢王來謁，公服後，穿出牛一尾【一】，方驚怛。侍婢亦魘，寤言，見王運使來，衣後有牛尾。相語未了，外報一犢生。遽取火視之，犢仰首淚下。事既著聞。有資中人馬某者，亦爲都漕司幹官。每出郡邑督錢，惟以多爲貴，不問額之虚實贏縮，必得爲期，且以此自負。蜀人以其虐於刷錢，目曰「馬刷」。或以王君事警之，馬曰：「正使見世生兩尾，亦何必問【二】？」已而，疽發於背之左。瘡稍愈，復發於右。兩疽相對，宛如杖瘡，其深數寸，隔膜洞見肺腑，臭滿一室。同僚往問病，馬生但云：「當以某爲戒，某悔無及也。」死時，與王相距纔一年。

【一】牛一尾　涵芬樓本注，葉本作「一牛尾」。

【二】亦何必问　涵芬樓本注，明鈔本作「亦可不问」。

## 倪輝方技

成都人倪輝，妙於數術。靖康丁未之春，王室不靖。蜀去朝廷遠，音驛斷絶，識者以爲憂。成都倅虞齊年祺、竇審度卞同謁輝，詢之曰：「國勢如此，先生當知之。」輝曰：「此正古人所謂三月無君之時。曆家以閏月爲天縱，去年置閏在十一月，北方愈盛，火至此衰歇。京城苟不守，必以是月。使日官有先見之明，移閏在五月，以助火德，猶有可扶之理。今無及矣。然吾以數推之，國家曆數，至丙午纔餘一算。今年五月一日，算當復生，其數無窮。然去今尚兩月，未知能及此日否。」因請虞、竇各布課。虞之占得申酉戌，竇之占得戌酉申，卦成，喜曰：「無憂矣！二課初傳極艱棘，中傳而定，末傳極佳。宋祚當從是愈永。然課中赦書神動，不出百日，當有大霈，可驗也。」二公且喜且懼。既而，聞京師果以閏月陷。五月一日，上即位於南京，赦書至成都，與輝筮日相去，蓋九十五日。紹興二年冬，虞之子并甫允文過輝，輝曰：「與君相見無日矣。明年吾入惡限【三】，名曰：『父子不相見。』欲遣小兒住它郡禳之，顧已無及。吾必死。」至立春日，果死。

## 解三娘

興州後軍統領趙豐，紹興二十七年春，以帥檄按兵諸郡，次果州，館于南充驛。命吏

【三】惡限　涵芬樓本注，「惡」明鈔本作「末」。

置榻中堂，驛人前白曰：「是堂有怪，夜必聞哭聲。常時賓客至此，多避不敢就，但舍于廳之西閤。」豐笑曰：「吾豈畏鬼者耶！」竟寢堂上。至夜，聞哭聲從外來，若有物【四】直赴寢所。豐曰：「汝豈有寃欲言者乎？言之，吾爲汝直。否則，亟去。」果去。頃之，又來。羣從者皆聞履聲趾趾【五】然。明日，以語太守王中孚弗，王以爲妄也。是夕，赴郡宴。夜歸，方酒酣【六】，未得寐，倚胡牀以憩。一女子散髮，在前立，曰：「妾乃解通判女，三娘者也，名蓮奴。本中原人，遭亂入蜀，失身於秦司茶馬李忞户部家【七】，實居此館。李有女嫁郡守馬大夫之子紹京，以妾爲媵，不幸以姿貌見私於馬君。李氏告其父，杖妾至死，氣猶未絶，即命掘大窖，倒下妾屍瘞之，今三十年矣。幸將軍哀我，使得受生。」豐曰：「汝死許久，士大夫日日過此，何不早自直？」曰：「遺骸思葬，未嘗須臾忘。是間有神司守，不許數出。十年前，妾夜哭出訴。地神告曰：『後有趙將軍來此，是汝寃獲伸之時。』日夜望將軍至，故敢以請。」豐曰：「果如是，吾當念之。」女謝去。遣人隨視之，至堂外牆下，没不見。明日，召僧爲誦佛書作薦事【八】，遂行。晚至潼川之東關縣，止縣驛，女子復在前，已束髮爲高髻。豐曰：「吾既爲汝作佛事，何爲相逐？」曰：「將軍之賜，固已大矣。但白骨尚在堂外牆下，非將軍誰爲出之？」豐曰：「吾爲客，又已去彼，豈能爲汝出力，胡不訴于郡守王郎中？」曰：「非不知也，戟門有神明，詎容輒入。然妾之寃，非王郎中不能理，非將軍爲地【九】，何以達於王郎中乎？妾骨不出，則妾不得生。使妾骨獲出

【四】物　涵芬樓本注，明鈔本作「人」。

【五】趾趾　涵芬樓本注，葉本作「跕跕」。

【六】酒酣　涵芬樓本注，葉本作「醉」。

【七】秦司茶馬李忞户部家　涵芬樓本注，「秦司茶馬」葉本作「秦茶馬司」。又「李」南圖本作「季」。

【八】誦佛書作薦事　涵芬樓本注，「書作薦事」葉本作「作經修薦」。

【九】非將軍爲地　涵芬樓本注，葉本「爲」下多一「之」字。

而得生，在將軍一言宛轉【一〇】間耳。」豐又許之，再具其事走介白王守。王乃訪昔時李户部所使從卒，獨有譚詠一人在，委詠訪其骨。詠率十數兵來牆下，發土求之。凡兩日，迷不得所在。詠致一巫母問之，巫自稱聖婆，口作鬼語，呼詠責曰：「汝當時手埋我，豈真忘所在耶？今發土處即是，但尚淺耳。當時【一一】倒下我，蓋以木床。木今尚在，若得木，骨即隨之，頂骨最在下，千萬爲我必取。我不得頂骨，不可生。」詠驚怖伏狀。又明日，果得屍。郡爲徙葬于高原。時紹京爲渠州鄰水尉，未幾就調普州推官，見解氏來説當日事。紹京繼踵亦卒。關壽卿耆孫初赴教官【一二】，適館于此，嘗爲作記。虞并甫爲渠州守，紹京正作尉云。

## 夢藥方

虞并甫【一三】，紹興二十八年，自渠州守被召，至臨安【一四】，憩北郭外接待院。因道中冒暑得疾，泄痢連月。重九日，夢至一處，類神仙居。一人被服如仙官，延之坐。視壁間有韻語藥方一紙，讀之數過其詞曰：「暑毒在脾，濕氣連脚。不泄則痢，不痢則瘧。獨煉雄黄，烝麵【一五】和藥。甘草作湯，服之安樂。别作治療【一六】，醫家大錯。」夢回尚能記，即録之。蓋治暑泄方也。如方服之，遂愈。

【一〇】宛轉　涵芬樓本注，葉本作「轉移」。

【一一】當時　「時」字原闕，據葉本、陸本、南圖本補。

【一二】初赴教官　涵芬樓本注，葉本作「初赴官」。

【一三】虞并甫　宋張杲《醫説》卷三《夢獲神方》作「虞雍公并甫」，似是。

【一四】臨安　同上書同卷及《游宦紀聞》卷一作「行在」，似是，邁，南宋人，不當徑稱「臨安」。

【一五】烝麵　「麵」同上二書同卷作「餅」。

【一六】别作治療　同上二書同卷作「别法治之」。

## 孟蜀宮人

陳甲，字元父，仙井仁壽人。爲成都守李西美璆館客，舍于治事堂東偏之雙竹齋。紹興二十一年四月，西美浣花回得疾。旬日間，甲已寢，聞堂上婦人語笑聲，即起，映門窺觀。有女子十餘，皆韶艾好容色，而衣服結束頗與世俗異，或坐，或立，或步庭中。甲猶疑其爲帥家人，以主人翁病輒出，但怪其多也。頃之，一人曰：「中夜無以爲樂，盍賦詩乎？」即口占曰：「晚雨廉纖梅子黄，晚雲卷雨月侵廊。樹陰把酒不成飲，識著無情更斷腸。」一人應聲答之，曰：「舊時衣服盡雲霞，不到迎仙不是家。今日樓臺渾不識，秖因古木記宣華。」餘人方綴思。甲味其詩語不類人，方悟爲鬼物，忽寂無所見。後以語蜀郡父老，皆云：「王氏有國時，嘗造宣華殿於摩訶池上，名見於《五代史》，孟氏因之。今郡堂乃其故址，賦詩之鬼蓋宮妾云。」西美病遂不起。舊蜀郡日晡不擊鼓，擊之則聞婦人哭聲，數十爲羣者。相傳孟氏嘗用晡時殺宮人，以鼓聲爲節，故鬼聞之輒哭。承宣使孫渥以鈐轄攝帥事，爲文祭之，命擊鼓如儀，哭亦止。後復罷云。甲以貂興三十年登乙科。

## 魚腹佛頭

資州人何慈妻范氏，事佛甚謹。家嘗烹魚，已刳腹，見脂裹一物極堅韌，剖之，乃二佛頭也。其家斵木爲全體以承之，至今供養。慈以宣和甲辰登科，後爲開州守。八事皆虞并甫說，范氏其表姊也。

## 徐國華

建安人徐國華，宣和中，入太學。夢登高樓上，樓懸大金鐘【一七】，有金甲偉人立鐘旁，視徐擊鐘而言，曰：「二十七甲。」再擊云：「官不過員外。」三擊云：「係七科。」徐悟【一八】而言曰：「行必取科甲，官至外郎【一九】，足矣。」因記於牘中，但不能曉七科、二十七甲之説。靖康丙午，胡騎攻城，庠序諸生多被脚氣死【二〇】，徐亦以是疾終。鄉人董縱矩【二一】欲葬之東城墓園，而垣中列兆已無餘地，乃與後死者皆瘞於垣外。董以標揭識其處，正居第二十七行之第七穴。歸唁其父，因出其手書，則夢中神告，無少差者。寧□人邵德升説。

## 清輝亭

廣西昭州，最爲癘毒之地，而山水頗清婉。郡圃有亭名「天繪」，建炎中，郡守李丕以與金國年號同，欲更之。乞名於寓公徐師川，久而未得。有范滋者爲易曰「清輝」。已揭牓，徐謁李，同坐亭上。少焉，策杖於四隅，視積壤中有片石，班班如文字然。命取而滌

【一七】樓懸大金鐘　南圖本同。涵芬樓本注，明鈔本無「樓」字。
【一八】悟　涵芬樓本注，葉本作「寤」。
【一九】官至外郎　涵芬樓本注，「外郎」葉本作「員外郎」。
【二〇】多被脚氣死　涵芬樓本注，「被」葉本、陸本、南圖本作「病」。
【二一】董縱矩　涵芬樓本注，「縱」葉本作「從」。

之，乃丘濬所作記。其略云：「予擇勝，得此亭，名曰『天繪』，取其景物自然也。後某年月日，當有俗子易名『清輝』者，可爲一笑。」考范生初命名之日，不少差。

## 巴蕉精

興化人陳忱，崇寧中，以上書得罪，送德安府學自訟齋，與那士劉、李二生同榻。李在內，陳居中，劉最處外。一夕，劉覺體畔甚熱，見一物如茜被包裹臥其旁，大懼。明夜，先二人未寢，徑趨牀內，與李易位。李所睹亦然，皆不敢言。至夜，爭據便處，陳曰：「豈有所畏邪？我請當之。」既寢，聞户外歎息聲，若欲入而不敢者。他夕，陳先就枕，劉奏廁方來，不得已，復居外，見如前時，始以實告陳。陳奮然以身當之，復聞有聲，即大呼而出，其物跟蹡越窗外，至巴蕉叢而滅。明日，盡伐去蕉，又穿地丈餘，無所得。自是怪遂絶。咸疑爲巴蕉精云。黄子淳彦質説。黄，德安人也。

## 姚仲四鬼

姚仲始爲吴玠軍大將，嘗與敵人戰，小衄。吴欲誅之，仲曰：「以裨將四人引軍先退，故敗。」吴召四將斬之，而釋仲。後數歲，仲領兵宿山驛，見四無首人，皆長二尺許，揖於庭，曰：「我輩敗事當死，然公不言則可全。今皆死，故來索命。」仲曰：「向者奔北，我自應以軍法行誅。既屈意相貸，而少師見責。我若不自明，則代汝曹死矣。」四人曰：「當時之退，但擇一人先遁者，足以塞責，何至是！」仲無以對，四鬼漸喧勃欲上。忽有白鬚老人出於地，亦長二尺餘，詰之曰：「汝等敗軍，伏法乃其分，安得復訴！」叱去之，應聲而没，老人亦不見。人以是知仲之必貴。又十年，以節度使都統興元軍。路彬質夫説。

## 陳茂林夢

福州長樂士人陳茂林，夢至大殿下，與數十人班謁，笏記云：「官職初臨，朝儀未熟。」既寤，謂必登第，爲龍首謁至尊也，遂更名夢兆。紹興十七年，爲解頭，赴鹿鳴燕，與同薦送者，謁大成殿。舊例以年齒最高者爲首，陳不可，曰：「吾爲舉首，應率先多士。」衆莫與之爭。既焚香，當再拜，禮畢，陳誤下三拜。有聞其夢者，笑曰：「此所謂官職初臨，朝儀未熟也。」陳亦惘然，疑爲已應夢，果不第。林之奇少穎説。

## 張德昭

建陽人張德昭，老於進士，以特恩補官。得傷寒疾，爲黄衣人持符逮去。至幽府，抗聲廷下，曰：「追到建州張德昭。」主者怒曰：「命爾追某州孔昭德，今誤，何也？」付吏治其罪。命張還，張懇曰：「業儒白首矣，僅得一官。今日獲至此，欲一知壽禄幾何，幸哀許之。」主者曰：「天機理不容泄，壽數難言也。」又拜，乞官禄所至。則沉思移時，如閲籍者，曰：「位至作邑。」張遂出。逢一婢于途，問所以來，曰：「到此已數日，家中並無恙。」乃前行，抵深谷邊，足跌而寤。問其家，始知此婢相繼死，纔一日耳。張益愈，訪劉彦沖子翬於崇安山中，以事告曰：「老矣！詎復榮望。今下攝承簿尉，果若所言，得宰一邑，猶須十年間，□自喜也。」是歲，調補汀之清流尉。至官踰歲，會縣令罷去，暫攝其治，遂亡。距入冥時，僅三年。劉共甫説。

## 峽山松

廣州清遠縣之東峽山寺，山川盤紆，林木茂盛，有古飛來殿，殿西南十步許，大松傍崖而生，婆娑偃蓋。大觀元年十月，南昌人皇城使錢師愈，罷廣府兵官，北還。檥舟寺下，從者斧松根，取脂照夜。明年，殿直錢吉老自廣如連州，過寺，夢一叟鬢須皤然，面有愁色，曰：「吾居此三百年，不幸值公之宗人，不能戢從者，至斧吾膝，以代燭，使我至今血流。公能爲白方丈老師，出毫髮力補治，庶幾盲風發作，無動摇之患，得終天年，爲賜大矣。」吉老問其姓氏及所居，曰：「吾非圓首方足，乃植物中含靈性者。飛來之西南，即所處也。幸無忘！」吉老覺，疑其松也。以神異彰灼，須寺啟關，將入告。時曉鐘未鳴，復甘寢至明，則舟人解綷已數里，悵然不能忘。過浛光，以語令建安彭録。政和二年，録解官如廣府。過寺，即以吉老言訪之，果見巨松，去根盈尺，皮膚傷剥，膏液流注不止，蓋七年矣。乃白主僧和土以補之，圍大竹護其外。曲江人胡愈作《松夢記》，述其事。予嘗往來是寺，松至今猶存。

# 夷堅甲志卷第十八 十六事

## 楊靖償寃

臨安人楊靖者，始以衙校部花石至京師，得事童貫，積官武功大夫，爲州都監。將滿秩，造螺鈿火鐀三合，窮極精巧，買士人陳六舟，令其子十一郎賫入京，以一供禁中，一獻老蔡，一與貫，以營再任【一】。子但以一進御，而貨其二於相國寺，得錢數百千，爲游冶費，愆期不歸。靖望之久，乃解官北上，遇諸宿、泗間。子畏父責己，乃曰：「所獻物皆爲陳六所賣，兒幾不得免【二】。」靖信之，至京呼陳六詰問，陳答語不遜，靖杖之。方三下，陳呼萬歲，得釋。還至舟，謂其妻曰：「楊大夫不能訓厥子，翻以其言罪我，我不能堪。」遂赴汴水死。靖得州鈐轄以歸，都轉運使王復領應奉局，辟靖兼幹官，常留使院中，時宣和七年也。是歲四月某日，靖在簽廳，有綱船挽卒醉相毆，破鼻出血，突入漕臺。紛紛間【三】，靖矍然如有所覩，急趨入屏後，遂仆地。舁歸家，即臥病，語言無緒【四】，不食。時臨平鎮有僧能以穢迹法治鬼，與靖善，遣招之。至則見鬼，曰：「我稍工【五】陳六也。頃年以非罪，爲楊大夫所殺，赴愬于東嶽。嶽帝命自持牒追逮，經年不得近，復還白。帝怒，立遣再來，

### 校勘記

【一】再任　涵芬樓本注，葉本作「轉任」。

【二】免　涵芬樓本注，葉本作「歸」。

【三】紛紛間　涵芬樓本注，葉本作「紛喧間」。

【四】語言無緒　涵芬樓本注，「無緒」葉本作「譫妄」。

【五】稍工　中華本「稍」作「梢」，是。

云：『楊靖不至，汝無庸歸。』今又歲餘矣，公門多神明，久見壅遏。前日數人被血入，土地輩皆驚避，乘間而進，乃得至此。」僧諭之曰：「汝他生與是人有冤，今世故殺汝。汝又復取償，翻覆無窮，何時可已？吾令楊氏飯萬僧，營大水陸齋薦謝汝，汝捨之，何如？」鬼拜而對，曰：「疇昔之來，苟聞和尚此語，欣然去矣。今已貽怒主者，懼□反命【六】，則冥冥之中，長無脱期，非得楊公不可也。」僧無策可出，視靖項下有鎖，曰：「事已爾，姑爲啟鑰，使之飽食，且理家事，可乎？」許諾【七】。前拔鎖，靖即起，如平常。然與僧纔異處，則復昏困，數日死。富陽人吴興舉舊爲吾家僕【八】，親見靖病及其死云。

## 楊公全夢父

楊公全朴，資州人。其父以政和癸巳卒，未葬。明年春，夢父歸家。公全問：「何年當得貢？」曰：「有冥司主簿，正掌文籍，乃吾故舊。嘗取簿閲之，汝三舍中無名，至科舉始可了耳。」又云：「汝知朝廷已行五禮否？」對曰：「不知。」又雜詢家事甚悉，語畢，其去如飛。是年八月，始頒五禮新儀，士人父母未葬者，不許入學。公全悟父言，是冬襄事。至丁酉歲，升貢。謂夢不驗，既而無所成。宣和辛丑，罷舍法，復行科舉，乃以甲辰登科。

【六】懼□反命　「□」涵芬樓本注，葉本作「不」。

【七】許諾　涵芬樓本注，葉本作「鬼許諾」。

【八】吾家僕　涵芬樓本注，「吾家」葉本作「楊」。

## 赤土洞

資州城外三十里赤土培之側，有洞穴，相傳深不可測。普州人粱子英煮榮州鹽井，數經從洞口。嘗率同輩數人，具三日糗糧，持樺炬入焉。始入，路絶暗，皆狐糞，蝙蝠縱横過。百餘步，地淨如掃，石上鍾乳下垂，如珠纓狀。度半日許，聞水碓聲出于上，蓋嘉陵江也。懼而亟出，終不能窮其源云。

## 席帽覆首

王龍光，字天寵，資州人。入京赴上舍試，過劍州梓潼縣七曲山，謁英顯武烈王廟【九】。夢一人持牓，正面無姓名，紙背乃有之。又有持席帽，蒙其首者。覺而喜，謂士人登第則戴席帽。是歲，免省不逮，但補升内舍。次舉當政和八年，方登科。已悟紙背之説。時方禁以龍、天、君、玉、王、主等爲名字，唱第之日，面賜名寵光，頭上加帽，蓋謂是云。

## 林孝雍夢

林孝雍，字天和，明州人。政和七年貢，入辟廱學，將試上舍。林少時嘗預薦書，應免解。或勸其先以免舉試，如不利，則留今貢，以待來年。林不聽。同舍生楊公全扣其故，

【九】英顯武烈王廟　原注：俗呼爲張相公廟。

林曰：「吾年甫二十，蒙鄉舉，夢對策大廷，坐于西南隅。將出，有小黄門從吾求硯，心頗自負，以爲必擢第。訊諸筮人，筮人曰：『君年四十八乃得官，今未也。』吾意殊不平，訖黜於春官。自是連蹇，幾三十年。今春秋四十七矣，當可覬倖，不爲再戰地也。」是歲，果中選。廷試出，又告公全曰：「試日正坐西南隅，小黄門乞硯，皆如夢中所覩。三十年前夢，與卜者所言，無毫釐差。」

## 宋應辰

宣和六年，諸道進士赴省試者，幾萬人。以六侍從典貢舉，其下參詳、點檢官又六十員。有旨令過試院外户，則親書姓名，以防僞入者。既合籍，凡六十一人。主司疑之，悉招考官會坐，一一數之。又審于監門曰：「每一人至，必下馬自書，何容有兩名理？」及取歷閲視，果多其一，曰：「宋應辰。」驗諸銓曹，云中外無有此姓名，始知神物所爲。於是主司徧諭羣公，曰：「宋者，國號，而名爲應辰，必造化之中主張是者。考校之際，不可不謹也。」是歲，登第者八百五人，爲一代最盛之舉。楊公全居前列，聞之於知舉官王唐翁綯云。

## 資州鶴

資中衙校何氏，有弟好弋射。日持弩挾彈往山中，目之所見，無得免者。嘗蔭大木下，望其顛，紅鶴巢甚大，數雛啾啾然。已而，其母歸，方憩枝上，銜食向巢立。何生彍弩射之，中其腹。勢且墜，猶忍死引頸吐哺，飼其子，乃墜地。何雖無賴，亦爲之惻然，即折棄弓矢，不復射。六事皆楊公全説。

## 乘氏疑獄

興仁府乘氏縣豪家傅氏子，歲販羅綺於棣州。因與一倡狎，累年矣。嫗獨不樂，禁止之。倡忿怨，自絞死，傅子不知也。一旦，遇之於乘氏，曰：「我爲養母所虐，不可活。訟于官，得爲良人，脱身來相就。君能納我乎？」傅子喜，慮妻妬不容，爲築室于外。明年復往棣州，詢舊游息耗，聞其死，甚駭。然牽於愛，溺於色，迷不省。口語籍籍，妻始得知之，懼其夫以鬼死也。傅有弟，頗壯勇，與嫂謀，刻日欲殺之。先具酒殽，使夜飲，而伺於外。傅坐室中東偏，婦人居西，坐已定，弟挾刃徑趨西邊，且至，手誤觸燈滅，暗中剸刃而出。暨燭至，則傅子流血洞腋死矣，婦人無所見。縣捕兩人下獄，劾以殺夫及兄，且鞫姦狀，期年不得情。任信孺古與諸傅往來，親見其事。府以爲疑獄，上諸朝，時宣和七年矣。會京師多故，不暇報，竟不知爲如何也。任信孺説。

## 邵昱水厄

邵昱，徐州沛人，從其婦翁任信孺居衢州。紹興丁卯，張巨山舍人嵲爲郡。端午日競渡，舟舫甚盛，郡人爭往浮石寺前浮橋上觀。昱先與數友入寺，既而獨還，行至橋半道，鐵纜中斷，船皆漂流，橋板片片分拆，在前者數百人盡溺。昱已墜水，覺有物承其足，故項以上不沉。眼界恍惚，見同溺人乍出乍没，其形已變，或蟹首人身，或人首魚身，或如江豚、龜鱉狀。橋柱下數大神，皆長可三丈，執鉞立。又兩大神從雲端下，其一亦蟹首，一如鬼。神空中語曰：「三百人逐一點過。」顧昱曰：「汝是姓邵人，不合死。」掖而擲之破船上，僅得達岸。既歸，不敢語人。明年，同任公如明州，過餘姚之象亭待潮。乃東登亭上，觀題壁，有從後呼者曰：「君不易，過得去年水厄，非素積陰德，何以致此？」昱回顧，乃一道人，甚頎偉，著白苧杉，色漆黑。昱曰：「先生豈非同脱此厄乎？何以知我？」其人不答，乃曰：「歲在癸酉，君當有重災，宜百事謹畏。或再相見，可免也。」昱識其異人，即下拜。纔起，道人已在平地，其行如飛，長髯縹縹，下拂腰股間，遂不見。昱常懼不得免，兢兢自持。至癸酉歲，夢數卒荷轎至，邀入府，如張巨山平生時。行約十數里，天氣陰陰如欲雪。至一大城，有市井，遂舁之入。昱覺非衢州，又憶巨山已謝世，自意其死，甚慘沮。行至廷下，殿上垂簾，聞二人相對語。追者與俱至廊下，一吏持簿書入白，聞主者責怒曰：「何得妄追人！」一人曰：「韓君已得旨了。」吏復下，捧杯水欲噀昱面，傍人止之，曰：「不可如是。」將出手不得，吏無計，遂遣追者送昱回。輴行至深岸，前者足跌，驚寤，已雞唱矣。道人不復再見，昱亦無他。後九年，昱以任公守宣州差捧表賀登極補官，改名侃。予親扣，其詳如此。

## 李舒長僕

福州寧德人李舒長，字季長。政和初，偕鄉里五人補試京師。共雇一僕曰陳四，僕愿而朴，多遲鈍不及事。四人者日日訶責，惟李不然，且時與酒錢慰恤之。既至京，四人皆中春選，李獨遭黜，及秋，始入學，而僕謝去。又二年，李謁告，至保康門内，聞有再呼李十一祕校者，回顧，則陳四也，邀李詣食肆。食畢，李亟欲去，陳問故，李曰：「比日窘索，謀鬻少物耳。」陳遺以銀一笏，曰：「姑用之，不必外求也。」越數日，又遇於馬行市中，邀飲于莊樓，告李曰：「觀郎之分，不應登第。若學道，當有所得。」李曰：「我不遠數千里游學，須得一官歸，爲父母榮，何謂學道？且汝僕隸也，何從知之？」陳曰：「自前歲别後，隨一道人給薪水。道人攜我入崆峒山，授以要法。且使我物色求人，我告以公平生所爲，頗有意。今能同一往否？」因口授養生旨訣，皆簡易徑妙。然李卒不肯從。復出銀一笏與之，遂去，絶不再覯。李自是亦無意於世。以表兄余承相深恩補官，隱居不仕。嘗游縣之支提山，謁天冠千佛。行深山中，奏溷無水盥手，方折草挼莎，一人在傍，持銅槃盛水以奉之，又執布巾以進。見其手青色，面亦然，不覺顧之笑。青面者亦笑，已而，隱不見，蓋山靈所爲也。

## 余待制

福州余丞相，貴盛時家藏金多，率以銀百鋌爲一窖，以土堅覆之，塼蒙其上。余公死，其子待制日章，將買田，發其一窖，塼甓甃閉，了無少動，而白金烏有矣。郡有巫，居進酒嶺，能通神，往扣焉。巫曰：「公銀本不失，但以徙土地祠宇，貽神之怒，故藏去耳。若能具牲酒謝過，且設醮作水陸，當可得。然須吾先往講解之，許施銀爲香爐，及幣帛之屬。後三日，宜復來詢可否也。」余氏如期往，巫曰：「神許我矣，可歸取之。然勿負約也。」既歸，復掘地，則所窖宛然具在。始大歎息，即日賽神，如巫言云。李季長目覩。

## 天津丐者

王櫰者，邵武人。赴調京師，過天津橋，遇丐者爲人毆擊甚苦。王問之，曰：「負錢五百，久不償我。」王惻然，爲以囊中錢代償而去。他日，復至橋上，丐者探懷，取一餅餉之。王惡其衣服垢膩，鼻涕垂頤，謝不取。他日又見，拉王訪其家，家乃委巷窮閻，敗席障門。亦具酒果爲禮，王復不食。既得官南還，行汴堤上，大風雨作，跬步不可前。望道間小旗亭，亟下車少駐。主人出迎，審其貌，則向丐者也。相見良悦，酌杯酒以進，王念曩日穢污，終不肯飲。其人曰：「天氣苦寒，非酒無以禦，公强爲我釂此。」再三持勸，訖不濡吻。其人殊怏怏，乃包果實數種爲贈，曰：「姑以是别。」王不忍重違，勉受之。上車數步，欲授其僕，覺甚重，啟視之，桃李石榴，皆黄金也。方悟爲異人，大痛恨，以手擣雙目而哭。丐者又至，曰：「此自官人無仙骨耳。去此二十年，當再訪，公勿恨也。」指顧間，酒家與人皆不見。後二十年，以餌丹砂，疽發背死。三事皆朱漢章説。王嘗爲會稽倅，親以事語朱公。

## 趙良臣

趙良臣者，縉雲人。紹興十五年，與同志肄業于巾子山之僧舍，去城十五里。薄晚還郡中，道間遇婦人，青衣而紅裳，哭甚哀。問其故，曰：「不容於後母，日夕箠楚，不能堪，求死未忍，故哭。」趙曰：「若是，可與我歸乎？」婦人收淚許諾。即相隨至家，謂其妻曰：「適過田間，見一女無所歸，偶與偕來。吾家正乏使，可以婢妾畜也。」妻亦柔順，無妬志，使呼以入。趙氏素貧，室惟一榻，乃三人共寢。明日，復同盤以食。趙妻謂之曰：「我夜捫汝體，殊冷峭，何也？」婦人不答，而意象慚恚，捨匕箸徑出。趙責妻言之失，起自呼之。妻停食過晝，開户而視，不見其夫矣。乃告鄰里，相與求索。三日，始得之於門外溪傍。半體在水中，半處沙際，已死。同舍生共以其尸歸，竟不曉何怪。或以爲魚蛟之精云。朱熙載舜咨説。

## 貢院小胥

紹興二十四年正月，沈太虛虛中以吏部郎中爲省試參詳官。丁夜如廁，既還，書吏篝火先行，至直舍，忽驚仆地，燈即滅。沈大恐，疾聲叫呼。院中人皆已寢，悉起相視，則守舍小胥已縊于梁間，足去地五六尺，蓋非人力可至。有儀鸞老兵曰：「此鬼所爲也，幸無遽。」取數卓疊起，徐徐解縛，抉其口，以湯灌之，久而能言，曰：「郎中讀程文，夜過半，某與書吏假寐。有自外入，青巾布袍，如道人狀者。語某曰：『何爲在此？』以首門兩旁而去【一〇】。已而此吏從即中出户，某獨坐，其人復來，曰：『外間大有好處，無用兀坐也。』攜手偕行，見門外燈燭晶熒，車馬雜沓，與闤市不異。試探首隙中窺之，但覺門漸窄，眼漸暗，遂冥無所知耳。」明日，默默如癡，沈遣出，經月始復常。劉共甫親見。

## 東庭道士

泉州士人陳方石，與知東庭觀道士善。陳嘗檢校村墅，夢至官府，見廷下閱囚訴。有吏大聲曰：「追到泉州道士某。」視之，乃東庭黄冠也。又一吏從旁授以文牘一卷，使讀之。陳不曉其語，獨聞一事云，「某年月日，取常住穀若干斛釀酒」。頃之，讀徹。吏問

【一〇】以首門兩旁而去　涵芬樓本注，嚴校：「門」内筆畫不明。南圖本闕字。

曰：「是乎？」道士辭服。就取所讀文書包裹之，自頂至踵皆徧，推仆地，一再展轉，化爲大水牛。陳鶩痁，遽訪道士，正以是夕死。陳字季野，□進裔孫也【一一】。

## 黄氏少子

黄汝能，徽州黟人。紹興十七年，爲臨安北廂官。少子年十七矣，生平不能詩。忽如有物憑依，作詩十數篇，飄飄然有神仙之志，多喜道巫山神女事。汝能羣從中，嘗有一少年子，亦如是以死。心以爲慮，密諭之曰：「汝得非於居民家有染著，致妄思若此乎？吾官於斯，苟有一事，則累我矣。」子謝曰：「無之。」它日，與父母對食，徑往籬畔，引首凝睇若望焉而未至者。母追之還，堅扣其故，答曰：「適有所念耳，無它也。」自是神觀如癡，日甚一日。汝能欲令其甥挈以還鄉，而甥待試成均，未遽去，乃閉之一室，戒數僕晝夜環視之。連夕稍怠，守者微假寐，已失其處。則跪膝于窗下，以衣帶自絞死矣。程泰之説。

【一一】陳字季野□進裔孫也　涵芬樓本注，嚴校：「野」下一字模糊。南圖本無此字。

# 夷堅甲志卷第十九 十四事

## 僧寺畫像

平江士人徐賡習業僧寺，見室中殯宫有婦人畫像垂其上，悦之。纔反室，即夢婦人來與合。自是夜以爲常，未幾遂死。家人有嘗聞其事者，至寺中蹤跡得之，其像以竹爲軸，剖之，精滿其中。魏志幾道説。

## 恩穲所穲院

王師道字深之，綿州人。紹興二十八年，挈妻子自蜀赴調行在。明年正月晦，夢有人類三省大程官狀【一】來，曰：「公有新命。」出黄敕示之，乃除管某院云云。王不暇細視，曰：「我已通判資序，今且作郡守，何乃反充監當邪？」其人曰：「此官不易得，又上帝勑，豈可拒也？迎官且至，治所不遠，可即往視事。」少頃，從者皆至。亟升車行，纔一二里，到大曹局，門户洞開，視題額五字，曰「恩穲所穲院」。吏曰：「所轄天下物命也。」其中皆禽鳥，種類不可名狀，而雀最多。周覽未竟而寤，以告家人，誓不復殺生。自恐不能

校勘記

【一】大程官狀　涵芬樓本注，嚴校：「程」字疑誤。李按：南圖本亦有「程」字。

永，頗料理後事，戒其子偏謁鄉人之在朝者。夢後半月，除知達州。又十許日，出謁歸，得疾轎中，至舟而卒，時三月四日也。

## 玉帶夢

張子韶侍郎謫居大庾，得目疾。後爲永嘉守，中風，手足不能舉，目遂内翳。丐祠禄，還鹽官舊隱。紹興二十九年三月望，夜夢青衣人引至大寺，門金書牌八字。但記其二，曰：「開、福。」一僧如禪刹知客，見張甚喜，延入坐。張問主僧爲誰，曰：「沈元用給事也。」張曰：「吾與沈先生久不相見，亟欲謁之。」命取公服，隨語即至。見沈再拜，沈答其半禮，勞苦如平生。且曰：「尊公在此。」命青衣導往方丈東小堂。其父母方對坐長嘯，張趨拜號泣，旁人叱曰：「此不是哭處。」復至法堂前，問曰：「何故無佛殿？」青衣曰：「此以十方法界爲佛殿。」張曰：「吾病廢，又失明，未知他日有眼可見佛，有口可誦經否？」曰：「侍郎何嘗不見佛，何嘗不誦經？」又行及門側，有小池清泠，外設欄楯，青衣曰：「八功德水也。」酌一杯飲之，涼徹肌骨。西廡一室極潔，中掛畫像，視之乃張寫真。大駭曰：「何以得此？」青衣曰：「異日當主此地。然待公見玉帶了即來。」遂寤。遽召門人郎曄，使書其事。皆謂玉帶爲吉證，若疾愈，且大拜。至六月二日，兩疾頓除。即日出謁先墓，繼往所親家燕集，如是五日。偶與諸生讀江少虞所集《事實類苑》，至章聖東封，丁晉公取玉帶事，怒曰：「丁謂真姦邪！ 雖人主物，亦以術取。」因不懌，廢卷而入。 疾復作，不能言，翼日卒。 人始悟玉帶之夢。 張壽六十八云。 竇思永說，時爲鹽官簿。

## 毛烈陰獄

瀘州合江縣趙市村民毛烈，以不義起富。他人有善田宅，輒百計謀之，必得乃已。昌州人陳祈與烈善。 祈有弟三人，皆少，慮弟壯而析其産也，則悉舉田質于烈，累錢數千緡。其母死，但以見田分爲四。 於是載錢詣毛氏，贖所質。 烈受錢，有乾没心，約以他日取券，祈曰：「得一紙書爲證，足矣。」烈曰：「君與我待是耶？」祈信之。 後數日往，則烈避不出。 祈訟于縣，縣吏受烈賄，曰：「官用文書耳【二】。 安得交易錢數千緡而無券者？ 吾且言之令。」令決獄【三】，果如吏旨。 祈以誣罔受杖，訴于州、于轉運使，皆不得直。 乃具牲酒詛于社，夢與神遇，告之曰：「此非吾所能辦。 盍往禱東獄行宮？ 當如汝請【四】。」既至殿上，於幡帷蔽映之中，屑然若有言曰：「夜間來。」祈急趨出。 迨夜，復入拜謁，置狀于几上。 又聞有語曰：「出去。」遂退。 時紹興四年四月二十日也。 如是三日。 烈在門內，黃衣人直入，捽其胸毆之，奔迸得脫，至家死。 又三日，牙儈一僧死，一奴爲左者亦死，最後祈亦死。 少焉，復蘇，謂家人曰：「吾往對毛張大事【五】，善守我七日至十日，勿斂也。」祈入陰府，追者引烈及僧參對，烈猶以無償錢券爲解。 獄吏指其心，曰：「所憑唯

【二】官用文書耳　涵芬樓本注，「用文書耳」葉本作「要文券驗」。

【三】決獄　涵芬樓本注，葉本作「審讞」。

【四】當如汝請　涵芬樓本注，葉本作「當得理」，明鈔本「決當如請」。

【五】毛張大事　原注：即烈也。

此耳，安用券？」取業鏡照之，覩烈夫婦並坐受祈錢狀，曰：「信矣【六】。」引入大庭下，兵衛甚盛，其上衮冕人怒叱吏械烈，烈懼，乃首服。主者又曰：「縣令聽決不直，已黜官。若干吏受賕者，盡火其居，仍削壽之半。」烈遂赴獄，且行泣【七】，謂祈曰：「吾還無日，爲語吾妻，多作佛果救我。君元券在某櫝中。又吾平生以詐得人田，凡十有三契，皆在室中錢積下，幸呼十三家人，併償之，以減罪。」主者又命引僧前，僧曰：「但見初質田時事，他不預知也。」與祈俱得釋。既出，經聚落屋室，大抵皆囹圄，送者指曰：「此治【八】殺降者、不孝者、巫祝淫祠【九】者、逋誑佛事【一〇】者，其類甚衆。」自周秦以來，貴賤華夷悉治，不擇【一一】也。」又謂祈曰：「子來七日矣，可急歸。」遂抵其家【一二】而寤。遣子視縣吏，則其廬焚矣。視其僧，荼毗已三日。往毛氏述其事，其子如父言，取券還之。是夕，僧來擊毛氏門，駡曰：「我坐汝父之故被逮，得還，而身已焚。將何以處我？」毛氏曰：「業已至此，惟有□爲作佛事耳。」僧曰：「我未合死，鬼録所不受，又不可爲人，雖得冥福，無用也。俟此世數盡，方別受生。今只守爾門，不可去矣。」自是，每夕必至。久之，其聲漸遠，曰：「以爾作福，我稍退舍，然終無生理也。」後數年，毛氏衰替始已。杜起莘說，時劉夷叔居濾，爲作傳。

【六】信矣　涵芬樓本注，「信乎」。

【七】且行泣　涵芬樓本注，葉本作「行且泣」。

【八】治　涵芬樓本注，葉本作「乃」。

【九】淫祠　涵芬樓本注，葉本作「淫穢」。

【一〇】逋誑佛事　涵芬樓本注，葉本作「誑瀆佛道」。

【一一】擇　涵芬樓本注，葉本作「釋」。

【一二】遂抵其家　涵芬樓本注，葉本無「其」字。

## 邢氏補頤

晏肅，字安恭，娶河南邢氏，居京師。邢生疽於頤，久之頤頷連下齶及齒，脱落如截。自料即死，訪諸外醫，醫曰：「此易耳。與我錢百千，當可治。」問其方，曰：「得一生人頤，與此等者，合之則可。」晏氏懼謝，去之。兒女婢僕輩相與密貨醫，使試其術。是夜，以帛包一物至，視之，乃婦人頤一具，肉色闊狹長短，勘之不少差。以藥綴而封之，但令灌粥飲，半月發封，瘡已愈。後避亂寓會稽，唐信道與之姻家，嘗往拜之。邢氏口角間有赤縷如線，隱隱連頤。凡二十餘年乃亡。

## 誤入陰府

李成季昭玘少時得熱疾，數日不汗，煩躁不可耐。自念若脱枕席，庶入清凉之境，便覺騰上帳頂。又念此未爲快，若出門，當更軒暢，即隨想躍出。信步游行，歷曠野，意殊自適。俄抵一大城郭，廛市邑屋，如人間州郡。李容與街中，有舊識販繒媪，死已久矣，遇李驚曰：「何爲至此？此陰府也。」李懼，求救。媪曰：「我無能爲也。幸常販繒，出入右判官家，試爲扣之。」乃相隨至其門，止李于外，曰：「勿妄動。捨此一步，則真死矣。」媪入移時，喜而出，曰：「事濟矣。但當更與左判官議，乃可。」俄聞索馬之聲，暨出，乃緑衣少年。媪呼李尾其後，至所謂左判官之舍。緋衣人出迎，緑衣曰：「適有陽間人游魂至此，須遣人送還。」緋衣曰：「誰令渠自來？既至矣，又非此間追呼，何必遣。」李側耳傾聽，益恐。緑衣曰：「試爲檢籍，恐或有官禄。」再三言之。緋衣始持不可，不得已，命吏取籍至，吏讀曰：「李昭玘位至起居舍人。」緑衣咤曰：「如何，如何？渠合有許大官職，擅留之得否？」緋衣頗慙，乃相與作符，共押之，用印畢，授一小鬼，使送李。李重謝媪，始行。有問者，即示以符。小鬼瘡瘍滿頭，膿血腥穢，歌呼不絶聲，每數十步，輒稱足痛而坐，哀祈之，乃行。前至曠野，曰：「我只當至此，還汝符。」擲之於地。李俯欲拾，蹶而寤【一三】。蓋昏然瞑臥經日矣。自是李氏春秋設媪位祠之，果終於右史。

## 穢跡金剛

漳泉間人好持穢跡金剛法治病禳禬，神降則憑童子以言。紹興二十二年，僧若沖住泉之西山廣福院。中夜有僧求見，沖訝其非時。僧曰：「某貧甚，衣鉢纔有銀數兩，爲人盜去。適請一道者行法，神曰：『須長老來，乃言。』幸和尚暫往。」沖與偕，造其室，乃一村童按劍立倚上，見沖即揖曰：「和尚且坐，深夜不合相屈。」沖曰：「不知尊神降臨，失於焚香。所問【一四】欲見若沖何也？」曰：「吾天之貴神，以寺中失物，須主人證明。此甚易知，但恐興爭訟，違吾本心。若果不告官，當爲尋索。」沖再三謝曰：「謹奉戒。」神

【一三】寤　涵芬樓本注，明鈔本作「蘇」。

【一四】所問　涵芬樓本注，陸本作「敢問」。

曰：「吾作法矣。」即仗劍出，或躍或行，忽投身入大井，良久躍出，徑趨寺門外，牛糞積邊，周匝跳擲，以劍三築之，瞥然仆地。踰時，童醒，問之莫知。乃發糞下，見一塼臬兀不平。舉之，銀在其下，蓋竊者所匿云。

## 飛天夜叉

趙清憲丞相挺之夫人郭氏之姪郭大，以盛夏往青社外邑。乘月以行，中路馬驚，鞭策不肯進。左顧瓜田中，一物高丈餘，形如蝙蝠，頭如驢，兩翅如席，一爪踞地，一爪握瓜食之，目光爛然。郭喪膽，回馬疾馳，數十步間，反顧猶未去。他日，入神祠，見壁畫飛天夜叉，蓋其物也。

## 晦日月光

趙清憲賜第，在京師府司巷。長女適史氏，以暑月不寐，啓户納涼。見月滿中庭如晝，方歎曰：「大好月色。」俄廷【一五】下漸暗，月痕稍稍縮小，斯須光滅，仰視星斗粲然。而是夕乃晦日，竟不曉爲何物光也。四事皆王秬嘉叟説。

【一五】廷　涵芬樓本注，葉本作「庭」。

# 沈持要登科

沈持要樞，湖州安吉人。紹興十四年，婦兄范彦煇監登聞鼓院，邀赴國子監秋試。既至，則有旨，唯同族親乃得試，異姓無預也。范氏親戚有欲借助於沈者，欲令冒臨安户籍爲流寓，當召保官，其費二萬五千，沈不可。范氏挽留之，爲共出錢以集事。約已定，沈殊不樂。而湖州當以八月十五日引試，時相去纔二日耳。雖欲還，亦無及。是日晚，忽見室中長人數十，皆如神祇，叱之曰：「此非爾所居，宜速去。不然，將殺汝。」沈驚怖得疾，急遣僕者買舟歸。行至河濱，見小舟呼，舟人平章之曰：「我安吉人，販米至此。官方需船，不敢歸。若得一官人，當不取其僦直。然所欲載何人也？」曰：「沈秀才。」復詢其居，曰：「吾鄰也。雖病，不可不載。」即率舟中人共舁以登。薄暮出門，疾已脱然如失。十六日早，抵吴興城下。見白袍紛紛往來，問之，云：「昨日已入舉場，而試卷遇暴雨多沾漬，須易之，移十七日矣。」沈遂得趁試。所親者來賀，曰：「徙日之事，特爲君設耳。」試罷，且揭牓，夢大雷震而覺，出庭中視之，月星粲然，心以爲惑，欲決之蓍龜。遲明，有占軌革者過門，筮之，得震卦。畫一婦人，病卧牀上，一人趨而前，旁書「奔」字，其詞有龍化之語。占者曰：「公占文書甚吉，但家内當有陰人病，然無傷也。」卜者出，報榜人已至，姓名曰賁勝【一六】。沈中魁選，及還家妻果卧疾。明年赴省，以范爲考官，避入别院。一

【一六】賁勝　涵芬樓本注，賁：音「奔」。

之日，試經義，且出，有廂部邏者守之不去。時挾書假手之禁甚嚴，沈頗訝其相物色，曰：「何爲者？」曰：「見君篋中一二燭甚佳，非湖州者邪？若無用，幸見與。」沈悉以與之。次日試詩賦，其人又來，曰：「適詣謄録所，見主司抄一試卷至于五六，絶類君所書。必高捷。今夕勿遽畢，吾已設一次于户外矣。」沈意其欲得燭，又以贈之。受而還其一，曰：「請君留此以自照。三年一來，不可不致詳也。」晚出中門，引手招就坐，設一几，四顧無人，沈欲納卷出，挽使再讀。至家藏孝經詩，乃覺誤押兩方字，亟更焉。明日入訪之，了不復見。始驗神人以其誤，委曲爲地也。是年，遂擢第。蓋旅中所見鄰人挐舟、雨污試卷、軌革之卜、邏者之言，皆有默相之者。異哉！

## 楊道人

温叔皮革之女，嫁秀州陳氏子，既而仳離，居家學道。有楊道人者，亦士大夫家女子，與之同處。紹興二十四年，温赴漳州守，過泉南，館于漕使行宇。女與楊及二婢在西房，夜半，忽大呼捕賊。温杖劍往，見楊之婢高舉手向梁間，初無絆縛，而牢不可脱。其旁青衣童，年可十四五，腰下佩一物，類藥笈。温叱之曰：「汝何人？敢中夜至此。」曰：「我京師人也。楊道人欠我藥錢百萬，今來取之。」「關君何事？」又連呼數聲。正爭辯間，倏已滅。温遣招天慶觀道士鄭法詢治之，及至，婢縛既釋，無所施其術。時楊氏年未三十，江南所生，所謂京師藥錢之語，或以爲宿世事云。

## 陳王猷子婦

潮州人陳王猷，爲梅州守。子婦死焉，葬之于郡北山之上。其魂每夕歸，與夫共寢。夫懼，宿于母榻。婦復來，即之，不可卻。雖家人相見，無所避。一子數歲矣，韶秀可愛，每欲取以去，舉家爭而奪之。婦出入自若，陳氏甚懼。乃召道士醮設，及禱于神，皆不能遣，時紹興庚午三月也。又三月，陳守卒于郡。

## 郝氏魅

郝光嗣爲廣州録事參軍，有魅撓其家，房闥庖湢，無不至也。嘗火作于衣笥，郝往救焚，手皆焦灼，告身一通，但存字及印，餘皆爇焉。朝服衣裘悉穿穴，不可著。一日，發印欲用，封鐍宛然，而中無有矣。始猶命巫考治，久而不效，則掃一室，嚴香火事之。凡失印二十許日，廣之官吏待稟俸者，需糧料，印未得，咸以爲苦。忽聞如大石墜于所事室中，三擊几而止，視之，印也。初，郝氏以几不佳，蒙以白紙，蓋施三印於几上而去。自是七日，郝生死，其家徙出，魅隨之不置，迨北歸乃已。時紹興二十年。三事皆謝芷茂公説。

## 王權射鵲

建康都統制王權，微時好射，弩矢不虛發。紹興初，從韓咸安世忠往建州征范汝爲，嘗挾弩【一七】往山間，望樹上有鵲巢，即射之。不知其中與否也。聞有人在其後【一八】言，曰：「使汝眼爲箭所中，當如何？」反顧，無所見。權悟其異，亟登木視之，一鵲中目，宛轉巢内即死。權驚悔，拔佩刀碎其弩。未幾，與賊戰，流矢集于鼻背之間，去眼不能以寸，病金創，久之乃愈。韓王子彦直子温説。

【一七】挾弩　涵芬樓本注，明鈔本作「挾弓矢」。

【一八】在其後　涵芬樓本注，明鈔本無「其」字。

# 夷堅甲志卷第二十 十二事

## 木先生

汪致道叔詹，徽州歙人。紹興十八年，以司農少卿總領湖北財賦。嘗赴大將田師中宴集，最後至。漕使、鄂守先在，與田弈棊，道人木先生者亦坐于旁，見汪揖曰：「久別，健否？」汪愕曰：「相與昧平生，何言久別？」道人曰：「公已爲貴人，忘之耶？獨不記宣州道店談牛奇章事乎？」汪矍然起謝。道人去，汪謂諸客曰：「崇寧五年，初登第，得宣州教授。以冬月單車之官，投宿小村邸。唯有一室，一秀才已先居之。日甚暮，大雨，不可前，不得已，推户徑入，曰：『值暮至此，與公同此室，可乎？』秀才方踞火坐，顧曰：『唯唯。』良久，忽言曰：『公曾讀《唐書》否？』某愠曰：『某雖寡學，寧鄙陋至是？』又笑曰：『記得《牛僧孺傳》否？』某不答，秀才曰：『吾言無他，公乃僧孺後身，前生爲武昌節度使。緣未盡，今生當再往。異時官禄多在彼土矣。』某異其語，疑爲相師，問其姓字，徐對曰：『公知有雍孝聞者乎？吾是也。自崇甯之初，殿廷駮放，浪迹山林，偶有所遇爾。』扣之不肯言，終夕相對論文而已。至曉而去，不復再見。適睹道人之貌，蓋雍君也。



校勘記

風采與四十年前不少異，真得道者也。」坐客莫不驚歎，江再漕湖北，又守鄂州，爲總領，累年皆在武昌。木生名廣莫，往來漢沔間，見人唯談文墨，殊不及他事，無有知其爲異人者。沈道原濬亦識之，云：「政和中，以道士入説法，徽宗謂其得林靈素之半，故以木爲姓。」汪説。

## 靈芝寺【一】

紹興十二年，唐信道廷對畢，館于西湖靈芝寺。時已五月，二僕納涼湖邊，呼聲甚急。唐往視之，二僕共挽一僧，云：「僧走，欲赴水，一足已溺，呼之不肯回，力挽其衣，猶不能制。」遂與歸室中。寺之人云：「頃寇犯臨安，兩僧死于湖，今其鬼耳。」問溺者所見，曰：「兩僧來告，孤山設浴甚盛，邀同舟以行。一足已登【二】，而爲人掣其後，故不得去。心殊恨恨也。」坐少定，復發笥取新衣著之，并易履襪，若有導之者，徑趨水濱。數僧急尾救之，既還，詆救者曰：「我適游處，甚佳，爾輩何見疾，必强我歸？我終一去耳。」主僧遣三人護之于室，而扃其外。唐所寓舍與之鄰，惟以葦席爲限，聞爲鬼所憑，作詩云云。唐唯記其一句，曰「日日移牀趁下風」，蓋竊東坡語也。唐誚之曰：「汝生爲出家子，視形骸如土木。雖不幸死，當超然脱去。乃甘留戀，爲游魂滯魄。真可羞也。」答曰：「吾非爲厲者，欲度此僧，故與之俱。且何預爾事？」唐曰：「吾視人垂死而不救，可乎？且汝既

【一】靈芝寺　目録作「靈芝寺鬼」。

【二】一足已登　「已」原闕，據陸本、南圖本補。

不能自脱，又枉以非命害一人，何益於汝？空令湖中增一鬼耳。」相往復，至夜半，鬼益怒，叱曰：「只爾亦非了生死者。」唐嘻笑應之曰：「我當死即死，必無幽滯。終不効汝，加非理於生人。」鬼似悟唐説，不復有語。久之，僧始昏睡。迨曉問之，乃會稽人。主僧令送歸其家。唐後見之於鑑湖鷲臺寺，云：「只憶初赴水時事，餘皆不知也。」

## 王璧魁薦

王炳文璧，明州人，靖康元年，赴淮南，試于楚州，寓龍興寺。寺大門内有人題曰：「東璧之光，下照斗牛。今年王璧當魁薦。」問諸僧及閽者，皆不知何人所書。是歲，王果爲解頭。二事皆唐信道説。

## 太山府君

孫點，字與之，鄭州人，温靖公固諸孫也。建炎四年，知泉州晉江縣，居官以廉介自持。是歲七月，叛將楊勍自江西軼犯郡境，點出禦寇，歸而疽發于背。主簿入卧内省之，胥吏數人在旁，點顧户外曰：「何人持書來？」皆莫見。少焉，點舉手左右，口中囁嚅，爲發書疾讀之狀。主簿問：「何書？」曰：「檄召點爲太山府君。」顧吏曰：「此有石倪及徐楷二人乎？」吏曰：「有石教授者，居别村。無徐楷，但有涂楷解元耳。」點曰：「何用措大爲？」諸吏怪其語不倫，無敢問。後三日卒。石倪者，字德初，方待次鄉里。紹興三年，以官期未至，詣臨安，欲有所易。得疾于抱劍邸中，以七月中死。涂楷，字正甫，時爲州學諭。同舍生每戲之，曰：「君往太山，他日朋友游岱，藉君爲地也。」楷聞倪死，頗不樂。從天寧寺長【三】老慧勝學禪，紹興六年七月，休日還家，沐髮罷，端坐而逝。三人之死，相去各三載，皆以七月，疑亦三年一受代云。點當官時，杖一里胥死，聞其貧，即召其子俾代父。胥家不致憾死者，而感點之録其子。點既亡，無以爲斂，皂吏爲合錢買棺葬之城外。里胥家至今歲時享祀之。

## 鄧安民獄

邵博，字公濟，康節先生之孫。紹興二十年，爲眉州守。郡有貴客，素以持郡縣長短，通賕謝爲業，二千石來者，多委屈結奉。邵雖外盡禮，而凡以事來請，輒不答，客銜之。會轉運副使吴君從襄陽來，多以襄人自隨，分屬州取俸給，邵獨不與。客知吴已怒，乃誣邵過惡數十條以啗。吴大喜，立劾奏之。未得報，即逮邵繫成都獄。司理參軍韓抃懦不能事，吴擇深刻吏僉判楊均主鞫之，時二十二年。眉州都監鄧安民以謹力得邵意【四】，主倉庾之出入，首録置獄中。數日掠死，其家乞收葬，不許。裸其尸，驗之。邵懼，每問即承。如是十月許，凡眉之吏民連繫者數百，而死者且十輩【五】。提點刑獄縉雲周彦約縉知其

【三】從天寧寺長　涵芬樓本注，此下宋本闕一葉，今從葉本補。但本條文字已完，而於原葉行數尚闕兩行，或葉本有所删節歟？

【四】意　涵芬樓本注，「意」以上原闕，據葉本補。

【五】十輩　涵芬樓本注，葉本作「十餘輩」。

寃，亟自嘉州親詣獄疎決，邵乃得出。閱實，其罪無有也。但得其以酒餽游客，使用官紙札過數等事。方具獄，楊生【六】即死，獄吏數人繼亡。明年命下，邵坐貶三官，歸犍爲之西山。其秋，眉山士人史君正燕處，人【七】邀迎出門，從者百餘，皆繡衫花帽，馭卒鞚大馬，甚神駿，上馬絶馳，目不容啓。到一甲第，朱門三重洞開，馬從中以入【八】，史欲趨【九】全客次，馭者不可。徑造廳事，坐上緋緑人數十皆揖。史【一〇】居東向，辭曰：「身是布衣，安得對尊客如此。」其一人曰：「今日之事，公爲政，何必辭之。」前白【一一】曰：「帝召公治鄧安民獄，今未也。俟公登科畢，即奉迎矣。」史不獲已，就坐。欠伸而寤。不爲家人言，密書之。又明年，史赴廷試。過荆南，時吴君適帥荆，得疾，親見鬼物往來其前，避正堂不敢居。無幾，而死。史調官還至夔峽，小疾，語同舟者曰：「吾當死。君今報吾家，令取去秋所書者覿之，可知也。」是夕，果卒。又二年，所謂貴客者暴亡于成都驛舍。又明年十一月，邵見安民露首持文書來白，曰：「安民寃已得伸，陰獄已具，須公來證之。公無罪也。」指牘尾請書名，已而復進曰：「有名無押字不可用。」邵又花書之，始去。邵知不免，盛具延親賓樂飲，踰六日。正食間，覺腸中微痛，卻去醫藥，具衣冠待盡，中夜卒。

成都人周時字行可說。邵守眉日，行可爲青神令。

【六】楊生　涵芬樓本注，葉本作「楊均」。
【七】人　葉本多一「有」字。
【八】馬從中以入　葉本多一「道」字。
【九】史欲趨　上三字，葉本作「吏欲邀」。
【一〇】史　葉本作「使」。
【一一】前白　葉本作一「吏」字。

## 鹽官孝婦

紹興二十九年閏六月，鹽官縣雷震。先雷數日，上管場亭户顧德謙妻張氏，夢神人以宿生事責之，曰：「明當死雷斧下。」覺而大恐，流涙悲噎。姑問之，不以實對，姑怒曰：「以我嘗貸汝某物未償故耶？何至是！」張始言之，姑殊不信。明日，暴風起【一二】，天斗暗，張知必死，易服出屋外桑下立，默自念：「震死既不可免，姑老矣，柰驚怖何？」俄雷電晦冥，空中有人呼張氏，曰：「汝實當死，以適【一三】一念起孝，天赦汝。」又曰：「汝歸，益爲善【一四】，以此【一五】語世人也。」

## 曹氏入冥

蘄師益，濟州人。父守中，官至尚書郎。紹興二十九年，蘄爲餘杭主簿。妻曹氏以六月病卒，已歛，經夕，一足忽屈伸。蘄驚視之，面衣沾濕，有泣涕處，蘄號慟曰：「得無以後事未辦乎？他何所欲言？」拊其體，漸温。已而，歎曰：「我欲錢用。」蘄命焚紙鏹數束。曰：「未也。」又焚之如初。久而稍甦，掖之起坐，流涙滂沱，言曰：「先姑喚耳。」憶病昏之際，二婦人來，云：『恭人請。』即俱出門，肩輿去甚速。至官府，户内列四曹，只記其一，曰『南步軍司』。方裴回無所之，遇阿舅生時所使老兵遮拜，曰：『何得至此？』以

【一二】暴風起　明鈔本作「暴風疾起」。

【一三】以適　上二字，明鈔本作「適以」。

【一四】又曰汝歸益爲善　明鈔本作「汝其益爲善」。

【一五】以此　嚴校：疑有脱文，下四字據葉本、明鈔本補。

姑命對。即引入兩廡間，皆縶囚，呻吟之聲相屬。升自東階，舅金冠絳袍，若今王者。與紫衣、白衣人鼎足議事，且置酒。聞舅語云：『三官更代，有無未了事件？』頃之，送二客還。吾自屏間趨出拜，舅駭曰：『誰呼汝來？』亦以姑對。舅與俱入，姑冠帔坐堂上，若神祠夫人，侍兒持雉扇，環立甚衆。舅責曰：『渠家兒女多，何得招致。』姑曰：『以乏錢故也。』吾又趨拜，且問：『需錢何用？』姑曰：『吾長女以妬殺婢媵，久縶幽獄。獄吏邀賄，無所從得。不獲已，從汝求之。』又曰：『汝爲吾轉輪藏，已盡用了。更爲誦梁武懺，救吾女。』少時，舅促歸。命詢肩輿者食【一六】，曰：『已食。』遂遣吾出。相戒曰：『勿泄此事，恐不利於汝。』送至車上。從者十餘人，皆黄衣金甲，其行如飛。既到家，黄衣求金，凡兩焚錢始去。」自此疾愈，然纔旬日復死。人謂其漏言，不免云。

## 斷妬龍獄

郭三雅妻陸氏，秀州海鹽人。平時端靖，有志操。紹興二十八年六月十五日，呼其子昭，戒之曰：「吾數日後當死，切無即歛。」丁寧數四，昭憂之，亦未敢盡信。及期，無疾而逝，心猶微温，奄奄有出入息。十日復生，曰：「姑蘇某龍王嬖一妾，遭夫人妬忌，以箠死。鞫訊天獄，累年不能決。上帝命我詰其情，一問而得之。奏牘已上，信宿當就刑。是時必【一七】暴風雨。」至七月五日，平江大風駕潮【一八】，漂溺數百里，田廬皆被其害。三事實

【一六】命詢肩輿者食　涵芬樓本注，「此下有脱字」。

【一七】當就刑是時必　涵芬樓本注，六字原闕，從葉本補。

【一八】大風駕潮　涵芬樓本注，「駕」葉本作「驚」。

思永説。

## 義夫節婦

建炎四年五月，叛卒楊勍寇南劍州，道出小當村【一九】，掠一民婦，欲與亂。婦人毅然，誓死不受汙，逐【二〇】遇害，棄尸道旁。賊退，人爲收瘞之。尸所枕藉處，跡宛然不滅，每雨則乾，晴則濕。往來者咸歎異焉。或削去之，隨即復見。覆以他土，則跡愈明。至今猶存。又有順昌縣軍校范旺者，當范汝爲亂時，邑中羣盗余勝等亦竊發，土軍陳望素喜禍，欲舉寨應之，旺叱衆曰：「吾等父母妻子皆取活於國，今力不能討賊，更助爲虐【二一】，豈不慚見天地【二二】！」凶黨忿其語切，亟殺之。一子曰佛勝，年二十，以勇聞。賊詐以父命召之，至則俱死。妻馬氏聞夫、子皆死，哭于道。賊脅汙之，不從，磔於木，節解之。後數月，賊平，旺死處，甎上隱隱留尸跡，不少翳。邑人相與揭其甎，聚而祠之。已，又圖象於城隍【二三】。紹興六年，建安人吴逵【二四】通判州事，以其事聞，詔贈承信郎，許立廟。順昌丞蘇灝領役，夢旺具簪笏進謁，具謝董督之意，且曰：「初被害時，爲凶徒剔去左目。」引蘇視之。又别有一旺【二五】僵尸在地，著短布白衫【二六】。復指廟之東南隅，曰：「遺跡猶在是，已寓意於邑令矣。幸公念之。」蘇明日入廟中問旺死時狀，皆曰【二七】：「然。」而莫有知其剜目者。東南隅則甎祠故處也，於是訪得五甎，

【一九】小當村　涵芬樓本注，「當」葉本作「常」。

【二〇】逐　涵芬樓本注，葉本作「遂」。

【二一】更助爲虐　「虐」字原闕，據葉本、南圖本補。

【二二】豈不慚見天地　涵芬樓本注，「見」葉本作「負」。

【二三】城隍　涵芬樓本注，葉本作「城隍廟中」。

【二四】吴逵　涵芬樓本注，葉本作「吴達」。

【二五】又别有一旺　涵芬樓本注，明鈔本校，删「旺」字。

【二六】短布白衫　涵芬樓本注，葉本無「布」字。

【二七】皆曰　涵芬樓本注，明鈔本校作「衆人悉能言其故」。

納諸廟【二八】。縣令黄亮聞之，以語妻蔡氏。蔡驚曰：「昨夕亦夢紫衣人謁君於廷，君揖之，升廳及階，遜謝而去，其姓名則范旺也。豈丞所謂寓意者乎？」旺一卒，以忠死，婦人以節死，没而不朽，渠【二九】不信云。

## 葵山大蛇

王履道左丞，葬于泉州之葵山，去城四十餘里。山多蛇，墓人張元者，養羊十餘頭，往往爲所吞噬。元操刈鐮出迹捕，正見大蛇擒一羊，蟠束數匝，先齧膚吮血，已乃噴毒其中，羊漸縮小，軟若無骨，始吞之。元旁立伺隙，奮刃而前，蛇昂其首，高五尺許，摇舌鼓怒，爲搏人之勢。元投以刃，刃墜，元奔歸，呼其子别攜刀往。蛇猶在故處未去，迎刺之，斷首而死。尾有兩歧，利如鉤。秤其肉，重六十斤，背皮至闊一尺五寸。守冢僧曰「此特其小者耳。一窟于山者，身麤若瓮，每出時，大木皆振動」云。

## 融州異蛇

馬擴子充，謫融州。居天寧寺，營廁於竹間。嘗持矛奏溷，聞若有叱之者，周視之則無人焉。復聞再叱聲，乃一蛇在屋角，開口吐舌，頭如斗大。馬揞之以矛，刃入于棟，亟出唤僕共視，蛇已死。但不見其體，注目尋索，僅如細繩，纏榱桷數十匝。取以視邦人，雖戴

【二八】五甎納諸廟　涵芬樓本注，明鈔本校作「其妻子屍並葬之」。

【二九】渠　涵芬樓本注，葉本作「豈」。

白之老，亦無有識其爲何等蛇者。

## 一足婦人

紹興十七年，泉州有婦人貨藥于市，二女童隨之，凡數日。好事者竊迹其所止，乃入封崇寺之僧堂。堂空無人，獨三女者共處。旁人夜夜聞搗藥聲，旦則復出，初未嘗見其寢食處也。他日，寺僧密窺之，乃皆一足。失聲歎咤，婦人如已聞之，明日不復見。三事王嘉叟說。

# 夷堅乙志序

《夷堅》初志成，士大夫或傳之，今鏤板于閩，于蜀，于婺，于臨安，蓋家有其書。人以予好奇尚異也，每得一説，或千里寄聲，於是五年間又得卷帙多寡與前編等，乃以乙志名之。凡甲、乙二書合爲六百事，天下之怪怪奇奇盡萃於是矣。夫齊諧之志怪，莊周之談天，虚無幻茫，不可致詰。逮干寶之《搜神》，奇章公之《玄怪》，谷神子之《博異》，《河東》之記，《宣室》之志，《稽神》之録，皆不能無寓言於其間。若予是書，遠不過一甲子，耳目相接，皆表表有据依者。謂予不信，其往見烏有先生而問之。乾道二年十二月十八日，番陽洪邁景盧敘。

八年夏五月，以會稽本别刻于贛，去五事，易二事，其它亦頗有改定處。淳熙七年七月，又刻于建安。

# 夷堅乙志目録

【一】賈誠之　「誠」正文作「成」。

# 夷堅乙志卷第一 十三事【一】

## 更生佛

仙井監蘭池鄉民鮮逑，因病誤服藥，病且亟，恍忽不知人。見三黄衣吏持檄來追，別有二白衣者嘯於梁上，逑命其家焚紙錢祝之，曰：「有子買藥未還，願延須臾。」三人喜，載錢以出。至暮，子歸，三人從以入，逑遂死。與二白衣同行，蓋亦就逮者，一曰蜍充，一曰稅中定。行久之，入大城，門闕三重，宮室甚壯。遇故人曹惟吉，先死數歲矣。問逑來故，逑曰：「被追至此，不知何事也。」曹賀曰：「有鄉人在，可勿憂。」曰：「誰邪？」曰：「虞太博。今判更生道，明日爲更生佛矣。宜速往。」少焉，吏引入殿下，王者旒冕坐其上，先呼中定及充，皆釋去。相去頗遠，不知所云如何也。既而問逑，平生修何善。對曰：「家貧無力，但嘗遊瓦屋山，瞻辟支佛瑞色甚勝，及以一木施天翁堂耳。」吏與紙筆，使録所言，持以上。王書其後，曰：「放還。」逑拜於庭，回數步間，有呼之者。王臨階語曰：「爲我報家人，令設更生道場，且誦更生佛名。」語畢，白光騰上，室宇赫然。逑又拜而出。至大樓闕下，望題榜，緑牌金字，曰：「大慈大悲更生如來。」纔出門即蘇，妻子正

校勘記

【一】十三事　涵芬樓本按：實有十四事。

哭泣，具櫬將斂矣。時紹興十八年六月二十六日也。明日，奔詣虞氏述所見，適虞公小祥日云。虞名祺，字齊年，平生不讀佛書。嘗爲夔、潼漕，方軍興，時諸道以聚斂爲先務，惟虞所部獨晏然不擾。最後在潼川，當紹興十七年，屬微疾，至六月二十七日，憑几不語，忽睨坐客曰：「古佛俱來，吾亦歸矣。」子允文旁立泣下。又顧曰：「身得爲佛，有何不可？」客異其言，已含笑而逝。及述事傳，然後虞成佛之證益顯。更生佛名見《大涅槃經》中。新寧丞陳璜作記。

## 臭鬼

開封人張儼説，政和末年清明日，太學士人某與同舍生出郊【二】縱飲。還，緣汴堤而上，見白衣人在後，相去十數步，堂堂一丈夫也，但臭穢逆鼻。初猶意其偶相值，已而接踵入學，問同舍，皆莫見，殊怪之。逮反室，則立左右，扣之不答，叱之則隱，倏忽復見，追隨不少置，臭日倍前，士人不勝其懼。或教之曰：「恐君福淺，或爲寃所劫。盍還家養親，無以功名爲念，脱可免。」乃如之。甫出京，其人日以遠，遂不見。士人家居累年，不能無壹鬱。二親復督使修業，心忘前怪矣，遂如京師參告。踰月，因送客至舊飲酒處，復遇其人【三】，厲聲曰：「此度見汝，不捨矣。」相隨如初，而臭益甚。士人登時恍忽，遂臥病，旬日卒。

【二】出郊　「郊」原闕，據陸本、南圖本補。

【三】復遇其人　祝抄本下多「方驚顧忽」四字。

## 莊君平

李伯紀丞相少弟季言綸云，福州有道人，無他技，獨傳相神仙之術。曰：「有道之士，所以異於人者，眼碧色也。」嘗於市中見老叟，鬚髮如雪，而兩臉紅潤，瞳子深碧。竊迹其所往【四】，正在一客邸中。明日，徙就之，執弟子禮甚謹，同室而居。凡歲餘，邈然無所契。一夕寒甚，叟起，將便旋，爲捧溺器以進，叟訝其煖。答曰：「懼冷氣傷先生，置諸被中爾。」叟大感異之，曰：「吾不知子之有心如此。其可不以實告！吾乃漢莊君平也。行天下千歲矣，未見有如子者。」探囊取一書授之，曰：「讀此可得道。」天明，叟出，遂不歸。其書乃五言詩百篇，皆修身度世之説，季言頗能誦之。今但記其語云「事業與功名，不直一杯水」，又云「獨立秋江水」，三句而已。道人留閩，久之亦不見。

## 仙弈

南劍尤溪縣浮流村民林五十六，樵于山。見二人對弈，倚擔觀之。旁有兩鶴啄楊梅，墮一顆于地，弈者目林使拾之，俛取以食，遽失二人所在。林歸，即辟穀不食，不知其所終。

【四】竊迹其所往　祝抄本「竊」下多「異之」二字。

## 蟹山

湖州醫者沙助教之母，嗜食蟹。每歲蟹盛時，日市數十枚，置大甕中，與兒孫環視，欲食，則擇付鼎鑊。紹興十七年死，其子設醮於天慶觀，家人皆往。有十歲孫，獨見媪立觀門外，遍體皆流血。媪語孫曰：「我坐食蟹業，纔死即驅入蟹山受報。蟹如山積，獄吏叉我立其上，羣蟹爭以螯爪刺我，不得頃刻止，苦痛不可具道。適冥吏押我至此受供，而里域司又不許入。」孫具告乃父，泣禱于里域神。頃之，媪至設位所，曰：「痛豈復可忍。爲我印九天生神章焚之，分給羣蟹，令持以受生，庶得免。」遂隱不見。其家即日鏤神章板【五】，每夕焚百紙，終喪乃罷。徐樽説。

## 佐命功臣

李希亮，政和中爲郎官。其【六】鄉士甚貧，以教授爲業。嘗借馬出城，歸而言，曰：「一月前夢金紫人言：『吾，汝六世祖也。國初爲佐命功臣，墓在京城外十數里之某村。有祀享田，歲可得米二百斛。去世已久，不知子孫凋零如此。今田故在【七】，但爲掌墓者所擅，汝往料理，足以餬口矣。』既覺，未敢遽往，昨夕【八】復夢，頗見譙責。某謝曰【九】：『自少孤苦，不省先壠所在，與墓人亦不相識，且無契券，何以能取？』祖曰：『汝言大有

【五】鏤神章板　涵芬樓本注，「鏤」下葉本多一「生」字。

【六】其　明鈔本作「有」。

【七】今田故在　涵芬樓本注，「故」明鈔本作「固」。

【八】昨夕　涵芬樓本注，葉本作「次夕」。

【九】某謝曰　涵芬樓本注，「謝」明鈔本作「對」。

理。此田嘗有碑具載，今爲守者瘞于門外草中。第如吾言，發視必可得。』某以再夢之驗，故以今日往【一〇】。得大墓園，良是，而荒穢殊甚。呼守者出，責以不治之罪。答曰：『久無人拜掃，故至此。』問田所在，謾云：『無之。』令取碑爲證，曰：『不知所在矣。』命鍬鍤斸地，果於近門草間尺許【一一】得之。守者驚懼慙服，乃具説田處，亦頗有爲豪右吞并者。今當訟于開封，乞正之。」希亮大異其事，爲贊於府官，盡得其田。居數月，復謂希亮曰：「夜夢祖告，云：『行得官矣。吾同時佐命，有來爲相者，以汝屬之，渠當不忘舊好也。』」未幾，鄭達夫拜相，首乞甄録創業勳臣之裔，於是例得一官。王嘉叟説，忘士人姓名。

## 變古獄

大觀初，司勳郎官郭權死而復生，言徧至陰府，多見近世貴人。其間一獄，囚繫甚衆。問之，曰：「此新所立變古獄也。」陳方石説。

## 俠婦人

董國慶，字元卿，饒州德興人。宣和六年登進士第，調萊州膠水縣主簿。會北邊動兵，留家於鄉，獨處官下【一二】。中原陷，不得歸，棄官走村落，頗與逆旅主人相往來，憐其羈窮，爲買一妾，不知何許人也。性慧解，有姿色，見董貧，則以治生爲己任。罄家所有，

【一〇】故以今日往　涵芬樓本注，「以今」葉本作「遂即」。

【一一】草間尺許　涵芬樓本注，明鈔本校改，作「尺許草間」。

【一二】獨處官下　涵芬樓本注，「下」葉本作「所」，明鈔本作「丁」。李按：作「丁」則當屬下句。

買磨驢七八頭，麥數十斛，每得麵，自騎驢入城鬻之，至晚負錢以歸，率數日一出，如是三年，獲利愈益多，有田宅矣【一三】。董與母妻隔闊滋久，消息杳不通，居閑戚戚，意緒終不聊賴。妾數問故，董嬖愛已甚，不復隱，爲言：「我故南官也，一家皆處鄉里，身獨漂泊，茫無還期。每一深念，幾心折欲死。」妾曰：「如是，何不早告我？我有兄喜爲人謀事，旦夕且至，請爲君籌之。」旬日，果有估客長身而虬髯，騎大馬，驅車十餘乘過門。妾曰：「吾兄也。」出迎拜。使董相見，叙姻連，留飲至夜，妾始言前日事以屬客。是時，虜下令：宋官亡命，許自言。匿不自言而被首者，死。董業已漏泄，又疑兩人欲圖己，大悔懼，乃抵曰【一四】：「無之。」客奮髯怒且笑曰：「以女弟託質數年，相與如骨肉，故冒禁欲致君南歸，而見疑若此！脱中道有變且累我，當取君告身與我以爲信。不然，天明縛君告官矣。」董益懼，自分必死，探囊中文書悉與之，終夕涕泣，一聽客。客去，明日控一馬來，曰：「行矣。」董呼妾與俱，妾曰：「適有故，須少留。明年當相尋，吾手製納袍【一五】以贈君，君謹服之。惟吾兄馬首所向。若反國，兄或舉數十萬錢爲饋，宜勿取。如不可卻，則舉袍示之。彼嘗受我恩，今送君歸，未足以報德。當復護我去，萬一受其獻，則彼責塞，無復顧我矣。善守此袍，毋失去也。」董愕然，怪其語不倫，且慮鄰里覺，即揮涕上馬疾馳。到海上有大舟臨解維，客麾董使登，揖而別。舟遽南行，略無資糧道路之備【一六】，茫不知所爲，而舟中人奉視【一七】甚謹，具食食之，特不相問訊。纔達南岸，客已先在水濱，邀詣

【一三】有田宅矣　涵芬樓本注，「有」明鈔本作「買」。

【一四】乃抵曰　涵芬樓本注，「抵」葉本作「紿」。

【一五】納袍　涵芬樓本注，「納」葉本作「衲」。

【一六】略無資糧道路之備　涵芬樓本注，「備」菜（葉）本作「費」。

【一七】奉視　涵芬樓本注，葉本作「奉侍」。

旗亭上相勞苦，出黄金二十兩，曰：「以是爲太夫人壽。」董憶妾别時語，力拒之。客曰：「赤手還國，欲與妻子餓死耶？」强留金而出。董追及，示以袍，客駭笑曰：「吾智果出彼下。吾事殊未了，明年當挈君麗人來。」徑去，不反顧。董至家，母妻與二子俱無恙。取袍示家人，俾縫綻處，黄色隱然。拆視之，滿中皆箔金也。既詣闕自理，得添差宜興尉。踰年，客果以妾至。董妻余氏故妬悍【一八】，雖知其夫以妾之力獲返，不遑恤，遇之多無狀。或加箠掠，不少貸。董不能制，而自痛負責，妾怏怏成疾。同年故人問其病，具以本末言。同年曰：「君亦不義矣！客與妾豈世間庸常人哉？殆書傳所載俠士也。受人恩，能爲盡死。人或負之，則飛劍報仇，如殺狐兔耳。爲君計，獨有置諸别館待之，如二妻。君婦復不容，則以情白於朝，臨以君命，宜不敢。」董牽拘未決，妾一旦不告而去，董且喜且懼，常忽忽如有所亡。秦丞相與董有同陷虜之舊，爲追叙向來歲月，改京秩幹辦諸軍審計。纔數月忽病瘰癧【一九】，繞項如循環，因其欬，頭忽墮地。距妾去日，曾不一年卒。秦令其母汪氏哀訴於朝，自宣教師特贈朝奉郎，而官其子仲堪者【二〇】。時紹興十年五月云。范至能説。

【一八】「董妻余氏故妬悍」以下至「常忽忽如有所亡」　據祝抄本補。

【一九】忽病瘰癧至曾不一年　據祝抄本補。

【二〇】其子仲堪者　涵芬樓本注，葉本無「者」。

## 食牛夢戒

周階，字升卿，泰州人，寓居湖州四安鎮。秦楚材守宣城，檄攝南陵尉，以病疫告歸。

夢就逮至官府，緋袍人據案治囚，又有緋緑者數十人。以客禮見，環坐廳事。一吏引周，問曰：「何得酷嗜牛肉？」叱令鞭背。數卒捽曳以去，周回顧乞命，且曰：「自今日以往，不唯不敢食，當與闔門共戒。」坐客皆起，爲謝罪，主者意解，乃得歸。夢覺，汗流浹體，疾頓愈。至今恪守此禁，時時爲人言之。紹興三十年，周監鹽官倉。

## 羊寃

吴道夫説，其妻族弟爲淮西一邑主簿。邑陋甚，無人屠羊。簿與令、尉議，共醵金買諸旁郡，字養之，非祭祀及大賓客與公家所當用，勿得以私意殺。約已定，久之，簿妻妹自遠來，相見喜甚，買酒款曲，倉卒無以具饌，輒烹一羊。酒罷，二婦人同宿，簿獨寢外舍，且五更，聞羊鳴牀下，其聲怒而哀。拊牀驚之，不止。少選登牀【一二】，以角觸簿，且齧且駡，作人言曰：「買羊待烹【一三】，爾之謀也。與衆爲誓，而首背之。我某日當祭社乃死，今遽殺我，不義，必償我命乃可。」簿曰：「是我之罪，不敢逃死。姑容入室别妻子，且囑後事，可乎？」羊曰：「當爾殺我，肯少貸邪？」簿亟入扣寢門，呼妻。妻方與妹酣寢，寂不應。簿曰：「我以寃督死甚急，故欲與爾别。忍不相應！我死矣，爾勿得嫁。否則當爲厲以報爾。」妻驚覺，啓門，則其夫已臥血中死。直宿小史云：「但見簿説爭時事，無所覩也。」妻尚少，父母欲嫁之。每媒氏至，必夢故夫責己，竟守志焉。

【一二】少選登牀　本句下，祝抄本多「果羊也」三字。

【一三】買羊待烹　「待烹」二字原闕，據祝抄本補。陸本、南圖本前一字作「待」。

## 趙子顯夢

趙公稱，字子顯，舊居泉南。紹興二十八年，爲贛州守。族人以窮來相依，舍之它館，日餽食之。每約飭，使勿爲過。嘗晝寢，夢故居門庭毛血狼藉，命掃除之，隨即如故。旁舍人來告，已屠牛若干矣，矍然而寤【一三】。護戎以邏事入白，曰：「宗室某子自泉州來，以舊識使君，屠數牛爲市。」考其數與夢合，子顯悟神告。逮捕窮治，抵其僕於罪，遣出境，遂嚴其禁。趙不　說。

## 夢讀異書

沈濬，字道元，錢塘人。爲人清修，不妄語，居湖州仙潭村。郡中親表間嘗以姻事邀致入城，宴飲稠疊，連日不得歸，意頗厭倦。夢謁友人陸維之，見堆案有書數十種。主人方束帶，沈信手披一編，其間章之多寡，大抵類《真誥》。擇一章最簡者讀之，其詞云：「人喜食桃李，桃李不可多食。食蟹大可笑，凡食蟹必殺。凡學道，必以純陽得道。殺，陰也。如不得已，能食車中之鼠，溷廁之蜣蜋，乃可。」讀未盡數句，維之顧曰：「文頗怪，子宜畢之。」俱一笑，乃覺。欲尋其致夢之由，而不可得。久之，始悟半歲前有婺女僧懷政來，同寓慧通寺，政作東坡玉糝羹，約沈、陸共之。陸至，則羹盡矣，因戲政曰：「恰沿

【一三】矍然而寤　本句下祝抄本多「典謁報」三字。

河來，見舟中婦人作洗手蟹，偶得一詩，持贈子云：『紫髯霜蟹殼如紙【二四】，蒲萄作肉琥珀髓。主人揎腕斫兩螯，點醋揉橙薦新醴。癡禪受生無此味，一箸菜根飽欲死。喚渠試與轑釜底，換取舌頭別參起。』」坐皆傳玩擊節，沈默有感【二五】，徐曰：「詩則美矣，其如語大工何！」維之驚謝。沈自是不食蟹，稍證夢中大可笑之說。又二年，因餌蒼术【二六】，禁食桃李，方盡省一章語云。沈自有文記此。

## 李三英詩

舊傳鄭獬牓進士周師厚者，策名居五甲末，纔壓一人，曰陳傳。師厚戲爲語曰：「舉首不堪看鄭獬，回頭猶喜見陳傳。」紹興二十七年，永嘉王十朋魁多士，同郡吴己正爲殿李三英以特奏名得出身，列於吴下。吴效前語，曰：「舉頭不敢攀王十，伸脚猶能踏李三。」其歇後體，殆若天成云。

## 小郗先生

李次仲季與小郗先生游建康市，入茶肆，見丐者蹣跚行前，滿股瘡穢。李謂郗曰：「此人惡疾如此，願先生救之。」郗曰：「不難也，正恐怪奇驚衆耳。」李固請，乃索紙一幅，吐津塗其上，稠如膠餳，持以與丐者，令貼于股。移時，問之，曰：「覺熱否？」曰：「始時

【二四】紫髯霜蟹殼如紙　「殼」原作「穀」，據祝抄本改。

【二五】沈默有感　「默」祝抄本作「竦然」。

【二六】因餌蒼术　「因」下，祝抄本多「至廣德效朱强仲」七字。

甚痛，已而極痒，今正熱，不可忍。」郗揭紙，命李視之，新肉已滿，瘢痕悉平。市人爭來聚觀，郗於衆中逸去，李急追訪之，不及矣。湯與立説。

# 夷堅乙志卷第二 十二事

## 樹中甕

毗陵胡氏家欲廣堂屋，以中庭朴樹爲礙，伐去之。剖其中，得陶甕，可受三斗米，而皮節宛然【一】。即日，山魈見怪。有行者善誦龍樹呪，召使治之，命童子觀焉。見人物皆長數寸，爲龍樹所逐，入婦人榻上，遂憑以語。乃結壇考擊逐去，蓋擾擾半年乃定。

## 宜興民

宜興民素以滑稽著。有山鬼入其室，白天窗垂一足徹地，黑毛毶毶。民戲謂之曰：「若果神通，更下一足。」鬼不能答，少頃，收足去。自是不復至。蔣丞相說。

## 蔣教授

永嘉人蔣教授【二】，紹興二年登科，得處州縉雲主簿。再調信州教授，還鄉待次。未至家百里，行山中，聞嶺上二人哭聲絶悲。至則一叟挾雙鬟女子攔道哭，蔣悽然問其故，

校勘記

【一】而皮節宛然　本句下，祝抄本多「不知所入處」。

【二】永嘉人蔣教授　祝抄本作「蔣善明字仲晦永嘉人」。

叟曰：「從軍二十年，方得自便。不幸遇盜，挈我告身去，將往吏部料理，非五十萬錢不可辦。甚愛此女，今割愛鬻之，行有日矣，故哭不忍捨。」蔣曰：「以我囊中物與叟，少緩此計，何如？」即舉餘裝贈之，纔直十萬。叟曰：「感君高義，然顧亡益也。」蔣曰：「叟果不見疑，當以女寄我歸，叟姑持此錢往臨安，事若不濟，還吾家取之。吾善視叟女，非敢以爲姬妾，勿憂也。」叟謝曰：「諾。」約明年暮春再相見，以女授蔣，拭淚而別。蔣下車載女，自策杖踵其後。將至家，置女外館，獨入見母妻。妻周氏迎謂曰：「聞有隨車人，今安在？」蔣以實告，妻曰：「然則美事也，其成之何害？」使人喚女歸。蔣母柯氏愛之如己子，夜則與同寢處。女間至外舍，與蔣戲，或相調謔。方初見時，猶常常女子，至是顏色日豔，嫣然美好矣。一夕，醉不自持，遂留與亂，而叟亦絶不至。臨赴官，妻不肯往，曰：「自有麗人，何用我？」柯夫人亦曰：「汝受人託子，而一旦若是，前程事可知矣。吾老當死鄉里，不能隨汝也。」蔣力請不能得，竟獨與女之信州。居數月，薄晚呼女櫛髮，女把櫛，揮涕不止，問之不答。咄曰：「憶汝父邪？欲去邪？」女曰：「身非有所悲，悲主君耳。人壽不可料，今數且盡，願急作書報君夫人。」蔣怒罵之，曰：「小兒女子，安得爲不祥語？」女曰：「事極矣，過頃刻，便不可爲。吾言不敢妄。」顧廷下小史，令取筆札，女倉卒收櫛秉筆，强蔣使書，蔣怒且笑曰：「所書當云何？」曰：「但言得暴疾，以今日死。」蔣不得已，寫十數字，復問曰：「汝那得知？」女忽變色厲聲曰：「君知縉雲有英華者乎？

我是也。」拊掌而滅，蔣隨即仆地死，耳鼻口眼皆血流。小史見一狐自室中穿牖升屋而去，人皆謂蔣爲義不終至此。或説蔣初赴縉雲，人語以英華事，蔣曰：「必殺之。」到官數日，行圃後隙地，得巨井，磻石覆之。意怪處其下，命發視。見大白蚓長丈餘，麤若柱，引錐刺其首，蚓即失去。及信州之死，疑是物云。唐信道、蔣子禮説。

## 陳氏女

無錫人陳彦亨，居南禪寺側。妻邊氏有身，夢女子紅衣素裳，掬水廷下，仰視曰：「妾崑山縣陳提舉女也。來南禪赴水陸會，若功德圓就，當生夫人家，爲男子。如其不然，亦可爲女也。」邊氏視此女甚美，謝曰：「爲兒女非所敢望。幸來相過，肯啜茶足矣。」女笑而去。既寤，以告彦亨，使詢之，果有陳彦武提舉者，自崑山來，爲十八歲亡女設水陸。明日，邊生一子。

## 張夢孫

毗陵張汝楫維濟，紹興十三年，知明州奉化縣。其子婦李氏孕及期，維濟夢故人陳郁文卿來，曰：「相别十六年矣，今欲與君爲孫，何如？」維濟喜。明日，語僧日智，曰：「文卿，佳士也。吾必得賢孫，可賀我。」已而李氏乃得女，遂名之曰夢孫。及數歲，戲祖旁，偶見文卿生時書，則捧視曰：「我所書也。」文卿，無錫人。與維濟皆沈元用牓進士，爲揚州司理參軍。建炎中，虜犯淮甸【三】，死官下【四】。

## 人化犬

姑蘇翟秀才家乳婢王氏，平生無一善，見人誦佛，則笑毀之。年四十歲時，贅生於尻，日以痛楚，用膏藥傅之，愈益大，至尺餘，則成狗尾矣。自是不能行，屈兩手於地【五】，匍匐移足，乃可動。伺犬彘就槽，輒隨之食，夜與共寢，踰半歲乃死。又節級徐忠【六】，因病亦生一尾，謂妻子曰：「我坐抛飲食之過，夢入城隍廟，令詣曹供狀，自今勿得食人食，惟舐糠乃可【七】。且和糠來。」既至，蹲踞而食，與犬亡少異。其家爲作浮屠供悔謝【八】，旬日而死，時紹興三十年五月也。

## 張十妻

吴江縣民張十妻，嗜殺生，又事舅姑亡狀，年六十矣。紹興二十九年，得疾，兩股皆生毖瘡，蛆盈其中，齧骨及髓，宛轉呻痛【九】，聲達鄰里。久之，每遺糞，必自取食，并食薦席皆盡。期年，乃死。四事日智説。

【三】虜犯淮甸　「犯」祝抄本作「據」。

【四】死官下　本句下，祝抄本多「有子毖」。

【五】屈兩手於地　「屈」字原闕，據葉本、祝抄本補。陸本作「據」。

【六】又節級徐忠　「又」下祝抄本多「倅廳」二字。

【七】乃可　「乃」字原闕，據葉本、祝抄本補。

【八】作浮屠供悔謝　涵芬樓本注，「供悔」葉本作「事懺」。

【九】呻痛　涵芬樓本注，「痛」葉本作「吟」。

## 承天寺

滕愷，字南夫，婺源人。紹興五年登科，調信州司户。既赴官，夢往它郡，游僧舍，牓曰「承天寺」。室宇甚壯，了無僧居，獨老頭陀出應客，曰：「此寺乃本師所建。既成，以緣事未了，捨之遊方，踰期不還，衆僧亦悉委去。惟某僅存，老病無力，不得供掃洒事也。」「去幾何時？」曰：「二十七年。」「何時當來？」曰：「今歲歸矣。」愷時春秋二十七，既悟，以爲不祥。會是年秋試，考校南康軍。至中塗，日薄晚，投宿民家，不肯容，指支徑小曲，曰：「是間佛刹頗絜，士大夫來者，多就館。盍過之？」行數十步，果得野寺，視其額，則「承天」也。入門寂然，廊廡殿宇凝塵如積。徘徊良久，但一人出，相與問答，全如夢中所言。愷戲登禪牀，作長老説法，以爲夢證已應，無他矣。既而，導至上方，啓户拂榻，凡室中之藏，器玩、巾裓，皆歷歷可識，始大惡之。不能留，强宿於旁舍，明晨去之。自爾以來，精爽常鬱鬱。既入試闈，晝減食，夜忘睡，與同院交際，無復笑語。訝而問之，始告之故，曰：「吾恐死，安得有樂趣？」同院更出言諭解，莫能得。畢事即還，抵樂平驛，有道士上謁，曰：「吾欲見户曹君。」小史入白，愷拒弗見。道士直入，睨愷曰：「急治行，後三日猶可與家人訣，緩則無及矣。」不揖而出。愷愈懼，走信告其家，遂奄奄感疾。越三日，至德興，急招邑令相見，曰：「愷且鬼，不暇與君語。路逢狂道士言，當命盡今日。

設如其言，以身後事累公。」令曰：「安有此？君當勞苦成疾，吾歸取酒飲君，同宿於是。勿懼也！」令甫上車，愷果死。其兄純夫在鄉里，自得樂平書，已憂之。是日，徙倚門間，望一僧頂暖帽策杖且來，謂爲庵中人，迎與語。僧不答，以袂蒙面，徑造南夫書室。就視無人焉。純夫失聲泣，而德興奉愷喪至，以臥轎輿歸，首戴暖帽，則所見僧，蓋愷也。程泰之說。

## 文三官人

王菲朝議，東州人。建炎初，避地吳興，寓居空相寺。其姪文老，薄暮行寺外，見人衣青道服，乘馬而過，甚類其所親文三兄者，隨而呼之。回顧曰：「昨夕抵此，檥舟白蘋亭下。適有故，須亟出城，明當奉謁。不然，君幸過我。」遂馳出青塘門。文老與之別數年矣，詰旦，訪得其舟，呼其僕，曰：「欲見三官人。」僕曰：「死逾月矣。」文老曰：「昨乘馬過吾門，與我語，安得有是？」具道所見。僕驚報家人，皆大哭而出【一〇】，其妻泣曰：「夫死時，羈困方甚，不能具冠帶，故以便服斂。君所見皆是也。」文老歸，念青塘門外有慈感寺，徑詣之，問夜來何客至此，僧曰：「無重客，但施主設水陸耳。」方悟來赴冥集云。徐淳立說。

## 莫小孺人

紹興十五年，許子中叔容自丹陽還烏墩，舟至奔牛，與前廣州鄭通判柩船同泊堰下。

【一〇】皆大哭而出　祝抄本作「出相見皆大哭且詢所見之狀」，義較足。

日且暮，一紫衣吏自稱林提轄，求見，曰：「某鄭氏之隸也。主君嬖妾莫氏，本烏墩莫知録【一一】庶女。嫡母不容，方在孕時，逐其母。女生於外舍，既長，遂爲人妾。會正室虚位，實主家事，號小孺人。主君死於南方，一子絶幼，不能歸。賴平江王侍郎㬇有契好，使人致其柩，欲菆諸境内僧舍中。家貲絶豐，莫氏悉有之。將從此歸其父，聞君居烏墩，幸爲達一書，使來相迎。」許曰：「諾。」行數十里，明日復會。林曰：「莫氏願一見君，祈爲先致囊槖。」許恐有他嫌，拒弗受。頃之，又至，曰：「書不暇作，但致此意於知録君足矣。」許至家，他日詣知録君，告其事，驚云：「無有也。」居數月【一二】，許與中表高公儒遇，語及之。高驚曰：「吾幾墮其計中！」乃話所見。初，泊舟姑蘇館，亦值林生，其詞略同。末云：「莫氏欲歸其父，自念平生不相聞，且失身於人，必不見禮。欲嫁爲人婦，士大夫有所不可，而閭閻市井又非厥偶，思欲復入大家爲姬侍。其人顔色絶美，隨身貲財可直數千萬。使君頗有意乎？」高入，謀諸妻，妻慕其貨，許納焉。林曰：「欲先見之否？」高喜，留飲酒出立舷外以俟【一三】。少時，婦人青衣紅裳步堤上，令童子以小青蓋障面，腰支綽約，容止閑暇，爲之心醉。林笑曰：「頗當君意否？然此良家子，難立券，君當稍致幣帛如聘禮，乃可。」即以綵一束授之。及暮而來，曰：「約定矣。今悉舉槖中物置君舟，明日相見於某寺，然後成禮。」話未訖，負十餘篋來【一四】，皆金珠犀象沈麝之屬。及期，林導高入寺，至一室户外，望簾間數女子笑語，紅裳者在焉。顧見外人，皆反走【一五】。林

【一一】知録　祝抄本作「司録」，下同。

【一二】居數月　本句下，祝抄本多「猶疑昆弟間或有之，使人訪諸平江，不獲」十六字。

【一三】留飲酒出立舷外以俟　祝抄本作「飲以酒，與期。明日，如期至，曰：『來矣。』相與俱立舷外以俟」。

【一四】負十餘篋來　祝抄本作「擔者大至，凡十餘筐」。

【一五】皆反走　本句下，祝抄本多「入屏後」三字。

曰：「君少止，否當先告語之。」入半日許，悄無復命。堂下誦經僧訝高久立，來問故，具以所見言。僧曰：「山寺冷落，安得有此？」高猶以爲妄，厲聲咄之。老僧自室中出，歎曰：「必此怪也，比頻有所睹。」引入視，則藏院後列殯宮十餘所，皆出木牌，書主名，有曰「小孺人莫氏」，最後曰「提轄林承信」。方震駭走出，僕人奔報，舟且没。繼一僕云：「舟幸無恙，而所寄之物，皆非矣。」遽視之，犀象香藥盡白黑紙錢灰，所謂金珠器皿，蓋髑髏獸骨馬牛糞【一六】也。二人所遇如此，高僅得脱耳。太學生錢之望説，未質於許也。

## 吴圻夢

吴圻元翰，政和中，以太學録習樂恩得上舍及第，爲鎮江府教授，代李伯紀。已入官舍，伯紀館書室未去。圻夢一鬼，紫袍金帶，拜廷下曰：「後十五年，當爲樞密使。」寤而甚喜。由此益自負，意執政可指期得。既而，仕宦殊不進。靖康元年，至定州獲鹿令以死。伯紀乃以是年知樞密院。圻之姪億説。

## 趙士侊【一七】

徐擇之丞相，居睢陽，與南外宗正仲葩善。洎帥【一八】徐擇之丞相帥北京，有趙士侊者，其父仲葩嘗爲南京外宗正丞，與丞相善。士侊已調興仁通判，棄而不赴，而挈其母妻，

【一六】馬牛糞　「馬」字原脱，據陸本、南圖本、祝抄本補。

【一七】趙士侊　「侊」，原作「珖」，李按：「「珖」字，不合宋宗室班輩，「珖」，當是「侊」之誤。據改。下引正文同。

【一八】徐擇之丞相居睢陽與南外宗正仲葩善洎帥　涵芬樓本注，此下宋本闕一葉。今據祝抄本補之，至「尊公名爲何曰巴」。又，底本本則首十八字，與祝抄本行文不同作「徐擇之丞相帥北京，有趙士珖（侊）者，其父仲葩嘗爲南京外宗正丞，與丞相善」。

如北京求入莫府，遂爲安撫司幹辦公事。丞相三子：敦義庚、敦濟康、敦立度，皆與之遊。居二年，士侁告病，未幾卒，時宣和七年三月也。諸徐白丞相，爲治喪，且津置其母妻甚厚。又令小吏趙沂者護送之。至京師，菆其柩於奉聖寺。訖事，沂辭歸。拜未起，覺肩背凜然，即被疾，才還家，忽忽如狂，舉止語言皆士侁也。自言死後事，歷歷不忘，且呼其舊使令勞苦，如平生。敦義素好奇，聞之即遣信，殷勤問所須。小吏復作士侁語鄭重致謝，索紙筆爲書，與三徐，曰：「士侁不善攝生，以方壯之年，遽墮鬼録。荷公父子周恤之恩，不惟死骨得所歸，而老母弱子得還京師，無流落失所之歎，幽明雖異，寧不懷感！恨不得親謁公，道此意耳！」紙尾書云：上敦義學士、敦誼學士，以敦濟为敦誼。停筆久之，思敦立字不可得，又書敦誼学士之字。敦義讀訊驚歎。明日，遣卒輿入府，至戟門，如有物迎遏之者，轎中語曰：「學士邀我來，非敢自至，何爲爾？」少焉，得入，至謁舍，三徐出見之。吏坐轎中如故，望敦義慟哭敘謝。旁人指問爲誰，曰：「大學士也。」敦義問：「公爲誰？」曰：「士侁□。」「趙字爲何？」曰：「潤老。」「尊公名爲何？」曰：「巴【一九】。」「字爲何？」沉吟移晷，曰：「與權。」而其父乃字茂實。敦義正悔與鬼語【二〇】，乘其誤，叱之曰：「爾乃下鬼憑附，非真趙撫幹也。豈有爲人子而不知父字者乎？」命速輿出。吏拊式歎曰：「招我來，不見禮而相逐，無故人意如此，令我羞見他人。」既還家，敦義意殊未快。復折簡詢其死後在何地，有何人拘録，何以能來此，世間所傳禍福報應事果何似。吏

【一九】曰巴　底本於「巴」下原注：「不能言仲葩。」

【二〇】敦義正悔與鬼語　李按：祝抄本多「欲其去」三字。

曰：「所問事多，容我緩爲報。」索紙方欲下筆，忽號呼數聲，大書曰：「奉差我捉去見天齊仁聖帝。」蹶然仆地。凡三日，吏乃甦。蓋鬼留者，幾半月。其去也，人疑戟門神所劾，或恐泄陰間事，故云。敦義自是不再歲亦亡。三徐【二二】同一紙書，而敦濟、敦立獨不爲所記録，豈非壽禄未艾，黠鬼不能窺邪【二三】？士侁死時才三十七。敦立説。

【二二】三徐　祝抄本下多「皆與侁往來」五字。

【二三】黠鬼不能窺邪　「窺」祝抄本作「知其名字」。

# 夷堅乙志卷第三 二十四事

## 蛙乞命

浙西兵馬都監康湑，居臨安寶連山。夏夜且睡，爲蛙聲所聒，命小童捕之。湑熟寐，夢十三人乞命，湑曰：「吾職雖兵官，非能擅生殺者，何以能貸汝死？」曰：「但公見許，無不可者。」少焉，魘寤，告其妻。妻曰：「得非羣蛙乎【一】？」呼童詰之，已置一缾中，驗其數正十三枚也，即釋之。時紹興二十九年。張才甫説。

## 舟人王貴

紹興三十一年，北方遣使者高景山、王全來賀天申節。詔中貴人黄述持扇帕迎賜之，例用兩浙漕司舟。舟師王貴者，病死於楚州洪澤，有二子。其妻泣告述曰：「夫死，舟當還官，則一家數口且濱溝壑。儻得長子繼役，乃可續食矣。願丐一言於漕使。」述許之。還至鎮江，與漕遇，伸其請，即日刺爲兵，以代貴。述至丹陽，晚泊。貴棹小舟遥望而拜，曰：「舉家荷公恩惠，無以論報。」呼之使前，謝曰：「人鬼路殊，不敢登公舟也。」始省其

校勘記

【一】得非羣蛙乎 「得非」下，祝抄本多「所捕」二字。

死，呼左【二】右至，已無所見。

## 陳述古女詩

陳述古諸女多能詩文，其一嫁壻曰李生，爲晉寧軍判官。部使者知其妻於詩最工【三】，以所藏小鴈屏從之求題品。婦自作黄魯直小楷細書兩絶句，其一曰：「蓼淡蘆欹曲水通，幾雙容與對西風。扁舟阻向江鄉去，卻喜相逢一枕中。」其二曰：「曲屏誰畫小瀟湘，鴈落秋風蓼半黄。雲澹雨疎孤嶼遠，會令清夢到高唐。」兩篇清絶灑落如是，不必真見畫也。

## 韓蘄王誅盜

韓蘄王宣撫淮東，獲凶盜數十輩，引至金山，陳刀劍于廷下，以次斬之，皆股戰就誅。獨一盜躍而出，揖指一刀最大者，曰：「願從相公乞此刀喫。」韓笑曰：「甚好。」時有中使來宣旨者在坐，爲言：「此人臨死不怯，似亦可用。」韓曰：「彼用計欲脱耳。」竟殺之。

## 浦城道店蠅

浦城永豐境上，村民作旅店。有嚴州客人齎絲絹一擔來僦房安泊。留數日，主婦性

【二】呼左　涵芬樓本注，此下至《竇氏妾父》條「又再歲其父」止，宋本作三葉，嚴本於中縫均注「補」字。

【三】於詩最工　涵芬樓本注，《榕陰新檢》作「工詩」。

淫蕩，挑與姦通。既而，告其夫云：「此客所將貨物不少，而單獨出路，可圖也。」夫即醉以酒，中夜持刃斫之。客大叫救人，聲徹于鄰。彼處居者甚少，僅有一鄰叟奔而至。婦走，立于門，以右手遮拒，使勿入。左手持客絲一把與之，叟喜而去。客遂死。夫婦共舁尸，埋於百步外山崦裏。倉卒荒怖，坎土殊淺，主人自意無由泄露。經數月，客之子訝父久役不返，向時固相隨作商，凡次舍道塗悉所諳熟，於是逐程體訪，到此店跡絶，因駐物色。正晝悶坐，一蠅頗大，飛著于臂，揮之復來，至于五六。子念父心切，極疑焉，祝之曰：「豈非神明使爾有所告乎？但引我行。」遽飛起，此子從其後。蠅營營如語，徑飛至客窆處。羣蠅無數，子伸首探之，尸儼然存。走報里伍，捕凶人赴縣。鄰叟之過亦彰，遂爲明證。店夫婦並伏誅，叟坐杖脊，官毁凶室爲墟。鄭景實自莆田往臨安，道出其地，正見屋廬皆蕩析，遺趾一空。時淳熙十一二年間也【四】。客寃得蠅而伸，殆與新昌麂麑相類，蓋得鬼而誅云。

## 張夫人婢

張嵇仲叔夜【五】樞密之夫人，宗室克敞女也。有小婢常侍左右，每出必從。在海州時，因侍夫人，夜如廁【六】，將還，呼之不應，至于再三。他妾聞之，亟往視，乃俱歸。將笞責此婢，而是日以疾臥，元未嘗出，始知先攜燈者鬼物耳。夫人不淹旬遂病，踰月而卒。

【四】時淳熙十一二年間也　涵芬樓本注，嚴校：此志序乃乾道二年所譔，而此所補者則淳熙年間事，知是元人妄取他志之文以入之也。

【五】張嵇仲叔夜　「嵇」原作「稽」，據祝抄本改。

【六】夜如廁　「夜」下，祝抄本多「攜燈」二字。

張才父説【七】。

## 竇氏妾父

徐州人竇公邁，靖康中買一妾，滑人也。未幾，虜犯河北，妾父母隔闊不相聞，憂思之至，殆廢寢食。忽僵仆於地，若有物憑依【八】，乃言曰：「某，女之父也。遭兵亂，舉家碎于賊。羈魂無所歸，欲就此女丐食，而神不許【九】。守竇氏之門歲餘矣，土地憐我，今日始得入。」竇氏曰：「汝不幸死，夫復何言？吾令汝女作佛事，且具食祭汝，汝亟去。」許諾，妾即蘇。竇氏如所約，陰與之戒，勿令妾知【一〇】。又再歲，其父乃自鄉里來，初未嘗死也。前事蓋黠鬼所爲，以竊食云。

## 王夫人齋僧

宗室瓊王仲儡之子士周，娶王晉卿都尉孫女，少年時，墮胎死。死二十有二年，當紹興丁丑。士周以復州防禦使奉朝請，居臨安糯米倉巷。歲五月十二日，天未曉，妾楊氏夢人促使起，曰：「天竺和尚且至。」既明，上竺僧中左來謁曰：「被命飯僧，敢請其意【一一】。」出池紙貼子一【一二】，其辭云：「奉太尉台旨，十五日就本院齋僧一堂，承受使臣陳興押。」士周愕曰：「初未嘗有此意，而使令中亦無陳興者。」中左慙而退。出門遇中

【七】張才父説　「父」祝抄本作「文」。

【八】若有物憑依　涵芬樓本注，葉本作「若爲物所憑附」。

【九】而神不許　「不許」，葉本作「不容入」。

【一〇】陰與之戒勿令妾知　涵芬樓本注，葉本作「戒内外，勿語妾知之」。

【一一】敢請其意　「其」葉本作「具」。

【一二】出池紙貼子一　涵芬樓本注，葉本無「池」字。

竺僧慶敷、靈隱僧了心，皆言以齋意來白，遂俱入，復謁。士周方拒其説未了，聞室中喧呼【一三】，入視之，乃其子不騫之婢來喜者，爲物所憑，作王氏語【一四】，謂士周曰：「無詰三僧，爲此事者，乃我也。我以平生洗頭洗足分外用水，及費纏帛履襪之罪，陰府積穢水五大甕，令日飲之。乳母亦代我飲，纔盡三瓮，又逐去，不使代我。我不堪其苦，欲求佛功德以自救，無由可得。聞瓊王主龍瑞宮，從者數百輩，平生姬侍如萬恭人、王恭人、夏棋童輩皆在左右，獨我以身污穢不得前。近從它人假大衣特髻，方得入拜庭下。王憫我窮，以陳保義借我，故使散齋貼於三寺。我自爾請料錢三十千時爲夫婦，今月俸十倍，忍不救我？」又唤一乳媪曰：「汝嘗見我，何不言？」媪曰：「前日實見夫人立太尉牀前，恐太尉懼，不敢説。」又責家人，以其女嫁胡氏，資送太薄，至於典衣而不能贖。又囑使嫁孀妹。已而大慟，且勸家人力爲善，勿殺生。其言切至，聞者皆悲泣。士周許爲齋三寺僧，且於仙林寺設水陸。王氏頗喜，戲曰【一五】：「爲我典錢作功德，無誦言於後也。」三僧言陳興者，貌甚黑，衣四褑皂衫，持舊青蓋。人與之語，輒退避。飲茶設食【一六】，但舉而嗅之。初疑其飽，與錢二百，苦辭其半，又從監寺僧取知委狀而去，且告以士周所居。云：「如得錢，分從者時，無須留待我，我今往平江矣。」士周即以錢授三寺。後兩夕【一七】，來喜者復夢王氏云：「我今坐蓮花盆中去，不來矣。」龍瑞宮在會稽山下，瓊王疑爲其神云。張掄才父，王壻也，嘗見所書齋貼【一八】。

【一三】室中　「室」原作「空」，據葉本、祝抄本改。

【一四】作王氏語　涵芬樓本注，葉本「語」下多一「音」字。

【一五】戲曰　涵芬樓本注，葉本無「戲」字。

【一六】飲茶設食　「飲」葉本作「供」。

【一七】後兩夕　「夕」原作「月」，據葉本、陸本、南圖本改。

【一八】嘗見所書齋貼　祝抄本下多「爲予言云」四字。

## 興元鍾誌【一九】

楊淵，字深道。建炎三年，知吉州。是歲八月，修城部役，使臣斸土得人腦骨一片，已朽矣，猶有餘髮。役夫擲之濠中，已得一鍾如陶土所爲，上有銘曰：「唐興元元年，吾季愛子殁，乃就瘞於廬陵西壘之巔後。當火德五九之際，世道衰敗，浙梁相繼喪亂，章貢建昌之日，吾亦復生是邦。東平鳩工，復使吾愛子得同河伯聽命於水官矣！京兆逸翁深甫記。」深道命録其文，才畢，鍾亦碎然。則深道蓋深甫後身乎？深道子説。

## 賀州道人【二〇】

顔博文，字持約。建炎中，謫居賀州。平生好延方士，雖窮約不少倦。有客敝衣大冠【二一】，善飲酒，數過顔【二二】，輒出酒飲之。他日邀顔出行城外，十里許，入深山，同坐石上。謂顔曰：「偶獲名酒，幸公同一醉。」袖出一瓢，取兩杯共酌。顔亦嗜酒，度各飲十四五杯。顧其瓢，纔堪受升餘，而終日傾不竭，始異之，起再拜【二三】。道人曰：「子真可教。然子方居遷謫中，當有以給朝夕之費。」即取書一編授顔【二四】。閱之，乃唐圭峰長老宗密所注《周易參同契》也。中有化汞爲銀之法，暇日試之而信。後居廣州，每月旦望二七日，必詣海山樓，視漁舟所過，悉買魚蝦放諸海，或至費數千。朱丞相漢章，時爲監司幹

【一九】興元鍾誌　涵芬樓本注，此下宋本闕十四行又一葉。李按：祝抄本有其佚文，據補。

【二〇】賀州道人　涵芬樓本注，本條據葉本補。

【二一】敝衣大冠　涵芬樓本注，「敝」明鈔本作「敞」，是。

【二二】數過顔　涵芬樓本注，明鈔本疊「顔」字。李按：後一「顔」字屬下。

【二三】起再拜　涵芬樓本注，明鈔作「矍起再拜」。

【二四】即取書一編授顔　涵芬樓本注，明鈔本疊「顔」字。李按：後一「顔」字屬下。

官，謂顏曰：「公未脱散地，俸入殊不多，何以繼此？」曰：「吾嘗得一鍛汞法，今數爲之。道流有過者，我館之【二五】，或經年，須其自去，乃已。餘悉爲放生之具。此外一錢不敢妄用。」丞相求觀。顏令宿齋戒，逮旦而往。顏索水銀十兩置釜中，取夾袋内紅粉末刀圭糁其上，以炭五斤燃之。少焉汞汁躍出，高數寸，乃復下，如是再三，則四面施炭鼓鞴扇之。俄青焰上騰，曰：「可矣。」鉗出，擲下地，俟冷而稱之，得銀十兩，無少耗焉。朱丞相説。

## 陽大明【二六】

南安軍南康縣民陽大明葬父於黄公坑山下，結廬墓側。所養白雞爲狸捕去，藏之石穴。次夕，大雷震，石粉碎，狸死焉，人以爲孝感。有道人至廬所見之，歎其純孝，指架上道服曰【二七】：「以是與我，當有以奉報。」大明與之，無靳色。道人解腰間小瓢貯衣其中，瓢口甚窄，而衣入無礙。俄取案間小黑石拊摩之，嘘呵良久，則成紫金矣。又變藥末爲圓劑，以授大明。明謝曰：「身居貧約，且在父喪，不敢覬富壽也。」道人益奇之，復探瓢，取道服還之，曰：「聊試君耳。」題詩椽間曰：「陽君真確士，孝行動穹壤。皇上憐其艱，七夕遺回往。逡巡藥頑石，遺子爲饋享。子既不我受，吾亦不汝强。風埃難少留，願子志勿爽。會當首鼠記，青雲看反掌。」遂别去。鄉人聞者，競觀之。題處去地幾丈許，始以淡墨書，既而墨色粲發，字體飛動，皆疑其人仙者云。時紹興十三年也。里胥以事聞于縣，縣令李能一白郡

【二五】道流有過者我館之　涵芬樓本注，「者我」明鈔本作「我者」。

【二六】陽大明　涵芬樓本注，明鈔本「陽」作「楊」，下同。

【二七】曰　涵芬樓本注，明鈔本校增作「謂曰」。

守，上諸朝。明年，詔賜帛十四，令長吏以歲時存問之。其事具《起居注》。

## 劉若虛

錢塘人劉實，字若虛，老於場屋。紹興五年赴省試，寓北山僧舍。其僕王高者，服勤累年矣，夜扣户呼曰：「適夢明日牓出，樊光遠爲第一人，劉若虛次之。夢中了然，主公必高選。」劉亦喜。如期揭牓，樊冠多士，而劉被黜。識者審其夢，云：「若虛，劉字也。牓不言劉實，而言劉若虛，無名之兆耳。」後七年，始以特奏名試大廷。又入五等，爲助教，納勑不拜。會顯仁皇后北歸，劉與同科沈亮功皆獻頌，有旨許出官一任，調主吉州太和簿。族人有精五行者，謂劉無食禄相。踰年，官期至，縣遣手力一人來迎。劉，書生也，已大喜滿望，置酒。呼族人，質之曰：「平生言我不作官，今迓卒至矣。」族人但引咎悔謝。酒罷還家，復布算推測，密告人曰：「若虛苟得禄，吾不復談命。」竟以登塗前一日死。凌季文説。

## 混沌燈

會稽陸農師左丞少子賓，居無錫縣，招老儒陳先生誨諸子。幼子甫六歲，敏慧夙成。纔入學，即白先生，乞爲對偶。以兩字、三字命之，笑曰：「不足爲也。」益至五字，乃可。試書曰：「鷺宿沙頭月。」應聲曰：「鴉翻樹杪風。」又令對「濃霜雁陣寒」，答曰：「殘月雞聲曉。」每出語輒驚人，而了不置思。父母皆喜，謂兒長大，當可繼左丞。明年正月八日，令其僕買大竹作燈毬，漫以黑紙，掛于几案之側。人問何物，曰：「此名渾沌燈。」明日，穴其一竅。如是，凡七日，至十五日，而七竅成。兒是夕亦卒，所謂「日鑿一竅，七日而渾沌死」。異哉！陳阜卿説。阜卿，陳先生子也。

## 王通直祠

福州人王純，字良肱【二八】，以通直郎知建州崇安縣【二九】。方治事，食炊餅未終，急還家【三〇】，即仆地死。死之二日，衆僧在堂梵唄，王家小婢忽張目，叱僧曰：「皆出去，吾欲有所言。」舉止語音，與良肱無異。遂據榻坐，遣小史招丞、簿、尉。丞、簿、尉至，録事吏亦來。婢色震怒，命左右擒吏下，杖之百。語邑官曰：「殺我者，此人也。吾力可殺之，爲其近怪，故以屬公等。吾未死前數日，得其一罪甚著。吾面數之曰：『必窮治汝！』其人忿且懼，遂賂庖人置毒。前日食餅半，即覺之。蒼黄歸舍，欲與妻子語，未及而絶。幸啟棺視之，可知也。」丞以下皆泣【三一】，呼匠發之，舉體皆潰灡【三二】，爲黑汁。始詰問吏，吏頓首辭服【三三】，并庖人皆送府。府以其無主名，不欲正刑，密斃之於獄。邑中今爲立廟曰「王通直祠」云。王嘉叟説。

【二八】字良肱　涵芬樓本注，《榕陰新檢》多「紹興二十六年」六字。

【二九】知建州崇安縣　涵芬樓本注，《榕陰新檢》多「摘奸發伏如神，吏憚其嚴，一日」十二字。

【三〇】急還家　涵芬樓本注，《榕陰新檢》作「急入宅堂」。

【三一】泣　涵芬樓本注，葉本作「驚」。

【三二】潰灡　中華本注「灡」當作「爛」。

【三三】辭服　涵芬樓本注，「辭」葉本作「輸」。

# 夷堅乙志卷第四 十二事【一】

## 夢登黑梯

俞舜凱，徽州人。紹興十八年，赴省試。夢紅黑二梯倚檐間，有使登紅梯者，俞顧梯級甚峻，辭以足弱，不能躡，遂登黑梯，造其顛而寤。是歲，中特奏名一人。楚贊説，亦徽人。

## 張文規

張文規，字正夫，高安人。以特奏名入官，再調英州司理參軍。真陽縣民張五數輩盜牛，里人胡達、朱圭、張運、張周孫等率保伍追捕之。羣盜散走，獨張五拒抗不去，達殺之而取其貲。盜不得志，反以被劫告于縣。縣令吴邈欲邀功，盡取達、圭以下十二人送獄，劾以强盜殺人，鍛鍊備至，皆自誣服，圭、運二人瘐死。既上府，事下司理院。文規察囚辭色，疑不實，一問得其情，又獲盜牛黨以證，獄具，胡達以手殺人杖脊，餘人但等第杖臀而已，圭、運乃無罪。時元祐七年也。邈計不行，恚忿，歸番禺，嘔血死。文規雪寃獄活十人，當得京秩。郡守方希覺以其老生無援，不爲剡奏，但用舉者，遷臨川丞。紹聖四年之

校勘記

【一】十二事　涵芬樓本按：實祇十一事。

官，明年夏四月癸卯，以驗屍感疾，遂困。勺飲不入口者一月，昏不知人【二】，家人環泣待盡。越五月辛未，忽微作聲，索水飲，身漸能動，大言曰：「速差人般取船上行李【三】。」至夜半，神氣始定，乃言：「方病在牀，聞一人呼云：『英州下文字。』即出視之，有公吏三四輩，曰：『攝官人照證事。』吾告以病篤乏力，不能行，又無公服。吏曰：『彼中自有公服，已具舟岸下矣。』不得已，與俱往，頃刻間至英。視井邑人物，歷歷如舊，唯市中酒樓不見，問左右，曰：『焚之矣。』吏止之，令俟取公案。須臾而回，問何等文書，曰：『吴遡解胡達案也。』吾念遡死已久，何爲追我？方悟已死。稍行，前入大官府，門廡【四】嚴峻，戈戟列衛甚整。同行者十餘人，將入門，一卒持衣冠至，服而入。或告曰：『有持水漿來者，切勿飲，飲則不得還。』又前至一門，衛兵愈盛，力士數十皆執斧鉞。果有持水至者，同行皆飲，吾辭以不渴。又易茶以來，復辭之。其人怒曰：『何爲難伏事？』復前行，追者先入門，出引衆，俱進。殿宇樓觀，金碧相照，殿上垂簾，皆不敢仰視。潛問殿上爲誰【五】，曰：『王也。』俄傳呼驅同行者使前，旋即捽去，最後方及吾。聞簾内所問，果吴遡事，一一以實對。王曰：『吾亦詳知，然必須卿至結正者，貴審實爾。』吾奏曰：『臣自勘此獄，使十人將死得生，獨不蒙朝廷賞勞，敢問其説？』王曰：『臨川丞即酬賞也。』吾曰：『若准賞格，當改合入官。而今但用舉者循資耳。』王曰：『豈有舉主二人而遽得丞大邑乎？』蓋吾初得二薦章，既赴部，而廣東提刑王彭年者已不可用，不謂冥間知之如此

【二】昏不知人　涵芬樓本注，《説郛》多「四體皆冷，喘息不屬，醫以爲必死」十三字。李按：宋張鎡《仕學規範》卷三一《陰德》同條同。

【三】速差人般取船上行李　同上二書多「家人以爲狂」五字。

【四】門廡　涵芬樓本注，「廡」《説郛》作「廉」。李按：《仕學規範》作「廡」。

【五】潛問殿上爲誰　《説郛》、《仕學規範》多「追者」二字。

之的。遂奏曰：『官職既有定分，願以微功少延壽數。』即聞殿上索簿，吏抗聲云：『已蒙王判。』則見文書自簾出降，付衛者，引吾至所司。遥見吴䢖荷校於簾下，而朱圭、張運立其傍。吾借書欲觀，衛者不可，曰：『至司則見矣。』指司吏，曰：『此濮州舉人也，行己正直，明法不第，故死得主判于此。』至司，揖吏問所判，吏出示，紙尾有『添一紀』三字。吾佯爲不曉，以問吏，吏曰：『子宿學老儒，豈不曉其義乎？一紀者，十二年也。子有雪活十人之功，故王以是報子。此人間希有事也。適在王所，聞子應對，王甚喜。夫上帝好生而惡殺，《經》云，與其殺不辜，寧失不經。又云，好生之德，洽于民心。凡引此類數十端，不能盡記。』吾從容謂之，曰：『公本貫濮州邪？』吏愕曰：『何以知之？』吾笑曰：『平生聞濮州大鐘，果有之乎【六】？』吏作色曰：『此非戲所，勿輕言。』復引出，至殿下，叩簾奏訖，吏舉手【七】令退。吾又前白曰：『適蒙判增一紀，今六十七矣。計其所增，當至七十九。然先父壽止七十八，豈有人子而壽過其父乎？』王曰：『不然。人壽短長，係乎所修。父子雖親，不必同也。』遂拜謝而出。廊下一大門【八】，守衛嚴密，吏曰：『都獄門也。其間各有獄，凡貪淫殺害、嚴刑酷法、讒譖忠良、毁敗善類，不問貴賤久近，俱受罪于此。』欲入觀，不可。望【九】門内一僧持磬，吏曰：『導冥和尚也。凡人魂魄皆此僧導引。』廊上有欄楯，如州縣所謂沙子者。其間囚亦多，一女子年十七八，呼曰：『聞官人得歸撫州，煩爲白知州許朝散云，十二娘至今未得生天，願營功果，救拔我。朝散將來亦解保舉官

【六】平生聞濮州大鐘果有之乎　原注：京師人戲語，有濮州鐘。

【七】舉手　《仕學規範》同，《説郛》作「牽吾」。

【八】廊下一大門　上二書於「廊」上多一「見」字。

【九】望　上二書作「望見」。

人。』吾默思，許守今年舉狀已盡，安能及我？俄聞傳呼張文規，與罪人通言語。驅至王所，王問焉，以實告。王曰：『能爲言之，理無所礙，彼此當有利益。』吾遂行。恐忘女子之言，又至司，就吏借筆，書十二字於臂。急趨出，見元追者，引登舟。行至一城，乃南雄州也。有黄衣來報，方提舉已死，追至此。蓋英守方希覺者見提舉江西常平。吾猶意其在英時不保奏鞫獄事，走卒妄言悦我，以求利。詰其所在，曰：『在某所。』往求之，不見。復登舟，即抵岸。送者推出船，遂寤。視臂間十二字隱隱若存。」時病已經月，腰胯間肉壞見骨，善醫者以水銀粉傅之，肌肉立生。許朝散者，臨川守許中復也。十二娘者，乃其兄之女。聞其事，爲誦佛書，飯僧薦之。而方希覺者，以文規甦後始死。蓋氣未絶時，精爽已逝矣。文規在告幾百日，漕司以爲不勝任，檄郡守體量，將罷之。許守具事實保明，言病愈已堪釐務。乃悟女子所謂保舉，及王言彼此利益之説。後有客自英來云：「市樓果爲火所毁。」明年，文規以通直郎致仕。至大觀二年，年七十八，夢一羽衣來云：「向增壽一紀，今數足矣。陰君以公在英州嘗權司法，斷婦人曹氏斬罪，降作絞刑，又添半紀。」文規寤而思之，曹氏者，本罪當斬，欲全其首領，故以處死定斷。既去官，刑部駁問，以爲失出。偶事在赦前，又曹氏已死，無所追正，但索印紙批書而已。至政和四年乃卒，年八十三。考其再生及夢，凡增一紀有半，當得十八年而只十六年者，蓋自生還之歲，至得夢時，首尾爲一紀，又自夢歲，至終年，爲半紀云。臨川人吴可嘗作傳，文規之孫平傳之。

## 許顗夢賦詩

許顗，字彦周，拱州襄邑人。宣和己亥，訪所親鄭和叔於城北，因宿焉。夢行大路中，寒沙没足，其旁皆丘壠荆棘【一〇】，有婦人皂衣素裳行田間，曰：「此中無沙易行。」顗從往之。足弱不能登，婦人援其手以上。月正明，無樹木，彌望皆野田，麥芃芃然。婦人引顗藉草□【一一】□□□□處有矮塼臺【一二】，臺上有紙筆，顗題曰：「閑花亂草春春有，邊鴻社燕年年歸。青天露下麥苗溼，古道月寒人跡稀。」拍筆臺上有聲，驚覺。歷歷在目，疑其類墟墓間事，不祥也。是歲，大病幾死。

## 掠剩相公奴

沈傳曜侍郎昭遠，紹興戊辰，自江西移帥湖南。過袁州，逆旅人令蒼頭趨走於前，年十三四矣，容止安詳，殊無村野小兒態。喜而問之，答曰：「嘗在一官人家爲小童數年，近方辭歸。」傳曜曰：「肯從我乎？」曰：「幸甚！且請歸白父母。」少選復至，遂隨以西。出入房闥間極謹飭，凡所使令，皆能知人意【一三】，舉家愛之。至潭半歲，忽求去。傳曜曰：「汝方習熟於此，姑留可也。」曰：「奴自有所職，但當事侍郎許時，期至當去耳。」傳曜怪其語，問所職爲何。對曰：「見爲掠剩相公奴，所掌者人間鞋履也。人所著鞋，更新

【一〇】丘壠荆棘　《彦周詩話》作「田苗丘隴」。

【一一】藉草□　同上書作「藉草坐」。

【一二】矮塼臺　「塼」原作「博」，據同上書改。

【一三】皆能知人意　涵芬樓本注，「知」明鈔本作「如」。

換舊，皆有簿歷，書之唯謹，如侍郎，平日所服用，皆記録無遺。」因取袖間歷，并以舊屨數十緉出示，再拜而去。傳曜始驚異，知其非人。後數日而傳曜卒。張栻欽甫説。

## 廬州老兵

吕安老尚書祉既以淮西事不幸死，廬州人或云見之，至今虚正廳不居。紹興二十六年，吴逵爲守。當春時，家人思欲出郊，城外有道觀，相承爲踏青宴飲之地。逵宿戒騶從，遲明即出。方五鼓，直宿老兵起，望廳上已有燈燭，即屏間窺覘，乃安老據案治事。吏校列侍其旁，典謁者持賓客牌，白曰：「某官某官過廳。」安老起迎，數客肅揖就坐。賓主之禮，與常日郡守見僚屬不殊。客退，安老回顧，見老兵，令呼出，曰：「見我不致敬，敢竊窺邪！」敕五伯杖之二十。老兵拜謝起，了無所覩。旦視其創，乃真受杖也，療之數月乃愈。

## 張津夢【一四】

張津，字子問，紹興戊辰，自常州録事參軍歲滿赴吏部磨勘。同鋪有張聿從政者，建康人，罷夔路屬官來，亦有舉將五員，當改秩。而其一人嘗坐累，銓曹以薦章爲疑，方上省，待報未決可否也。聿憂之，幾廢寢食。忽見津至，審其姓名大喜，鋪吏問所以然，曰：「昔年至蔣山謁寶公丐夢，夢神告曰：『汝身畔有水，則改官。』寤而訊諸占夢，皆莫能測。

【一四】張津夢　涵芬樓本按：目録「津」作「聿」。

今與宗人遇，而其名曰津，聿字加水，津字也【一五】。神告之矣，此吾所以喜也。」時秦丞相當國，以聿鄉里之故，爲下其事。適以是日得報，二人遂同班引見，津次當第三，聿班在四，而軍頭司誤易之。乃詣殿下，聿立於津上，正符身畔水之兆云【一六】。子問說。

## 大孤龍

郭三益樞密赴長沙，過大孤山下，天晴無風，江水清泚，舟至中流，屹不動，如有物維之者。舟人没水，周視無所遇。忽於柁上見小兒，可長五寸，形體皆具，垂兩股夾柁而坐，柁爲之臬兀。仰視見人不變色，遽以告郭。郭命衣冠，焚香瀝酒禱之。有頃，化爲長蛇，昂首入水中，舟即能去。

## 張績妻

張績彦偉，鄱陽人。妻王氏孕十有二月未産，而績死。王氏哭泣，數日間，胎失去，了無所知覺。盧亨【一七】說。

## 趙士藻

趙士藻，紹興中，權廣東東南道税官。既罷，與同官劉令、孫尉共買舟泛海如臨安。

【一五】聿字加水津字也　涵芬樓本注，上七字，葉本作「是聿身傍有水也」。

【一六】正符身畔水之兆云　涵芬樓本注，明鈔本「畔」下多一「有」字。

【一七】盧亨　「亨」原闕，據陸本、南圖本改。

士藻挈妻子已下凡六人俱，初抵廣利王廟下，舟人言：「法當具牲酒奠謁。」藻欲往，而令、尉者持不可。是夕，藻夢與二人入廟中，王震怒，責之曰：「汝曹爲士大夫，當知去就。大凡過一郡一邑，猶有地主之敬。今欲航巨浸，而傲我不謁，豈禮也哉？」藻言初心願展謁之意，王捨之。顧左右，執二人斬首。少焉，吏以銀柈盛二豬頭至前，血淋漓屬地，藻驚悟。視令、尉則亦起坐，意甚恐怖。告以夢，夢協，而二人皆生於亥云。明日，三人同詣廟，拜謁謝罪。藻獨禱於神，問去留之計。盃珓曰「吉」。乃歸舟。至夜，令、尉同榻寢，有蛇如箸大，徑其腹以過自三更幾達明乃絶。旦而視其下，一物蜿蜒蟠繞，如數百丈索，留半日，乃不見，皆大駭。然業已辦行，不暇止。是晚，海中火光如電掣，舟人大懼，急入一灊浦中。巨浪隨至，須臾舟已溺。藻立近舷外，虞候挾之登脚船，取佩刀斷纜，僅得至岸。入一寺中，謂僧曰：「它物無所惜，獨告身及妻妾淪没爲可痛耳！」有行者健甚，自云能入水不濡，即許厚賞遣之。時舟雖沉，望桅檣猶可認。行者移兩時方出，已癡不知人。久乃能言曰：「值大黑龍，不見首尾，其身充滿於船中，無隙可入。震悸而出，幾爲所吞。」藻臨水號慟。明日浪止，於溺處得告勅囊及零陵香一席，遂復還郡中。初，藻客遊，得攝事，以竊賄成家，始娶婦買妾。及是儽然孤窮，與初不異。乃貨所餘香，陸行歸浙。

## 樂清二士

温州樂清縣分兩部，號邑西、邑東。賈如愚秀才居邑東，赴鄉舉，夢解榜揭樓上，曰「陳七」。賈不能曉，以告鄉人謝權甫。謝曰：「君必中選。邑東，陳字也。而君行第七，其爲陳七昭昭矣。」明日報至，果然。王龜齡，紹興丙寅歲，同其弟補試太學，寓湖上九曲寺。得失之心頗切，忽夢揭榜，有「王二」。既覺，以爲其弟且中選。弟曰：「王二者，兄當爲第二人耳。」既而亦然。又甲戌年，赴省試，寂無夢兆。嘗獨行窗下，見故紙堆積，默禱求讖，乃信手揭之，得敗紙半幅，如占五行者。字皆滅矣，唯「丁丑」二字可辨。是年不利，至丁丑歲，遂魁天下云。龜齡説。

## 殯宫餅

靖康元年春，京師受圍。監察御史姚舜明之子宏，欲歸越。出南薰門買舟，已得舟，欲復入城，適有旨不許諸門納入者。宏無可奈何，率所善士人兩輩陸馳而東。循汴數日，晚至道側小寺，僧盡不在，僧房多殯宫。三子者不可前，姑留宿。令僕買酒於村店，并得豬肉以來。寺庖久不爨，什器皆闕，雖有肉不能饌。一士笑曰：「吾自有計。」取肉置一棺上，縷切之，以爲羹。讀棺前榻識，知其爲婦人，士戲之曰：「中夜空寂，不妨過我。」三子既醉寢，過夜半，此士蹶起，嘔吐狼藉，意緒昏昏。待旦視之【一八】，所嘔皆餅餌，而昨夕未嘗食也。云：「昨睡方熟，有好婦人來，相與飲，以餅啖我。」遂往殯前物色之，蓋死者家陳餅以供，滿楪皆片裂矣。

【一八】待旦視之　涵芬樓本注，「待」原闕，據陸本、南圖本補。

# 夷堅乙志卷第五 十三事【一】

## 司命真君

余嗣，字昭祖，福州羅源人，官朝散郎。紹興十八年，居鄉里。與福帥薛直老有同年進士之好，丐部銀綱往行在，欲覬賞典，合年勞，遷兩秩。明年郊祀恩任子，九月五日至郡中，館于所親林氏。十九日，往大中寺，飲于表弟韓知剛邑家。歸時已二鼓，倦甚就枕。月色甚明，似夢非夢，見一人排闥而入，道衣小冠，持旌幢，立於牀前，呼曰：「司命真君相召。」嗣索所逮符檄，曰：「面奉嚴旨，並無文書。」嗣即起，著紫窄衫，繫帶而出。回視己身，臥榻如故，嘆曰：「吾必死矣。逆旅中至此，爲之奈何！」追者前導，常遠數步，欲與之語，不可得。纔出東門，覺非平日所行路，夾道高木，陰森蔽虧，日色晃曜，乃似辰巳間。經五六里許，不逢行人，心甚怖。俄見一城巍然，門旁兩人對立，軟巾束帶，如唐人衣冠。追者曰：「真君門下引進使者在此相候，可進矣。」二使揖入門。門內有亭，供張甚盛。一人華冠螺髻，衣紅綃袈裟。嗣升亭，二使俱坐，不交一談，飲湯而退。復引入，度行三四里，所過金碧輝映，甃地皆琉璃。私喜，知決非惡地，憂心稍釋。入，轉一曲角，舍宇

校勘記

【一】十三事　涵芬樓本按：實祇十二事。

益雄麗，使者曰：「此真官治事所也。」嗣問曰：「若至彼，用何禮以見？」曰：「公無朝服，只合肅揖。」聞呼，即登殿。入門揭金書牌曰「司命真官之殿」。如儀以謁，即引上。視真官冠服，與今朝服等。熟視之，蓋建炎間越州同官某也【二】。笑謂嗣曰：「此間今年考校，得二十人，見公姓名，特去相召。」嗣皇恐謝曰：「嗣官卑材下，無寸長可紀，安得預考校之列？」真官厲聲曰：「此間不問人貴賤，不問官尊卑，但看一念之間正不正爾。與公有舊，欲公知前程事。公官資儘有，而所享之壽止七十四。若能辭榮納禄，可延一紀。自此以往，積功累行，又有乘除，所得之數，蓋不止此。公欲之乎？」嗣曰：「敢不聽命。」真官曰：「今日非奏過天曹主宰，亦召公不得。然不可過三時，宜速歸。」顧二使，令引出，遂退。由元路，行經一殿門，聞人聲嘈嘈，有呻吟號泣者。使者曰：「司過真君殿也，方坐殿訊囚。」嗣問曰：「人世何事爲重罪？」曰：「不孝爲大，欺詐次之，殺生又次之。」及外門，花冠者出，向嗣合爪曰：「此官員不可思議，吾到此半年，見多少人入來，何嘗有出去者。此官員實是不可思議。」復揖坐飲湯，下階。使者曰：「尋常只到此。以公與真官有分，且又慈仁，今特遠相送。」既出，嗣問曰：「適花冠者何人？」曰：「渠是三十三天上人，以微過謫監門。滿一年，即復歸矣。」「所飲何湯？」曰：「入時是醍醐，出時爲甘露。」嗣懇曰：「今幸得歸，何以見教？」曰：「輒有厭禳之術，公到家日，取門上桃符，親用利刃斫碎，以淨籃貯之。至夕二更，令人去家一里外，於東南方穴地三尺埋之。此人

【二】同官某也　「也」字下原注有「嗣不欲言之，或云張讀聖行也」十二字。

出，公即静坐冥心呪曰：『天皇地皇，三綱五常，急急如律令。』俟其還，乃止。」又云：「公歸家，食當異席，寢當異被，食當祭先，寢當存息，皆修持之要。」嗣曰：「此行念無以報德，使者何所須？」二人相視而笑，掉頭曰：「此中無用，此中無用。」固問之曰：「公平日誦《金剛經》回向一兩卷足矣。」往來酬答，唯一人，其一默不語。又行一二里，辭去，曰：「此去無他歧徑，歸即至。」嗣獨行，如及城東門，足跌而寤，已三更矣。儼如白晝出謁之狀，遂呼僕張燈作辭綱劄子。遲明詣薛白之，且言欲致仕。洎還家，取桃符如所教以行，然不曉何理也。竟自列掛冠，明年拜命，始爲人道其始未如此，且自作記。人謂嗣必享上壽，福未艾也。然是後七年而卒，殊與所夢不侔云。

## 劉子昂

紹興三十二年，劉子昂爲和州守。方淮上亂定，獨身之官【三】。他日見好婦人出入郡舍，意惑之，招與合，歷數月久。因詣天慶觀朝謁，有老道士請問，曰：「使君不挈家，而神色枯頳黧黑，殆有妖氣，如何？」劉初諱不答，再三言之，乃以買妾對。道士曰：「非人也，將不可治。今以二符相與，逮夜宜懸於户外，渠當不敢入。」劉以符歸，夜未半，婦人至，怒駡曰：「相待如夫婦，何物道士，乃爾！吾去即去，無憶我。」劉不能割愛，亟起取符壞之。終不悟生人何以畏符，復綢繆如初。又數日，道士入府問訊，望見劉，驚惋

【三】獨身之官　「之」原作「入」，據陸本、南圖本改。

曰：「弗活矣，奈何，奈何！然當令使君見之。」命取水數十擔，覆于堂。其一隅方五六尺許，水至即乾，掘之，但巨屍偃然于地，略無棺衾之屬，僵而不損。劉審視，蓋所偶婦人也。大惡之，不旬日而殂。王嘉叟説，得之於韓璡之子季明。

## 梓潼夢

梓潼神夢之靈，前志已載矣。成都人羅彦國，累試不第。既四舉，齋戒乞夢。夢蔡魯公謂曰：「已奏除公樞密直學士矣。」次年省試，又下。乃以累舉恩，得密州文學。犀浦人邵允蹈，紹興七年被鄉薦，亦乞夢于神。夢神告曰：「已與卿安排甲門高第矣。」及類試，果爲第一，乃刻石紀于廟西廡。後罷眉州幕官，赴調臨安，舟行至閘口鎮，病死。始驗甲門之語，蓋閘字也。

## 張九罔人田

廣都人張九，典同姓人田宅，未幾，其人欲加質，囑官儈作斷骨契以罔之。明年，又來就賣，乃出先契示之。其人抑塞不得語，徐謂之曰：「願爾子孫似我。」欲語言而不得，灑淚而去。是年秋，張有孫語不出而死。至冬，其子病傷寒失音，亦死【四】。又一年，身亦如之。

【四】亦死　涵芬樓本注，明鈔本作「而死」。

## 宋固殺人報

成都人宋固，爲縣之文學。鄉耆長有病者，困臥境上。時大觀四年，朝廷方行安濟法，若有病者，則里正當任責。固憚於聞官，誘令過雙流縣牛飲橋。覺病者懷中有所挾，搜之，得銀十餘兩，乃取之，而推墮其人橋下，戒其徒勿得言。居無何，復至前處，失脚墮水中死。其屍出下流五十里外沙磧中，與病者屍合，若相抱持者然。三事王時亨説。

## 張女對冥事

妻父張淵道，自兵部侍郎奉祠，寓居無錫縣南禪寺。次女已嫁梁元明，來歸寧。紹興己未正月七日，因游惠山寺，食煎餅差冷，還家心痛，至夜遂劇，正睡落枕，元明扶之起坐，但淚下不語，指其口曰：「説不得。」問何所見，應曰：「張渥在此。」渥者，淵道叔也。死於兵間，後降靈其家，云：「爲泰山府直符走吏。」意其爲祟，呼洞虚觀道士視之。道士取紙焚香作法，請家人共視，皆曰：「髣髴見紙上有影，如人戴幞頭者。」道士曰：「然則正神，非祟也。是必陰府追對事耳。」書符使吞之，天明稍甦，猶心痛，忽忽如癡。晚乃能言，始病時有持符來牀下，云：「官追汝。」女曰：「我士大夫家女子，何得輒唤？」曰：「陽間如此，陰府不問也。」便覺身隨此人去。至寺後牆門，欲出，一人長丈許，推之入，責追者曰：「張侍郎小娘子爾，何人而得呼之？」追者不答，則身已在牆外，有兜檐甚飾，使登焉。兩人肩舁，約行數百里，又度錢塘江。久之，入一大府，朱門明煥，上施大金釘，殿屋九間，皆垂簾，其中三間簾捲，王者紅袍碧玉冠坐其上。追者前白：「公事到。」王竦身凭案立問，曰：「張相公在陝西殺趙哲，汝父爲參議官，預其事否？」女欲言不知，恐累父，答云：「初不預謀，亦曾諫，不見聽。」王曰：「諫而不聽，何不去？」答曰：「嘗求一郡，不得請。」王顧左右，令詣司供狀。方對答時，望西廡一人，側聽而笑，東廡亦有一人，皆狀貌堂堂。既詣曹，曹吏指曰：「笑者乃趙哲，其東則曲端也。」吏以下，皆長一丈，戴鐵幞頭，著褐布袍，具筆札，令女爲狀。且曰：「當追長子，以其不慧，故免。」蓋淵道長子通，自幼多病，不解事。俄持盤食來，甚豐。或曰：「不可食，食則不得歸矣。」廡下各列門户，或榜云「鑊湯地獄」，或榜云「剉碓地獄」，其室甚多，皆扃鐍不見人。遥見故姻家宋氏母，據案相望而笑，傍人云：「見判善部。」須臾供狀畢，王命放還。無復轎乘，獨隨追者，行及江頭，見貴人公服乘馬，導從甚盛，問人，云：「吕相公也。」是時，吕忠穆公已臥病，後一月始薨，蓋其魄兆先逝矣。

## 畫學生

成都郫縣人王道亨，七歲知丹青，用筆命意，已有過人處。政和中，肇置畫學，用太學法補試四方畫工，道亨首入試。試唐人詩兩句，爲題曰：「胡蝶夢中家萬里，子規枝上月三更。」餘人大率淺下，獨道亨作蘇屬國牧羊北海上，被氈杖節而臥。雙蝶飛舞其上，沙漠風雪，羈棲愁苦之容，種種相稱。別畫林木扶疎，上有子規，月正當午，木影在地，亭榭樓觀，皆隱隱可辨。曲盡一聯之景，遂中魁選。明日進呈，徽宗奇之，擢爲畫學録。又學中嘗以「六月杖藜來石路，午陰多處聽潺湲」爲題。餘人皆畫高木臨清谿，一客對水坐。有一工獨爲長林絶壑，亂石磴道，一人於樹陰深處，傾耳以聽，而水在山下，目未嘗覩也。雅得聽潺湲之意，亦占優列。

## 周勉仲

周勉仲自强爲蘄州司法，時以驛舍爲官廨。晚步中門外，往來微倦，顧廳側有板倚，使人取之欲坐。及其處，則了無一物。宅後枕郡治之萬芝堂，堂有池，白晝見人蓬首對水坐，叱之使起。其人矍然立，背如負大甕者，躍入池中，有聲紞然。識者以爲龜鼈之精云。又嘗往廬山與歸宗長老坐小室，見一人往來窗下，著烏巾，其身僅與窗等，訝其太短，出視之無所見。勉仲説。

## 樹中盜物

王深之湛家臨川，每失去盌楪鉼合及衣服之屬，輒譴責僕婢。然不復可得。一夕，暴風起，屋東大皁莢樹吹折，斷處中空，凡王氏積年所失物皆貯其内，半壞矣。其樹今猶在云。郭沰絜己説。

## 扈司户妻

洪州分寧王氏壻扈司户，自京師買一妾，甚美。攜歸，置于妻家，妻母謂人曰：「扈郎妾，信美。然語音僅能，出口十句，只可辨一二。面目極峭冷，與人寡合，而足絶小，可藏於袴中，類非人間女子。久留不去，非扈氏福也。」扈生聞之，疑其妻不能容，故母言如此。未忍決絶。妾來時，以白犬自隨，行止飲食，不暫捨，逮夜則寢牀下。經一歲，妾入佛堂瞻禮，急大呼乞救。人往視之，則爲犬齧斷一臂，臥血中死矣。犬亦繼死。李紹祖説。

## 異僧符

豫章之南數十里生米渡，乾道元年三月八日，有僧晨濟。將登岸，謂津吏曰：「少頃，見黄衫五人荷籠而至者，切勿使渡。渡則有奇禍至【五】。」取筆書三字，似符而非，了不可識。其文曰「䨻䨻乁【六】」，以授吏，曰：「必不可拒，當以此示之。」語畢而去。吏不甚信也，然私怪之。至午，果有五黄衣如府州急足者，各負兩篛籠，直前登舟。吏不許，皆怒罵，殆欲相歐擊【七】。良久不解，吏乃取所書字示之，五人者一見，狼狽反走，轉眼失所

【五】渡則有奇禍至　「至」原闕，據葉本、陸本、南圖本補。

【六】䨻䨻　涵芬樓本注，上二字不全，今從葉本補。

【七】相歐擊　涵芬樓本注，葉本無「相」字。

在。委十籠於岸滸，發之，中有小棺五【八】百具。吏焚棺而傳其符，豫章人家家圖祀之。是歲江浙多疫，唯此邦晏然。識者謂五人，乃瘟部鬼也。予過江州及衢州，見士人言各不同，竟未知孰是。余端禮説。

## 李南金

樂平士人李南金，紹興二十七年登科。纔唱名罷，歸旅舍，夢二女子執版歌詞以侑酒，曰：「君是園中楊柳，能得幾時青？趁金明春光尚好，尊酒賞閑情。它年歸去，强山陰處，一枕曉霞清。」覺而記其語，不曉强山爲何處。既調官，得光化軍教授。未赴，來謁提點坑冶李稙，獻新發鐵山，自督工烹煉。一日，見巨蛇，仰首向爐，如有所訴。李戒坑户勿得害，既而殺之。它日，又有蛇，其大如柱，來冶處。傍小蛇千餘隨之，結爲大團。巨蛇躍起，首高丈餘。李猶令僕持杖捶之，僕不敢前。又遣人歸家取勑告，置地上【九】，蛇徑行不顧。李甚駭，即覺體中不佳，遂歸。先是，其家人夢一姥來尋李教授，曰：「枉殺我兒。」及是知其不可起，數日而卒。

【八】五　涵芬樓本注，葉本作「三」。

【九】置地上　「地」原闕，據陸本、南圖本補。

# 夷堅乙志卷第六十三事

## 石棺中婦人

紹興初，南劍州將樂尉藺敭，因捕盜至山村，見農人掘地得石棺，無罅，乎匠者鑿開。視之，一婦人，長三尺餘，瞑目裸體，形色紅潤如生，兩手各握一劍，口銜一劍。敭即以油傘裹瘞之，不知何物也。

## 袁州獄

向待制子長久中，元符中，爲袁州司理。考試南安軍，與新昌令黄某并别州鄭判官三人俱。畢事且還，鄭君有女弟，嫁爲宜春郡官妻，欲與向同如袁。而黄令者，前三年實爲袁理官，以故二人邀與偕往。黄不可，鄭强之，且笑曰：「公遽能忘情於煙花中人乎？」黄不得已，亦同塗。然意中殊不樂。逮至，又欲止城外，向力挽入官舍。坐定，向將入省二親，揖之，就便室，黄如不聞，即其側【二】呼之，瞪目不答。俄指向所用銅槃曰：「其價幾何？可輟買否？」向得其發言，頗喜。顧小史，令持往所館，問之，曰：

校勘記

【二】側　涵芬樓本注，葉本作「前」。

「此常物爾，何遽爲【二】？」曰：「將置吾棺中。」向始疑懼，引其手，使少憩，亦不動。亟招鄭君同視之，掖以就榻。少頃，發聲大呼，若痛不可忍【三】，遂洞泄血利，穢滿一室，登榻復下，號叫通夕，不少止。向與鄭同辭告，曰：「君疾勢殊不佳，盍有以見屬？」黄頷首曰：「願見母妻。」向即日爲書，走駛步如新昌，告其家。又語之，曰：「君本不欲來，徒以吾二人故。今病如是，尊夫人脱未能來，而君或不起，是吾二人殺君也。何以自明？願君力疾告我，所以不欲來及危惙如此之狀。」黄開目傾聽，忍痛言曰：「吾官于此時，宜春尉遣弓手三人買雞豚于村墅，閲四十日不歸。三人之妻訴于郡，郡守與尉有舊好，令尉自爲計。尉給白府曰：『部内有盜起，已得其根株窟穴所在，遣三人者往偵。恐其徒泄此謀，姑以買物爲名。久而不還，是殆斃於賊手。願合諸邑求盜，吏卒共捕之。』守然其言。尉自將以往，留山間兩月，無以復命。適村民四輩耕于野，貌蠢甚，使從吏持錢二萬，招之與語，曰：『三弓手爲盜所殺，尉來追捕，久不獲，不得歸。倩汝四人，詐爲盜以應命。他日案成，名爲處斬，實不過受杖十數，即釋汝。汝曹貧若此，今各得五千錢，以與妻孥，且無性命之憂，何不可者？汝若至有司，如問汝殺人，但應曰有之，則飽食坐獄，計日脱歸矣。』四人許之，遂執縛詣縣。會縣令闕，司户攝其事，劾囚，服實如尉言。送府，吾適主治之，無異詞，乃具獄上憲臺，得報皆斬。既擇日赴市矣，吾視四人者皆無兇狀，意其或否。屏獄吏，以情詰之，皆曰：『不冤。』吾又摘語之

【二】何遽爲　涵芬樓本注，葉本作「何遽言價」。

【三】若痛不可忍　涵芬樓本注，葉本多一「者」字。

曰：『汝等果爾，明日當斬首。身首一分，不可復續矣。』因相顧泣下曰：『初以爲死且復生，歸家得錢用，不知果死也。』始具言其故。吾大驚，悉挺其縛【四】。尉已伺知之，密白守曰：『獄掾受囚賂，導之上變【五】。』明日，吾入府白事，守盛怒，叱使下，曰：『君治獄已竟，上諸外臺閱實矣。乃受賄賂，妄欲改變邪？』吾曰：『既得其寃，安敢不爲辨！』守無可奈何【六】，移獄于録曹，又移于縣，不能決。法當復申憲臺，別置獄。守曰：『如是，則一郡失人之罪衆【七】矣。安有已論決，而復變者？』悉取移獄辭焚之，但以付理院，使如初款【八】。吾引義固爭，累十數日不得直，遂謁告。郡守令司户嘗攝邑者代吾事。臨欲殺囚，守復悔，曰：『若黄司理不書獄【九】，異時必訟我于朝矣【一〇】。』令同官相鐫諭【一一】，曰：『囚必死，君雖固執，亦無益。今强爲書名于牘尾，人人知事出郡將【一二】，君何罪焉？』吾黽俛書押，四人遂死。越二日，黄衣人持挺押二縣吏來追院中二吏，曰：『急取案。』吏方云云，黄衣以挺擊之，四吏俱入舍不出。吾自往視，舍門元未啟，望其中案牘横陳，逡巡四吏皆暴卒。又數日，攝令死。尉用他賞改秩，已去官，亦死，而郡守中風不起，相去纔四十日。吾一日退食，見四囚拜于下，曰：『某等枉死，訴于上帝，得請矣。欲逮公。』吾【一三】懇曰：『所以知此寃而獲吐者，黄司理力也，今七人已死，足償微命，乞勿追竟。』帝曰：『使此人不書押，則汝四人不死。汝四人死，本於一押字。原情定罪，此人其首也。』某等哭拜天廷，凡四十九日，始許展三年。

【四】悉挺其縛　涵芬樓本注，「挺」葉本作「去」，明鈔本作「縱」。

【五】導之上變　涵芬樓本注，「上」葉本作「生」。

【六】無可奈何　涵芬樓本注，明鈔本無「可」字。

【七】衆　涵芬樓本注，葉本作「成」。

【八】款　涵芬樓本注，明鈔本作「擬」。

【九】不書獄　涵芬樓本注，「獄」葉本作「判」。

【一〇】異時必訟我於朝矣　涵芬樓本注，「矣」明鈔本作「廷」。

【一一】鐫諭　涵芬樓本注，「鐫」葉本作「勸」。

【一二】郡將　涵芬樓本注，「將」葉本作「守」。

即揎袴露膝【一四】，流血穿漏【一五】，日拜不已。至於此，又曰：『大限若滿，當來此地相尋。』又拜而去。吾適入門，四囚已先在，云候伺已久，恐過期，且令亟取母妻與訣別。吾所以不欲來者【一六】，以此故爾。今復何言！」向曰：「鬼安在？」黄指曰：「皆拱立于此。」向與鄭設席焚香，具衣冠拜禱，曰：「爾四人明靈若此，黄君將死，勢無脱理。既許其與母妻訣，何必加以重疾，令痛苦若此哉？」禱畢，黄喜曰：「鬼聽公矣。」痛即止，利不復作，然厭厭無生意。又旬日，告向曰：「吾母已來，幸爲我辦肩輿出迎。」向曰：「所遣卒猶未還，安得遽至？」曰：「四人者已來告。」遂出，果相遇于院門之外，褰簾一揖而絶。

向，樂平人。其子元伯侍郎説。

## 齊先生

宣和五年，向元伯爲開封令。蔡魯公已致仕，嘗設醮于城外凝祥宫。向往謁之，蔡留宿。明旦，見其子攸、孫衡等十餘人來問安，皆腰金施狨，且多張蓋者。向退省其舅何志同尚書，歎詫其盛。坐客有京畿轉運使曾徽言，與蔡不合，以言鄙薄，既而悔之。何曰：「毋多談。齊先生適在此，太師所敬也，可見之。」乃邀與同席。齊生曰：「吾素受蔡公異顧，今館于後圃，待我甚至，不當談其短。偶聞運使之語，是將然矣。」徽言諱前説，齊生曰：「無傷也。蔡公與我語，不問其身，但詢其子孫。吾應之，曰：『好。』然常以妄言自

【一三】吾　涵芬樓本注，疑有脱誤。李按：南圖本亦作「吾」。

【一四】即揎袴露膝　涵芬樓本注，「即揎」葉本作「却捲」。

【一五】流血穿漏　涵芬樓本注，「漏」葉本作「破」。

【一六】吾所以不欲來者　涵芬樓本注，明鈔本「者」上多一「此」字。

愧也。諸公見其高門華屋，上干霄漢，三年之後，無一瓦蓋頭矣。金勒狨鞍，赫弈照市，三年之後，雖蹇驢亦無有矣。人言秋風落葉，此真是也。哀哉！」時諸蔡方盛，皆不敢出聲。三歲，而蔡氏敗。齊先生，淄州人。元伯說。

## 蔡侍郎

宣和七年，户部侍郎蔡居厚罷知青州，以病不赴。歸金陵，疽發于背。命道士設醮，倩所親王生作青詞。少日【一七】而蔡卒，未幾王生暴亡。三日復蘇，連呼曰：「請侍郎夫人來。」夫人至，王乃云：「初如夢中，有人相追逮，拒不肯往，其人就牀見執。回顧，身元在牀臥，自意已死，遂俱行。天色如濃陰大霧中，足常離地三尺許。約十數里，至公庭。主者問：『何以詭作青詞，誑上蒼？』某方知所謂，拱對，曰：『皆是蔡侍郎命意，某行文而已。』主者怒稍霽，押令退立。俄西邊小門開，獄卒護一囚，杻械聯貫，立庭下。别有二人舁桶血，自頭澆之。囚大叫，頓掣苦痛，如不堪忍者。細視之，乃侍郎也。主者退，復押入小門，回望某云：『汝今歸，便與吾妻説，速營功果救我。今秖是理會鄆州事。』」夫人慟哭，曰：「侍郎去年帥鄆時，有梁山濼賊五百人受降，既而悉誅之，吾屢諫不聽也。今日及此，痛哉！」乃招路時中作黄籙醮，爲謝罪請命。

【一七】少日　涵芬樓本注，明鈔本作「不日」。

## 杳氏村祖

贛州光孝首坐僧普瑞説，嘗附江州通判船過池州，泊村岸。聞岸上人相呼，參祖燒香者，瑞往隨之。見百千人憧憧往來，有屋可三間，堂内飾小室，如人家供佛處。翁媪二人，各長三尺，禿髮，腦後一髻絶小，以緜衣衾擁下體，唯露頭面，兀然如土木，但眼能動，有笑容。人持香燈酌酒以供。瑞還，具語。通判君即盡室往謁，享以錢燭茶酒，撮綿作小包，蘸酒置二老口，亦伸舌舔之。或引手摸其胸乳，皮皆傅骨，不知幾百歲。其人云，一村皆姓杳，此二老爲村祖云。

## 建康伍伯

陳邦光守金陵，將杖朱衣吏，當直伍伯從求錢百千，吏纔許其半，伍伯怒，噀手嘻笑曰：「我不打人多時也，將甘心焉。」摩手牆間，急上下。適有破磁片正對手心，刺之，血流及肘，登時瘇痛。告假歸，踰月創始愈。

## 劉乂死後文

知保德軍王清臣，請紫姑神。既而，作文數百言，自云唐進士劉乂。其詞曰：「余少爲俠，徧走天下。史謂亡命，非也。退之贈余金百鎰，余辭而不受。史謂竊之，非也。洛陽惡少年，恃權强妾良家子【一八】，既而又族其室。余不忍吉民無訴，乘夜厥從聚淫【一九】，余奮劍斷其頸【二〇】十數人，且膾其肝而餔之。日夕游於市，人自不識。史謂殺平人，竄山林【二一】，非也。余數世爲人直信，棄已濟衆，設教化人，報不平之事【二二】，行無極之道，以是故用達仙，至於歌詩，皆末跡也。因子見契，聊爲一啟。思史之謬詞，昔之異行，令余忸然感歎。余終于終南，門人葬于山之陽，清溪之側，至今墳猶在，但人不知爲余墓也。以余無動庸于國，故史氏聽小人之言，書『不知所終』。設如子儀、光弼輩，後世皆知其大功，然當時史詞褒飾甚多，蓋世之情如斯也。嗚呼！盡信史，則不如無史。彼若不能摭實，但務華以媚天子，自可詢有知而書之【二三】，何必縱繆言，誣介義之士於有過之地哉？使余當時聞之，必令此佞夫首足異處。余既爲仙，不復競，姑隱之。後世哲者，其爲我鑒諸。」

## 豬足符

聶景言居衡陽，有細民，欲舉債，買豬蹄來獻。聶受之，付廚作羹。庖婢舉刀破爪間，見小紙書符在其内，亟出告。使呼其人還之，人曰：「適從屠杌買來，方有求於君家，豈敢以符爲厭呪？」復持與屠者，責譙之。屠者曰：「今旦方封豖，安得有是？」取元直畀

【一八】恃權强妾良家子　涵芬樓本注，「妾」葉本作「娶」。

【一九】厥從聚淫　涵芬樓本注，「從」葉本作「徒」。

【二〇】頸　芬樓本注，明鈔本作「頭」。

【二一】山林　涵芬樓本注，「林」葉本作「澤」。

【二二】不平之事　芬樓本注，「事」葉本作「冤」。

【二三】自可詢有知而書之　涵芬樓本注，「自可詢有」葉本作「不若因可」。

民，而自攜歸煮食之，一家四人皆死。五事皆郟次南説。

## 廟神止奏章

段元肅，家居京師。鄰家有病者，爲祟所撓，治之不效，欲請道士奏章訴于帝。段之祖夢人如神明者告之，曰：「凡神祇有功於人者，歲滿必遷。吾主此地若干歲，今當及遷。而君鄰家之鬼，正在部内。方自往治之，聞其家將奏章，恐致相累。丐君一言，令罷之，病者自安矣。」懇請至再三。段許諾，且問其所止，曰：「亦與君家爲鄰。」明日思之，乃皮場廟也。如神言告其鄰，止不奏，病者即日愈。

## 榕樹鷺巢

福州儀門外夾植榕樹，每樹有白鷺千數巢其上，鳴噪往來，穢污盈路【二四】，過之者【二五】皆掩鼻。薛直老弼爲守，嘗乘涼輿出，爲糞污衣，以爲不祥，欲盡伐其樹而未言。是夜，安撫司參議官曾悟夢介胄者懇云：「某受命護府治，所部數百人皆棲榕間【二六】。今府主欲伐去，吾無所歸矣。願爲一言。」悟既覺，以不聞伐樹事【二七】，不以爲意。明夜，復夢，曰：「乞即葉本作「亟」。言之【二八】，不然無及矣。府主所惡，不過鷺穢耳。此甚易事，請期三日悉去之。」悟許諾。明日，過府爲言【二九】。薛驚曰：「吾固欲伐之。然未嘗

【二四】穢污盈路　涵芬樓本注，葉本作「狼藉穢汙」。

【二五】過之者　涵芬樓本注，葉本作「過者」。

【二六】榕間　涵芬樓本注，葉本作「榕樹間」。

【二七】以不聞伐樹事　涵芬樓本注，葉本作「不聞有伐樹議」。

【二八】即言之　涵芬樓本注，「即」，葉本作「亟」。

【二九】過府爲言　涵芬樓本注，葉本作「且告之」。

出諸口，而神已知【三〇】，可敬也。」至暮，大雨。閲三日，乃止。鷺羣悉空，樹濯濯如新。

## 趙七使

宗室趙子舉，字升之。壯年時，喪其妻，心戀戀不已。於房中飾小室，事之如生。夜獨宿次，覺有從室中啓户出者，恐而呼侍婢，婢既膺，復寢。須臾間，已至牀前，牽帳低語曰：「莫怕，莫怕，我來也。」時精爽頓昏，不知死生之隔，遂與共寢，歡如平生。自是日日至，每飲食必對案。僕妾輩從旁窺之，無所見，但器中物，亦類有人殘餘者。繾綣益久，意中憒憒，漸不喜食，行步言氣衰劣，然未嘗與人言。有道人乞食過門，適見之，歎曰：「君甘與鬼游，獨不爲性命計？吾能行天心正法，今以授君，努力爲之，鬼不攻自退矣。」子舉灑然悟，即再拜。傳受繪六甲六丁像，齋戒奉事唯謹。妻猶如故態，頗亦不樂，時時長吁如不得志者。又半年，涕泣辭訣曰：「久留恐壞君法，吾去矣。」遂絶不至。子舉從此奉法愈力，爲人治病輒驗。建炎二年，予妻族張氏避地，自京師南下，寓居揚州龍興寺。先是，有祖姑嫁趙氏，夫爲絳州守，未赴，居太原。值虜騎圍城，姑隕于砲下，又有八叔者，爲賊所得，臠食之。是歲，妻祖母田氏病，彷佛見此兩人在窗外。子舉適同居寺中，外舅以事告之。子舉焚香禱請，久而言曰：「是一男子、一婦人，皆以非命死。然是公家戚屬，不宜加罪，當以酒幣善遣之。」如其言，病亦尋愈。

【三〇】吾固欲伐之然未嘗出諸口而神已知　涵芬樓本注，葉本作「吾欲伐樹，言未出口，而神先知」。

## 魅與法鬭

趙伯兀者，子舉之子。效其父，習行天心法未成。有饋鯉魚於家者，魚從盆中跳出，高數尺，如舞躍然。時子舉出行，家人亟呼伯兀。兀杖劍誦呪，臨以正法。魚躍愈高，幾至丈許。兀亦恐，遽趨避之。又嘗與羣從飲于嚴州雙溪亭上，婢子臥欄竿側，忽放聲大哭，問焉不應。伯兀知爲物所憑，亦行法與相競，自申至三更不止。不勝倦苦，捨之去。伯兀從弟伯禔説。

## 蒙城觀道士

亳州蒙城縣莊子觀玉册殿，扃鐍嚴謹，非時不許開。宣和中，道士張沖俊掌觀事。夜聞其中杖直決遣聲【三二】，盡二十乃止。明旦，呼衆人啓鑰視之，蓋一道士常持天心法者，縛於梁間，足反居上，兩脊杖痕如盌大，已死矣。雙足虚抱于梁，初無繩縶也。郭沰説，時隨其父爲丞。

【三二】夜聞其中杖直決遣聲　「杖」字原闕，據陸本、南圖本補。

# 夷堅乙志卷第七十一事

## 畢令女

路時中，字當可，以符籙治鬼，著名士大夫間，目曰「路真官」，常齎鬼公案自隨。建炎元年，自都城東下，至靈壁縣。縣令畢造已受代，檥舟未發，聞路君至，來謁曰：「家有仲女，爲鬼所禍，前後迎道人、法師治之，翻爲所辱罵，至或遭箠去者。今病益深，非真官不能救，願辱臨舟中一視之。」路諾許。入舟坐定，病女徑起，著衣出拜，凝立【一】於旁，略無病態。津津有喜色，曰：「大姐得見真官，天與之幸。平生壹鬱，不得吐。今見真官，敢一一陳之。大姐乃前來媽媽所生，二姐則今媽媽所生也。恃母鍾愛，每事相陵侮。頃居京師，有人來議婚事，垂就，唯須金釵一雙，二姐執不與，竟不成昏。心鞅鞅以死，死後，冥司以命未盡，不復拘録。魂魄漂摇，無所歸。遇九天玄女出遊，憐其枉，授以祕法。法欲成，又爲二姐壞了。大姐不幸，生死爲此妹【二】所困。今須與之俱逝，以償至寃【三】，且以謝九天玄女也。真官但當爲人治祟，有寃欲報【四】，勢不可已。願真官勿復言。」路君沉思良久，曰：「其詞强【五】。」顧畢令，曰：「君當自以善力禱謝之，法不可治也。」女忽仆

校勘記

【一】凝立　涵芬樓本注，明鈔本作「迎立」。

【二】妹　涵芬樓本注，葉本作「婢」。

【三】至冤　涵芬樓本注，「至」葉本作「我」。

【四】有冤欲報　涵芬樓本注，葉本於「有」上多一「我」字。

【五】其詞强　涵芬樓本注，葉本作「其詞强正」。

地，掖起之，復困惙如初。蓋出拜者，乃二姐之身，而其言則大姐之言也【六】。死已數年矣。明日，二姐殂。路君來弔其父【七】，曰：「昨日之事，曲折吾所不曉。而玄女授法，乃死後事，二姐何以得壞之？君家必有影響，幸無隱。在我法中，當洞知其本末。」畢令曰：「向固有一異事，今而思之，必此也。長女既亡，菆於京城外僧寺。當寒食掃祭，舉家盡往。菆室之側，有士人居焉。出而扃其户，家人偶啓封，入房窺觀，仲女見案上銅鏡，呼曰：『此大姐柩中物，何以在此？必劫也。』吾以爲物有相類，且京師貨此者甚多。仲女力爭，曰：『方買鏡時，姊妹各得其一。鞶結襯緣，皆出我手。所用紙，某官謁刺也。』視之信然。方嗟歎，而士人歸，怒曰：『貧士寓舍，有何可觀？不告而入，何理也？』仲女曰：『汝發墓【八】取物，姦贓【九】具在。吾來擒盜耳。』遂縛之。士人乃言：『半年前，夜坐讀書，有女子扣户曰：「爲阿姑譴怒，逐使歸父母家。家在城中，無從可還【一〇】。願見容一夕。」泣訴甚切，不獲已納之。繾綣情通【一一】，自是每夕必至，或白晝亦來。一日，方臨水掠鬢，女見而笑曰：「無鏡耶？我適有之。」遂取以相餉，即此物也。時時攜衣服去補治，獨不肯説爲誰家人。昨日見，語曰：「明日我家與親賓聚會，須相周旋，不得到君所，後夜當復來。」遂去。今晨獨處無悰【一二】，故散步野外以遣日，不虞君之涉吾地也。』吾家聞之，皆悲泣，獨仲女曰：『此郎固妄言，必發驗乃可。』走往殯所，蹤跡之，其後有罅可容手。啓甎見棺，大釘皆拔起寸餘。及撤蓋板，則長女正疊足坐，縫男子頭巾，自

【六】而其言則大姐之言也　涵芬樓本注，「之言」葉本作「聲」。

【七】路君來弔其父　涵芬樓本注，「弔」明鈔本「謂」。

【八】墓　涵芬樓本注，葉本作「棺」。

【九】姦贓　涵芬樓本注，葉本作「真贓」。

【一〇】無從可還　涵芬樓本注，葉本作「遠不可去」。

【一一】繾綣情通　涵芬樓本注，「通」葉本作「密」。

【一二】獨處無悰　涵芬樓本注，「悰」葉本作「聊」。

腰以下，肉皆新生，膚理温軟，腰以上猶是枯脂【一三】。始悔恨，復掩之，釋士人使去。自是及今，蓋三年餘矣。所謂玄女之説，豈非道家所謂回骸起死，必得生人與久處，便可復活邪？事既彰露，不可復續。而白發其事，皆出仲女。所謂壞其法者，豈此邪？」路君亦爲之驚咤。道出山陽，以語郭同升，升之子沰説。造字以道【一四】。

## 西内骨灰獄

政和四年，有旨修西内，命京西轉運司董其役。轉運使王某坐科擾，爲河南尹蔡安持劾罷。起徽猷閣待制宋君於服中，以爲都轉運使，免判常程文書，專以修宫室爲職。宋鋭於立事，數以語督同列，曰：「速成之，醲賞可立得也。」轉運判官孫覰，獨以役大不可成，戲答曰：「公聞狐壻虎之説乎？狐有女，擇壻得虎焉。成禮之夕，儐者祝之曰：『願早生五男二女。』狐拱立，曰：『五男二女，非敢望。但早放卻臊命爲幸耳。』今日之事正類此也。」宋不樂。覰即引疾罷去。凡宫城廣袤十六里，創立御廊四百四十間，殿宇丹漆之飾猥多，率以趣辦，需牛骨和灰不能給。洛城外二十里，有千人冢數十丘。幹官韓生獻計曰：「是皆無主朽骴，發而焚之，其骨不可勝用矣。自王漕時已用此。」宋然之。管幹官成州刺史郭漣容佐、使臣彭玘十餘人，皆幸集事，舉無異詞。宋以功除顯謨閣學士，召爲殿中監而卒。宣和中，孫覰病死。至泰山府，外門榜曰「清夷之門」，獄吏捽以入，令供滅

【一三】枯脂　中華本「脂」當作「腊」，是。

【一四】造字以道　涵芬樓本注，「以」明鈔本作「子」。

族狀。孫曰：「我何罪？」殿上厲聲曰：「發洛陽古家以幸賞，乃汝也。安得諱？」孫請與諸人對。望兩囚荷鐵校立廡下，各有一卒持鐵扇障其面，時時揮之。扇上皆施釘，血流被體，引至前，乃宋、王二君也，猶與相撐拄。孫歷舉狐虎之説，及所以去官狀，廷下人皆大笑。兩人屈服去，孫復甦。他日，韓生亦夢如孫所見者。供狀畢，將引退，仰而言曰：「某罪不勝誅。但先祖魏公有大勳勞於宗社，不應坐一孫而赤族。」主者凝思良久曰：「只供滅房狀。」乃如之。自是數月死，不一歲妻子皆盡，今唯取同宗之子以繼云。予聞此事於臨川人吴虎臣曾，吴得之韓子蒼。予以國史院簡策參之，得其歲月、官職如此。邵武李郁光祖云：「有朝士亦以是役進秩，後居鄧州得異疾，疽生於臀，長寸許，中有骨焉，不可坐卧。醫以藥齕之，久而墜地，拳曲如小豬尾。數日又如故，復以前法治之。如是歲餘，凡落三十六節乃死。」王日嚴云：「宋君初與官屬議，或以爲不便。宋入宅思之，必欲行，自批一紙出付司。孔目官某，慮異時爲人所訟，以所批黏入牘中。後數年，冥府攝對獄，見牛頭卒引一人從烈焰出，乃宋也。孔目訴曰：『事皆由待制，手筆尚存。』王者敕一卒往取。頃刻即至，以示宋，宋引伏，孔目者乃得歸。明日，詣曹閲故牘，首尾千百番皆在，獨失宋批矣。遂以病自列去。吏歸而棄家，爲苦行道者。」

## 汀州山魈

汀州多山魈，其居郡治者，爲七姑子。倅廳後有皁莢樹，極大，榦分爲三，正蔽堂屋，亦有物居之。陳吉老爲通判，女已嫁矣，與壻皆來。夜半，女在牀外睡，覺有撼其几者，頗懼，移身入裏間，則如人登焉，席薦皆震動。夫妻連聲呼「有賊」。吉老遽起，與長子録曹者偕往，無所見，詫曰：「公廨守衛嚴，賊安得至？若鬼也，爭敢爾？」老兵馬吉方宿直，命詣廚温酒。廚與堂接屋，馬吉方及門，失聲大叫。録曹素有膽氣，自篝火視之，吉仆絶于地，涎液縱横。灌以良藥，久之始能言，曰：「一黑漢，模糊長大，出屋直來壓己，不知所以然。」吉老猶不信。録曹見白衣人，長七尺，自厨出趨堂，開門而出，真以爲盜，急逐之，而堂門元閉自若也。啓之，又見其物開廳門去，復逐之，亦閉如故。洎至廳上，白衣徑奏東箱卒伍持更處。一卒即驚魘，衆救之，已絶矣。後數年，趙子璋爲倅攝郡。時屬邑寇作，江西大將程師回自贛上來逐捕。將班師，小休倅廳，出所攜二妾與趙飲。正行酒，有小妾長才二尺許，褐衫素裙，緩步且前，程迎擊以杖，乃一貓躍出，衣服皆委地。子璋子伯禔，隨父之官，馬吉者猶在，聞其説如此。伯禔説。

## 黄蓮山伽藍

韶州樂昌縣黄蓮山寺，爲一邑勝處。建炎二年冬，郡守延臨江靜師往主法席。寺伽藍神素著靈異，邑人祈賽必殺牲釃酒，既，則飲酒，乃歸。師始至，與神約，曰：「神受佛囑付，守護伽藍，不應當此供。自今日以往，更具淨饌。神其聽之。」由是人無敢以酒肉入山門者。明年十一月晦，有檀越營佛事畢，欲飲酒。三僕舁一缸，由東廂過神祠前。一犬，不知從何來，突出，正與缸相值，應時破碎，無復餘瀝，見者莫不歎異。郟次南説。

## 寧都吏僕

贛州寧都縣吏李某，督租近村，以一僕自隨。僕乞錢于逋户，不滿志，縛諸桑上，灌以糞，得千錢。即日，雲雷四起，斃僕于村中普安寺前。錢正在腰間，打四百文入肉中，皮蒙其上。紹興十四年三月也。縣是時曰虔化云。寺僧祖一説。

## 杜三不孝

洪州崇真坊北有大井，民杜三汲水賣之。夏日則貨蚊藥以自給，與母及一弟同居。弟傭於餅家，唯兄以兩飯養母，然特酗酒，小不如意，至於辱詈加箠。鄰曲見者皆扼腕，導其母使訟，未及也。一旦，大醉歸，復毆母。俄忽忽如狂，取所合蚊藥内砒霜、硫黄掬服之。走入市，從其徒，求水飲。市人以爲醉，不知藥毒已發矣，頃刻而死。其不孝之報歟。

## 布張家

邢州富人張翁，本以接小商布貨爲業。一夕閉荼肆訖，聞外有人呻痛聲，出視之，乃晝日市曹所杖殺死囚也。曰：「氣絶復蘇，得水尚可活。恐爲邏者所見，則復死矣。」張即牽入門，徐解縛，扶置臥榻上，設薦席令睡，與其妻謹視之，飼以粥餌，雖子婦弗及知。經兩月，瘡皆平，能行。張與路費，天未曉，親送之出城，亦未嘗問其鄉里姓名也。過十年久，有大客乘馬從徒，齎布五千疋入市，大駔爭迎之。客曰：「張牙人在乎？吾欲令貨。」衆嗤笑，爲呼張來。張辭曰：「家貲所有，不滿數萬錢。此大交易，願別擇豪長者。」客曰：「吾固欲煩翁，但訪好鋪户賒與之，以契約授我，待我還鄉，復來索錢未晚。」張勉如其言。居數日，客謂翁：「可具酒飲我，勿招他賓。」既至，邀其妻共飲。酒酣，起曰：「翁識我否？乃十年前牀下所養人也。平生爲寇劫，往來十餘郡，未嘗敗。獨至邢，一出而獲。荷翁再生之恩，既出門，即指天自誓云：『今日以往，不復殺人。但得一主好錢，持報張翁，更不作賊。』纔上太行，便遇一人獨行，劫之，正得千餘緡，遂作賈客販賣。今於晉絳間有田宅，專以此布來償翁媪恩。元約復授翁，可悉取錢營生産業。吾不復來矣。」拜訣而去。張氏因此起富，貲至十千萬。邢人呼爲「布張家」。三事亦得之郟次南。

## 何丞相

何文縝丞相在太學，與同舍生黄君詣日者孫黯問命。黯袒衣踞坐，丞相先占，既布算，黯正襟揖曰：「命極貴，不惟魁天下，且位極人臣。」二人相視笑，曰：「何相侮邪？」黯愠，曰：「黯老矣，粗有生計。今詒一秀才，其獲幾何？奈何命實中格。」丞相曰：「然則，何時作狀元？」曰：「乙未歲。」「何年爲相？」曰：「不出一紀。但有一事絶異，君拜相後，當死於異國。尋常奉使絶域者，不過侍從官。何由有宰相入國者【一五】？此爲不可曉耳。」初，丞相自仙井來時，過桐栢，於廟中上書乞夢。其夕，夢人報：「霍侍郎來見何狀元。」遂出相見。霍曰：「將來殿策問道。」及至京，又求夢於二相公廟，夢人告如霍所言。既覺，試作策頭數百字以示黄君，黄以爲不佳。丞相時爲鄧洵武樞相館客，又夢一人報霍侍郎來，既坐，霍曰：「君昨擬道策甚謬。上所解《道德經》，更三日，以賜二府，君當首見之，宜熟讀也。」如期，鄧公果拜，賜即録本。晨夕誦讀，乙未歲廷試，果問道。悉以經語對，遂爲【一六】第一人。後十二年，至靖康丙午。拜少宰，從二帝北狩，死於虜。皆如黯言。霍公蓋先兩榜爲龍首者。

【一五】何由有宰相入國者　涵芬樓本注，葉本作「何由宰相出使」。

【一六】爲　涵芬樓本注，葉本作「擢」。

## 天心法

李士美丞相長子衡老，初學天心正法時，飲食坐起，未嘗不持攝。寓居桂林，夜如廁，見燈盞出於外，心已怪之。復取置中間，俄又在外。已則登其上，既而益高。盞正覆而油不傾，旋轉滿室，將及頭上。衡老方踞廁，勢不可施法，怖懼大呼而出，自是不敢輕習行。或云初行符籙，非鬼物所樂，故多設怪以恐試之爾。嘉叟說。

## 虞并甫奏章

虞并甫侍其父漕潼川，以父病，齋戒浹日，命道士劉泠然奏章請命。劉素以精確著名，自子夜登壇伏，遲明方興，言曰：「適之帝所，見几上書，章内兩句云：『乞減臣之年，增父之算。』帝指示吾曰：『虞允文至孝，可與執政。』而不言從其請。」已而父竟卒。後十有八年，并甫參大政。宇文仔說。

## 孫尚書僕

孫仲益尚書居毗陵，遣兩僕往平江。一人暴卒于道，一人買葦席覆其尸而歸報其家。經宿至，則死者復活矣。云：「方同行，下路左遺溲。遇黄衣卒持藤棒來驅曰：『官唤汝牽船。』果有船相銜行運河中。獨押我挽之，舟行如飛，不知爲何處。心以謂無縣文引在手，何得擅呼我？伺其小怠，擠諸河，急從故道歸。至則見身在葦席下，無計可入，彷徨不忍去，乃坐于上。天將曉，行人過，見而叱曰：『何爲獨坐此？非鬼乎？』竦然如失，不覺入身中，乃寤。方知爲死也。」李耆俊説。

# 夷堅乙志卷第八十三事

## 牛鬼

秉義郎高世令，居台州黄巖。紹興四年，攝征税於温州白沙鎮。二月十九夜，已就枕，聞窗外兩人呼曰：「異物且來殺君，君謹避之。堅塞五竅，勿與校。庶或可脱。」審其聲，乃舊同寮明州都監李利見、台州巡檢趙禄，皆死矣。大懼，即蒙被危坐以待。少頃，聞有詬李、趙者，曰：「我殺高世令，干君何事？」別一人以杖拄地，行過牀後，若瞽者，細語云：「彼呼君時切勿應。」又聞詬者曰：「盲畜生，汝亦復强預人事。」李、趙相與勸解曰：「殺一高世令，於君何益？」既而一蟲薨薨然，自窗隙入帳中，繞被飛鳴，且十數匝。高窺見蟲色爛然如金，垂紅線於後，引手欲挽之。李、趙又呼云：「禍事，禍事，殺之寃害益重。」乃縱之。來往盡夜，終不得逞而去。小史窺窗外，見少年與一嫗對立。少年曰：「須與翁索命。」嫗曰：「宜然。」天明啟門，則兩牛卧籬下，跡所從來，乃近鎮五里農家物也。鎮寨巡檢聞此怪，招高飲，開釋之。俄而求歸，曰：「老嫗、少年皆在卓下矣。」高妻孥皆在黄巖，是夜，見其妾云：「君來時，我已有娠。今小蓐以死。昨嘗寄履韈，達乎？」

方啜泣，李、趙褰帷入，敍闊如平生。高度必死，竟夕秉燭，遍作書與親舊訣，得八十幅。語或雜偈頌，殆類有物憑之者。屨冠帶走出，將赴舍前江水。復聞空中語曰：「勿與鞋，與即去矣。」左右藏去之。凡不飲食五日，乃醒。家人來視之，所謂孕妾實娠身四月，食牛肉而墜，元不死也。高亦無恙。吴傳朋説。

## 歌漢宫春

紹興四年，蜀道類試進士。成都使臣某人禱於梓潼神，願知今歲類元姓字。夜夢至廟中，見二士人握手出，共歌《漢宫春詞》「問玉堂，何似茅舍疏籬」之句。神君指曰：「此是也。」明日，復入廟，將驗昨夢。士人來者，紛紛不絶。久之，有兩人同出，携手而歌，果夢中句也。省其狀貌皆是，即趨出揖之，曰：「二君中必有一人魁選者。」具以夢告。皆大喜，已而更相辯質，曰：「自我發端。」曰：「我正唱此。」一人者，仙井黄貢也，奮然曰：「此吾家舊夢，何預君事邪？吾父初登科時，夢神君贈詩云：『玉堂消息近，金牓姓名高。』覺而喜，自謂必爲翰林學士。然但至成都教授而終。以今思之，端爲我設。所謂『玉堂消息』者，正指詞中語耳。」是歲，貢果爲第一。兩世共證一夢，雖一時笑歌，亦已素定於數十年之前，神君其靈矣哉。關壽卿説。

## 萬壽宫印

乾道二年，靜江臨桂令郭子應夢人告曰：「君新除提舉萬壽觀。」郭方以邑事爲苦，而驟得祠官，夢中喜甚。明日，轉運判官朱玘以諸州折米錢檄郭涖納，令别關印用之。於辛字庫中得印一紐，後數日取視之，其文乃「桂州玉清萬壽宫記」。臨桂丞張寅説。

## 師立三異

饒州妙果長老師立，少年時行脚至衡山福嚴寺。方夏四月，晚游寺前兜率橋，見潭下峭壁間異僧背負石而立。師立夙聞人言，此地有羅漢，隱見不常。且憶《藏經》所載持地菩薩入石壁事，竦然敬視。忽壁開尺許，僧入其中，復合無纖罅。又旬日，放參畢，與同參二人信步到寺後虎跑泉亭上。天風倏起，二僧欲歸，師立獨少留。二僧曰：「久知亭下多異，師無庸留。」立方壯，不以爲意。俄亭西南角有扣柱者，繼即伸手内向，漸進不止，肘幾過五尺。立戲之，曰：「復能縮否？」應聲而退。少頃，又聞扣柱聲，立曰：「若聖者邪，當隱。若山鬼，即見形。」如食久，一手復出，五指初大如椽，漸小如嬰兒初生指狀。立頗恐即下山。時紹興十年也。又三歲，還鄉，過廬山白雲庵。清夜禮佛，有物行牕外，類牛及虎。開户視之，一黑牛絶大，裴回往來。立念日中無所見，豈鬼邪？明日，至其處，乃巨青石偃臥，正昨夕牛行處云。師立説。

## 吹燈鬼

妻族壻王氏子，居唐州方城縣麥陂團，與邑僧一人厚善。僧死數年矣，夢如平生來，語笑良久，且贈詩而去。既覺，能憶兩句，曰：「父母丘墳畢，兒孫歎自緣。」忘其末聯。復祝曰：「若果有靈，勿惜再夢。」遂復得之，曰：「青山無限好，歸去莫留連。」明日，味其語，疑爲不祥。他日，自縣歸舍，薄暮矣，被酒策馬獨行，僕在後未至。行二十里，望叢棘間七八人相聚附火，往就之，皆丐者也，環坐不語。細觀其形狀，略與人同，而或斷臂，或缺目，或駢項，無一具體。見王生，躍而起，吹其所執燈。燈以猪胞爲之，得不滅。震怖疾馳，鬼追之不置。又二十里，乃到家，急扣門，曰：「鬼逐我。」門中人鼓譟以出，始散去，遂得病死。

## 無頦鬼

吾鄉白石村民，爲人織紗於十里外。負機軸夜歸，月正明，一人來曰：「吾膽怯多畏，聞此地有鬼物夜出，願得俱行。」民許之。其人曰：「脱有所覩，何以爲計？」曰：「我見之，當擊以軸。腰下插大鎌刀，亦可殺也。」其人竦然，行稍後，又呼曰：「人言鬼無頦，試視我面。」民知其鬼也，舉刀回首欲揮之，頷與胸接，兩眼眈眈然，遂不見。

## 長人國

明州人泛海，值昏霧四塞，風大起，不知舟所向。天稍開，乃在一島下。兩人持刀登岸，欲伐薪，望百步外有篠籬，入其中，見蔬茹成畦，意人居不遠。方蹲踞摘菜，忽聞拊掌聲，視之，乃一長人，高出三四丈，其行如飛。兩人急走歸，其一差緩，爲所執，引指穴其肩成竅，穿以巨藤，縛諸高樹而去。俄頃間，首戴一鑊復來。此人從樹杪望見之，知其且烹己，大恐。始憶腰間有刀，取以斫藤，忍痛極力，僅得斷。遽登舟斫纜，離岸已遠，長人入海追之，如履平地，水財及腹，遂至前執船。發勁弩射之，不退。或持斧斫其手，斷三指落船中，乃舍去。指麤如椽，徐兢明叔云，嘗見之。何德獻説。

## 秀州司録廳

秀州司録廳多怪，常有著青巾布袍、形短而廣【一】、行步遲重者。又有婦人，每夜輒出，惑打更吏卒者【二】。先公居官時，伯兄丞相方九歲，白晝如有所見，張目瞪視，稱「水水【三】」，移時方蘇。後兩日，公晚自郡歸，侍妾執公服在後，忽大呼仆地。公素聞鬼畏革帶，即取以縛妾，扶置牀。久之，乃言曰：「此人素侮鬼神，適右手持一物，甚可畏【四】。

【一】形短而廣　涵芬樓本注，「而」葉本作「面」。

【二】惑打更吏卒者　涵芬樓本注，葉本無「者」字。

【三】水水　涵芬樓本注，明鈔本作「水三」。

【四】甚可畏　原注：謂帶也。

我不敢近。却不知我從左邊來，方幸擒執。又爲官人打鍾䭾陣留我，我即去，願勿相苦。」問：「汝何人？」不肯言。至於再三，乃曰：「我嘉興縣農人支九也。與鄉人水三者，兩家九口，皆以前年水災漂餓，方官賑濟活人時，獨已【五】先死。今居於宅後大樹上，前日小官人所見，乃水三也。」公曰：「吾事真武甚靈，又有佛像及土地竈神之屬，汝安得輒至【六】？」曰：「佛是善神，不管閑事。真聖每夜被髮杖劍，飛行屋上，我謹避之耳。宅後土地，不甚振職。唯宅前小廟每見輒戒責。適入廚中，司命問：『何處去？』答曰：『閑行。』叱曰：『不得作過。』曰：『不敢。』遂得至此。」公曰：「常時出者二物爲何？」曰：「青巾者，石精也，稱爲石大郎。正在書院牕外籬下，入地三尺許。婦人者，秦二娘，居此久矣。」曰：「吾每月朔望，以紙錢供大土地【七】，何爲反容外鬼？汝爲我往問，明日當毁其祠。」曰：「官豈不曉，雖有錢用，奈腹中飢餒何？我入人家，有所得，必分以遺之，故相容，至今默默【八】。」食頃，復言曰：「已如所戒白之，土地怒我饒舌，以杖驅我出。」公曰：「曾見吾家廟祖先否？」曰：「每時節享祀，必往觀。聞飲食芬芬，欲食不得。列位中，亦有虚席者。唯一黄衫夫人，見我必怒。」又使往覘，俄氣喘色變，徐乃言曰：「方及門，爲夫人持杖追逐，急反走，僅得脱。」所謂夫人者，曾祖母紀國也。公問所須，曰：「鬼趣【九】苦飢，願得一飽饌。好酒肥鵝，與衆人共之。無如【一〇】常時以瘦雞相待也。」語畢，竦然傾耳，如有人呼之，遽曰：「土地震怒，逐我兩家出。今【一一】暫止城

【五】獨已　涵芬樓本注，葉本作「皆已」。

【六】汝安得輒至　涵芬樓本注，葉本作「汝不畏乎」。

【七】以紙錢供大土地　涵芬樓本注，「大」葉本作「獻」。

【八】至今默默　涵芬樓本注，葉本作「如此」。

【九】鬼趣　涵芬樓本注，「趣」，葉本作「輒」。

【一〇】無如　涵芬樓本注，葉本作「毋如」。

【一一】今　涵芬樓本注，葉本作「令」。

頭，無所歸託。願急放我歸【一二】，自此不敢復來矣。」乃解其帶。妾昏睡經日，乃醒。

## 無縫船

紹興二十年七月，福州甘棠港有舟從東南漂來，載三男子一婦人，沉檀香數千斤，其一男子本福州人也，家於南臺。向入海失舟，偶值一木，浮行得至大島上。素喜吹笛，常置腰間。島人引見其主，主夙好音樂，見笛大喜，留而飲食之，與屋以居，後又妻以女。在彼十三年，言語不相通，莫知何國。而島中人似知爲中國人者，忽具舟約同行，經兩月乃得達此岸。甘棠寨巡檢以爲透漏海船，遣人護至閩縣，縣宰丘鐸文昭招予往視之。其舟刳巨木所爲，更無縫罅。獨開一竅出入，内有小倉，闊三尺許，云女所居也。二男子皆其兄，以布蔽形，一帶束髮，跣足。與之酒，則跪坐，以手據地，如拜者，一飲而盡。女子齒白如雪，眉目亦踈秀，但色差黑耳。予時以郡博士被檄考試臨漳，欲俟歸日細問之。既而縣以送泉州提舶司，未反。予亦終更罷去【一三】，至今爲恨云。

## 詹林宗

鄉士詹林宗，紹興三十二年，讀書於成西妙果塔院。晨起巾櫛，有小蛇正據巾上，移時方去。逮秋試，中第五人。乾道元年當科舉，往近村大塘湖僧庵肄業，默自禱曰：「前

【一二】願急放我歸　涵芬樓本注，「葉本作『急放我』」。

【一三】予亦終更罷去　涵芬樓本注，「『更』明鈔本作『吏』」。

三年靈瑞已得第五，今舉或魁選，當感大蛇爲兆。」禱之明日，方獨坐，作《尚書》義，有蛇不知從何來，蟠其坐側，伸首顧眄，驚之不動，久乃趨出。詹殊自喜，及揭牓，果第一人。

## 葛師夔

葛師夔爲洪州武寧簿，入府白事，泊於上藍寺，欲以遲明上謁。時方六月，惡從吏同室撓睡，獨設一榻，扃户而寢。但小吏在户外，餘皆宿水陸堂。就枕未幾，聞蹋牀上人鼾睡，叱之稍止。纔欲寐，則聲復厲。葛伸手取溺器，正觸其身，甚怒，須天明治之。泊雞唱，外報可起。既下床，鼾者尚不動。葛出户，呼小史以燈入，驗爲何人。史駭叫曰：「死漢也。」奔出外，盡呼宿直者與主僧來觀，乃一男子，戴烏帽，皁袍束帶，偃然其上，奄奄無喘息。僧識之，驚曰：「是寺中素所往來者，死已五日。昨葬於寺後，何以能至此？」急邀其子視窆處，棺空矣。他日又至寺，憩方丈中。主僧相就夜語，葛偶及故人劉縣丞數歲無消息者。僧蓋與劉善，指臥榻曰：「丞死於别室，其妻則終此榻也。」葛初不知此，頗懼，然不克徙。既寢，展轉不寐。聞擊牀屏者三，心瞿然，强呼曰：「若是故人，何惜明告？」即連扣數聲，大呼葛字曰：「嗚道安樂否？」葛蒙被亟走出。明日，遷居。紹興甲子，葛爲餘干丞，與予言。今追書之，失劉丞姓字矣【一四】。

【一四】失劉丞姓字矣　涵芬樓本注，嚴校：「姓」字疑誤。

## 虔州城樓

紹興十七年夏，先公南遷，予與季弟從行。八月二日，至虔州，泊舟浮橋下，登城樓，少休。郡守曾卿端伯慥來見，曰：「此非館處。獨鬱孤臺可爾，而周康州先居之，明當去矣。姑爲一夕留，可也。」是夜，奉先公正中設榻，予兄弟席于旁。丁夜，予起更衣，從北偏門出。一人正理髮，髮垂至地。時兩僕宿門内，曰汪三、程七。予謂是此兩人，呼之不應。復還，視門内蓋寢如初。固疑之矣，又出焉。運櫛尚未止，面對女牆，足太半垂在外，風吹其髮，蓬蓬然。心始動，乃還榻。明日而先公言：「汝夜何所往？吾聞抱關老卒云，樓故多怪，每夕必出。」予因道昨所見者。是日，徙于鬱孤，竟夜不成寐。又聞周康州在館時，有人從房中開三重門走出，意以爲盜，呼其子尾逐之，門蓋自若也。

## 小郄題詩

李謨居無錫，正與客飲，有道人扣門，曰：「吾自青城上來，劉高尚先生使我見公，欲有所言。」閽人曰：「寶文方飲酒，不敢白。」再三請之，不可。道人不樂，曰：「假筆來，吾欲記名字。」閽人與之，即書户上曰：「日轉庭槐影漸移，重門複屋傳呼遲。不如拂袖穿雲去，説與落花流水知。」題畢而去，曰：「吾所謂小郄者也。」謨聞之，悵恨自失者累日。李綸説【一五】。

【一五】李綸説　「綸」南圖本作「翰」。

# 夷堅乙志卷第九十事

## 胡氏子

舒州人胡永孚，説其叔父頃爲蜀中倅，至官數日，季子適後圃，見牆隅小屋垂箔若神祠，有老兵出拜曰：「前通判之女，年十八歲，未適人而死，葬此下。今去而官于某矣【一】。」問：「容貌何似？」曰：「老兵無所識。聞諸倡言，自前後太守，以至餘官，諸家所見婦人，未有如此女之美者。」胡子方弱冠，未授室，聞之心動，指几上香火曰：「此亦太冷落。」明日，取熏爐、花壺，往爲供。私酌酒奠之，心摇摇然，冀幸得一見。自是日日往，精誠之極，發於夢寐，凡兩月餘。他日又往焉，屋簾微動，若有人呼嘯聲。俄一女子袨服出，光麗動人。胡子心知所謂，徑前就之。女曰：「無用懼我，我乃室中人也。感子眷眷，是以一來。」胡驚喜欲狂，即與偕入室，夜分乃去。自是日以爲常，讀書【二】盡廢。家人少見其面，亦不復窺園，唯精爽消鑠，飲食益損【三】。父母竊憂之，密以扣宿直小兵。云：「夜與人切切笑語。」呼問子，子不敢諱，以實告。父母曰：「此鬼也，當爲汝治之。」子曰：「不然。相接以來，初頗爲疑。今有日矣，察其起居上下，言語動息，無少分不與人同者，

### 校勘記

【一】今去而官于某矣　涵芬樓本注，葉本作「今其父去官於某處矣」。

【二】讀書　涵芬樓本注，葉本作「課業」。

【三】飲食益損　涵芬樓本注，「益」葉本作「減」。

安得爲鬼？」父母曰：「然則有何異？」曰：「但每設食時，未嘗下箸，只飲酒啖果實而已。」父母曰：「俟其復至，使之食。吾當自觀之。」子反室而女至，命具食延之【四】，至於再三。不可，曰：「常時來往無所礙，今食此，則身有所著，欲歸不得矣。」子又强之，不得已，一舉箸，父母從外入，女矍起將避匿，而形不能隱，踧踖慙窘，泣拜謝罪。胡氏盡室環之【五】，問其情狀。曰：「亦自不能覺。向者意欲來則來，欲去則去。不謂今若此。」又問曰：「既不能去，今爲人邪？鬼邪？」曰：「身在也，留則爲人矣。有如不信，請發瘞驗之。」如其言，破冢，見柩有隙，可容指，中空空然。胡氏皆大喜曰：「冥數如此是，當爲吾家婦。」爲改館於外，擇謹厚婢服事。走介告其家，且納幣焉。女父遣長子與家人來視：「真吾女也。」遂成禮而去。後生男女數人云。今尚存，女姓趙氏。李德遠説，忘其州名及胡氏子名。

## 欄街虎

趙清憲公父元卿，爲東州某縣令。有婦人亡賴健訟，爲一邑之患，稱曰「欄街虎」，視笞撻如爬搔。公雖知之，然未嘗有意治也。會其人以訟事至廷，詰問理屈，遂杖之，數至八而斃。即日見形爲厲，行步坐卧，相追隨不置，雖飲食，亦見於杯盤中，公殊以爲苦。既罷官，過岱嶽入謁，女鬼隨之如初。暨登殿焚香再拜，猶立其旁。公端笏禱曰：「元卿受

【四】延之　涵芬樓本注，葉本作「强之」。

【五】胡氏盡室環之　涵芬樓本注，「環」明鈔本作「視」。

命治縣，以聽訟爲職。此婦人自觸憲罔，法當決杖，數未訖而死。邂逅致然，非過爲慘酷殺之也。而横爲淫厲，累年於兹。至於大神之前，了無忌憚。神聰明正直，願有以分明之。使曲在元卿，不敢逃譴。如其不然，則不應容其久見苦也。」禱畢，又拜而起，遂無所見。趙公之孫恬説。

## 李孝壽

政和二年，李孝壽爲開封尹，以嚴猛居官。輦轂之下，無敢議其政者。有游士寓汴河上，逆旅中暴得疾，惛不知人者累日。忽洒然醒，問人曰：「大尹安否？」曰：「無恙。」曰：「是將死矣。」因言病中憒憒，見壁間隱約如一門，久而愈明，金鋪朱户【六】，高明伉爽。不覺身在門側，排闥而入，庭廡宏麗，類好官府，而寂無一人。徘徊甚久，聞堂上樂作，其聲漸近。女妓數百人自屏後出，各執樂具，服飾甚都，擁金紫貴人，乘涼輿，徑至廳事，絲管競作，喧轟動地。貴人就坐，女妓環列左右。忽拊掌一聲，悉變爲牛頭阿旁之屬，奇形醜貌，可怖可愕。所坐之榻化爲大鐵床，向來金石絲竹，皆叉矛鉆鑽物也。百鬼爭進，剥其衣碎之，屠割焚炙，備極慘楚，號呼宛轉，不可忍視。如是移時，又悉拊掌，則鬼復爲妓，床復爲輿，叉矛復爲金石絲竹，貴人盛服如初，奏樂以入。吾身進退無所向，獨往廡下小室宿焉。不復知昏旦，度如一日許，所見復然。如是者三，漸玩習不甚懼。稍從旁觀

【六】金鋪朱户　涵芬樓本注，「鋪」葉本作「釘」。

之，一鬼忽顧曰：「汝爲何人？輒至此。將累我。」逐吾使出，且闔其户。因得復生，所見貴人乃尹也。時孝壽猶無恙，已而有疾，遂改提舉醴泉觀，才一月，果死。方孝壽治京師，尤留意姦盜。有白馬甚駿，將入朝，爲人竊去。散遣邏者，伺諸城門。閲五日，或牓于門曰：「白馬已染成烏馬，今行千里矣。」蓋盜既得馬，黔其皮鬣，乘以出，故不可捕。明年，濮州諸李遣信致餉，發其篚，馬皮在焉。姦猾能玩人如此。

## 八段錦

政和七年，李似矩彌大爲起居郎。有欲爲親事官者，兩省員額素窄，不能容，却之使去。其人曰：「家自有生業，可活妻子。得爲守闕在左右，無以俸爲也。」乃許之。早朝晏出，未嘗頃刻輒委去，雖休沐日亦然。朝晡飲膳，無人曾窺見其處者。似矩嘉其謹，呼勞之曰：「臺省親事官，名爲取送。每下馬歸宅，則散去不顧矣。況後省冷落，爾曹所棄。今獨如是，何也？」曰：「性不喜游嬉。且已爲皂隸，於事當爾。」似矩素於聲色簡薄，多獨止外舍，倣方士熊經鳥申之術，得之甚喜。自是令席於牀下，正睡熟時呼之，無不應。嘗以夜半時起坐，嘘吸按摩，行所謂八段錦者。此人於屏後笑不止，怪之，詰其故。對曰：「愚鈍村野，目所未見，不覺笑耳。非有他也。」後夜復然，似矩謂爲玩己，叱曰：「我學長生安樂法，汝既不曉，胡爲屢笑？」此人但謝過【七】。既而至于三，其笑如初。始

【七】此人但謝過　涵芬樓本注，葉本無「但」字。

疑之，下牀正容而問，曰：「自爾之來，我固知其與衆異。今所以笑，必有説，願明以告我。」對曰：「愚人耳，何所解。」固問之。踟躕良久，乃言曰：「吾非逐食庸庸者流。吾之師，嵩山王真人也。愍世俗學道趨真者益少，欲得淳朴端敬之士教誨之，使我至京洛求訪，三年于此矣。昨見舍人於馬上風儀洒落，似有道骨可教。故託身爲役，驗所營爲。比觀夜中所行，蓋速死之道，而以爲長生安樂法，豈不大可笑歟？」似矩聽其言，面熱汗下，具衣冠向之再拜，事以師禮，此人立受不辭。坐定，似矩拱手問道，此人略授以大指。至要妙處，則曰：「是事非吾所能及也。當爲君歸報王先生，以半歲爲期，復來矣。」凌晨，不告而去。明年五月，似矩出知光州，終身不再見。沈度公雅説。

## 金剛不壞身

醫師能太丞，居京師高頭街，藝術顯行，致家貲鉅萬。晚歲於城外買名園，畜姬妾十輩，全失衛生之理，但每日早起誦《金剛經》數卷。既卒三歲，女真犯闕，發其墓，剔取金帶衣服，棄尸道旁。亂定，其子訥修理墳塋，見僵尸暴于墓左，頹然若生，略不少損，乃知金剛不壞身之説非虛語也。訥精於産科，官至遥郡團練使，陷虜，在陳王悟失家，爲先君言。

## 黄士傑

南劍州將樂人黄士傑母余氏，夢人持省試榜告曰：「爾子得官。」母曰：「吾子不讀書，何由得？」曰：「天命已定。」出示之，乃黄光弼也。母曰：「吾長子士安已入道，少者名士傑，無此人。」曰：「改名而字元翰可也。」母志諸壁而不言。紹興四年，士傑欲應秋舉，母曰：「若素不學，徒有往反費，不可。」士傑以告叔父，叔爲之言，母曰：「必欲往，須更名。名不改，不可試。」叔謂士傑曰：「汝母所見若是，其可違？」乃具紙筆往請，母即書「黄光弼字元翰」。果預薦，次年登科。士安後名大成，予嘗見之於嶺外。大成說。

## 二盜自死

族弟爟，紹興十八年，爲坑冶司檢踏官。自鄱陽如信州，與縣小胥某偕行。至餘干，族人爲尉，以酒殽犒從者。小胥空腹飲數杯，醉不能起。爟先行，待之終日不至。越三日，遣一介還，緣道訪之不得。胥有端硯甚大，酷愛之，常置腰間。是日乘醉行，有兩人視其腰下，疑爲白金也，殺之。探其物非是，乃束以菅薦，投諸江，略無一人知者。明年，二盜共在一處，白晝擾擾，如與人爭辯狀。自言曰：「曩實誤殺汝，吾過矣。」爲傍人説去年事。歸，及家皆死。

## 劉正彦

宣和初，陝西大將劉法與西夏戰死，朝廷厚卹其家，賜宅於京師。其子正彦既終喪，自河中徙家居之。宅屋百間，西偏一位，素多鬼。每角明鈔本作「過」。門開【八】，必見紫衣金章人，如唐巾幘【九】，裴回其中，小童拱立於後，亦時時來宅堂，出没爲人害。正彦表兄某，平生尚膽氣，無所畏，獨欲窮其怪，乃書刺往謁，置于門外。少選，門自開，紫衣端笏延客入，設茶相對【一〇】，儀矩殊可觀。詢其何代人，何自居此。曰：「居此三百年，在唐朝，實爲汴宋節度使。以臣節不終，闔宗三百口【一一】，併命此處。至今追思，雖悔無及也。」客曰：「歲月如許，胡爲尚淪鬼録？」曰：「負罪既重，受生實難。非得叛臣如吾者相代，未易可脱。」客曰：「爲公徼福於釋氏，作水陸法拯拔【一二】以資冥路【一三】，若何？」曰：「無益也。」「然且試爲之。」客退，語正彦。他日，呼闍梨僧建道場於廳事。甫入夜，紫衣者據胡床而觀，小童在傍，凡執事之人無不見【一四】。僧獨懼，振杵誦降鬼神呪【一五】，才出口，紫衣已覺，厲聲呼小童曰：「索命去。」童趨而前，僧即仆地，如爲物搏擊。乃告曰：「我實殺汝，焚其骨，以囊貯灰，掛寺浮圖三級下塼隙中，無一人知之【一六】。今不敢隱，願舍我。」踰時乃醒，紫衣與童皆不見。問之，元不知所言。此童蓋爲僧所箠殺，死後乃從紫衣者，僧見之，故懼。至建炎中，正彦卒以逆誅。

【八】每角門開　涵芬樓本注，「角」明鈔本「遇」。
【九】如唐巾幘　涵芬樓本注，明鈔本多一「裝」字。
【一〇】設茶相對　涵芬樓本注，「茶」明鈔本「坐」。
【一一】闔宗三百口　涵芬樓本注，明鈔本「百」下多一「餘」字。
【一二】作水陸法拯拔　涵芬樓本注，「法拯拔」明鈔本作「薦君」。
【一三】以資冥路　涵芬樓本注，「路」葉本作「福」。
【一四】凡執事之人無不見　「凡」原作「几」，據南圖本改。「見」下明鈔本多一「者」字。
【一五】振杵誦降鬼神呪　涵芬樓本注，葉本無「神」字。
【一六】無一人知之　涵芬樓本注，明鈔本無「之」字。

## 王敦仁

胡汝明待制舜陟帥廣西，與轉運使吕源以職事相失。府吏徐竽者獲罪於胡，杖而逐之。陰求胡過失以啖源，得其邕州買馬折閲事，劾奏于朝。故相秦檜入其言，紹興十三年，遣大理丞袁柟、燕仰之爲制使鞫治。是歲六月，捕胡下吏，凡一時左證皆就逮，竽亦對獄。才旬日，胡死獄中。二丞懼，秘不使言。陽令府中召醫入，諭醫者王敦仁使證爲病篤，舁出外。竽亦得歸家，行未至，忽斂衣襟，曲躬向空而揖曰：「待制在此。」即時病，及家而死。後三年六月，敦仁以疽發背死。憑其家人言曰：「我頃入獄視胡待制，時實已死。我畏寺丞之責，妄言疾勢八分，合服鍾乳，藥至已無所付，自飲之而出，致其寃不得直。今須我對於地下。」吕源受代，居衡州且死，戒子弟治身後事，指其棺曰：「入此，見胡待制時，大費分説在。」竟亦不起。又胡公在獄時，得以一婢自隨。後嫁桂林，衆人白晝見胡從外入，曰：「急須汝證吾寃，勉爲吾行。」婢曰：「待制有命，敢不從！」胡喜而出。婢具告其夫，將更衣索浴，未及而逝。

## 崔婆偈

東平梁氏乳媪崔婆，淄州人，爲宣義郎元明乳母。平生茹素，性極愚，不能與同輩爭長短。主母晁夫人留意禪學，崔朝夕在旁，但能誦阿彌陀佛，虔誠不少輟。不持數珠，莫知其幾千萬遍。紹興十八年，年七十有二，得疾洞泄，不下牀。然持念愈篤。忽若無事，時唱偈曰：「西方一路好修行，上無條嶺下無坑。去時不用著鞋襪，脚踏蓮花步步生。」諷詠不絶口。人問：「何人語？」曰：「我所作。」「婆婆何時可行？」曰：「申時去。」果以其時死，十月五日也。用僧法焚之至盡，舌獨不化，如蓮華然。元明，予友壻也。

# 夷堅乙志卷第十 十二事

## 張鋭醫

成州團練使張鋭，字子剛，以醫知名，居鄭州。政和中，蔡魯公之孫婦有娠，及期而病。國醫皆以爲陽證傷寒，懼胎之墮，不敢投涼劑。魯公密信邀鋭來。鋭曰：「兒處胞十月，將生矣，何藥之能敗？」如常法與藥，且使倍服。半日兒生，病亦失去。明日，婦大泄不止，而喉痺【一】不入食，衆醫交指其疵，且曰：「二疾如冰炭，又産蓐甫爾【二】，雖扁鵲復生，無活理也。」鋭曰：「無庸憂，將使即日愈。」取藥數十粒，使吞之，咽喉即平，泄亦止【三】。逮滿月，魯公開宴，自諸子諸孫及女婦甥壻合六十人，請鋭爲客。公親酌酒爲壽，曰：「君之術通神，吾不敢知。敢問一藥而治兩疾，何也？」鋭曰：「此於經無所載，特以意處之。向者所用，乃附子理中圓【四】，裹以紫雪耳。方喉閉不通，非至寒藥不爲用。既已下咽，則消釋無餘。其得至腹中者，附子力也。故一服而兩疾愈。」公大加歎異，盡斂席上金匕筯遺之。慕容彦逢爲起居舍人時，母夫人病，亦召鋭於鄭，至則死矣。時方暑，鋭欲入視，慕容不忍。意其欲求錢，乃曰：「道路之費，當悉奉償，不煩入也。」鋭曰：「傷

### 校勘記

【一】喉痺　《醫説》卷二《以醫知名》、《名醫類案》卷一一《胎産併病》、《證治準繩》卷六四《胎産大法》作「喉閉」。

【二】産蓐甫爾　「爾」同上三書作「近」。

【三】咽喉即平泄亦止　同上三書作「咽喉即通，下泄亦止」。

【四】附子理中圓　「圓」同上三書作「丸」。

寒法，有死一晝夜復生者，何惜一視？」不得已，延入。鋭揭面帛注視，呼仵匠語之曰：「若嘗見夏月死者，面色赤乎？」曰：「無。」「口開乎？」曰：「無。」「然則汗不出而蹷耳，不死也。無亟斂。」趨出取藥，命以水二升煮其半，灌病者，戒曰：「善守之，至夜半大瀉，則活矣。」鋭舍於外館。夜半時，守病者覺有聲勃勃然，遺矢已滿席，出穢惡物斗餘。一家盡喜，敲門呼鋭。鋭應曰：「吾今日體困，不能起，然亦不必起。明日，方可進藥也。」天且明，徑命駕歸鄭。慕容詣其室，但留平胃散一貼而已。母服之，數日良愈。蓋鋭忿求錢之疑，故不告而去。紹興中，入蜀。王秬叔堅問之曰：「公之術，古所謂十全者，幾是歟。」曰：「未也。僅能七八耳。吾長子病，診脈察色，皆爲熱極，命煮承氣湯，欲飲之。且飲，復疑，至于再三。將遂飲，有如掣吾肘者，姑持盃以待。兒忽發顫悸，覆綿衾至四五，始稍定，汗下如洗。明日而脱然。使吾藥入口則死矣，安得爲造妙？世之庸醫，學方書，未知萬一，自以爲足。吁，可懼哉！」王秬叔堅説。

## 餘杭宗女

唐信道，宣和五年，自會稽如錢塘，赴兩浙漕試，館于普濟寺。寺後空室，有旅櫬欲觀之。僧止之，曰：「是中乃一婦人棺，半開半闔，時時出與人往來。非數人同入視不可。」唐曰：「豈有秀才畏鬼者乎？」竟獨往。棺上誌曰「某王宫幾縣主之柩」，蓋距是時已四十年矣。一女子可二十許歲，粉黛鉛華，如新傳者，容色與生人無少異。驚歎而出。還會稽，以語吳棫材老。材老曰：「是烏足爲異哉？吾居餘杭縣寺中，亦有宗女柩寄僧坊者。每夕與僧飲酒歌笑，旁若無人，通衽席之好。遲明就木，僧必送之以往。如是二年，事浸聞其父。父怒，謀舉而焚之。母夢女悲泣，告曰：『兒不幸死，而冥數當與僧合。自知淫穢以貽父母羞，然腹已有孕，儻不得生子，則沉淪幽趣，長無脱期。願少緩三月，使畢此緣，然後就焚，無害也。』母亦泣而寤，以告夫。夫愈怒，曰：『兒已死，乃與庸僧遊，又欲爲生子，吾不能受此辱，必焚之乃可。』是夜，母及一家人悉夢女來，如前訴之語，而加苦切，申言至數四。明日，合詞白其父。父堅忍人也，愈益怒，不俟所擇日至，立呼凶肆之人輿薪厝火，斧棺而爇之。其腹皤然，少焉折裂，果有嬰兒，已成形矣。」信道説。

## 金馬駒

京師人郭自明太尉，以事太宗藩邸恩，至濮州刺史，賜宅于炭坊巷。嘗夜半，聞屋上甲馬奔驟聲，怪之。遣人出視，見一馬大如貓而差高，馳走不止。一卒以荻帚撲得之，取至地，乃黄色小馬，蓋生物也。收養于家，久而馴熟，出入無所畏，郭氏寶惜之。遇食時，婦女翦嫩草如絲縷，手日餵飼，呼爲金馬駒。後爲人誤擊其足，微有損處，然嘶鳴飲齕自若也。又一夕，有人扣門曰：「還太尉馬錢。」守者以告，遣視駒，已死矣。及啓關，五百千宛然在地，郭氏取錢而瘞其駒。更數歲，發瘞而觀，則成一金馬，旋化爲銅，所損足已落，至今猶在。其玄孫繪居鄭州新鄭者，實藏之。繪從弟沺説。

## 湖口龍

池州每歲發兵三千人，遣一將督戍江西。率以夏五月會于豫章，番休而歸。紹興二十五年，統制官趙玘受代去。行兩日，泊舟順濟祠下，祭罷，攜妓入廟飲酒。以舟中苦熱，命設榻于西廂飲福廳，將翼日早發。廟祝知神不樂，不敢明言，但云：「龍王不在廟，出巡江矣，度一二日西歸。大軍若果行，懼或相值遇，不便也。」玘素膽勇，且被酒，聞祝言，殊不信，叱曰：「師行何所畏。」如期打鼓發船。行未至湖口縣三十里，遥望若有山横前。舟人震恐，玘以爲真山，竦身立觀之。少焉，北風大作，白浪涌起如屋。見向所謂山者，乃大赤斑龍，無首無尾，其身長正與江闊等，擁水而南。玘猶命射之，百矢俱發，其來愈近。玘始懼，急回棹，奔入小灄避之。矸纜方畢，龍直前而過，寒風肅然，當盛暑皆有挾纊意。久之，乃息。他舟覆者數十艘，沉士卒數十人，巨商同宗行者，亦多溺死。時外舅鎮江西，玘具列其事，獨諱廟中之過云。

## 吴信叟

卿樞王恭簡公時亨，紹興丁卯歲，爲明州節度推官。時吴信叟罷右史鄉居，與賓客罕還往。唯樞及簽判王某、鄞縣宰劉某三人者，得陪杖屨。然信叟與樞厚甚，一日延之坐，問曰：「君家祖塋相對，當有三峰峙立，水流其前，是否？」樞驚曰：「然。公何以知之？」曰：「吾非瞽史，但習靜滋久，中心泊然。或可以前知，豈特此也。君異時官職亦可言，從此十年，當爲館職，歷著廷，掌教王府，由柱下史至侍從，然後出爲大帥，迺入秉樞極。劉宰固佳士，但壽算垂盡，得終此任幸矣。王簽判亦碌碌一兩政，皆非君比。」樞雖素敬之，然亦疑信居半。且謂己第二人及第，一任回便可覬入館，不應在十年後。既而劉卒於鄞，王簽判亦偃蹇。樞受代改官，纔得洪州教授。待久次，丙子歲乃之官。會信叟入爲給事中，薦之，召拜校書郎。閲兩月，除佐著作兼二王府教授。而信叟遷吏部侍郎，樞往賀，留與飲，情意戀戀。臨上馬，謂曰：「見君止此耳。」樞訝其言不祥。已而，爲銓試考官，在貢院，聞信叟坐論事，罷知毗陵，即去國，固已不及見。暨出院，遣使持書問訊，至蕭山，則信叟死於縣驛矣。樞果自右史登掖垣，出鎮蜀道。還朝，同知密院而薨。考其所言，無毫釐不合。王公説。

## 王先生

濮州王老志先生，以道術知名。濮有士人饒口辯，欲以語窮之，往造焉。其居四面環以高墉，但開拘竇【五】出入，士人匐匐【六】就之。方談詞如雲，忽地下旋渦折【七】，俄已盈尺，中有鱗甲如斗大。先生謂客曰：「子亟歸，稍緩必致奇禍。」士人遽出，行未五里，雷電雨雹倏起，馬跪局不行，偶得一土室入避之。望先生庵廬百拜乞命，僅得脱。其他事，多見於蔡絛《國史後補》。

## 義烏古甕

金華喻葆光，字如晦，義烏人也。紹興丙辰正月，命奴江陸耕所居之南前郭園。耕未竟，土中洞然有聲，牛爲之驚。陸意其下有藏窖，輟耕掘地，深二尺，得瓦缶，廣六寸，厚一寸，形模甚古。下覆一甕，甕正圓，可容三斗黍，四耳附口，口徑四寸，視之其色蒼然，扣之其音鏗然。發缶窺之，枵然無有也。洗滌滓垢，置之几案間，莫有能别其爲何代物者。遇客至，則以盛酒。葆光之子良能，嘗作《古甕賦》，至今存焉。

【五】拘竇　中華本作「狗竇」，是。

【六】匐匐　涵芬樓本注，上一字，嚴校疑誤，南圖本作「勹」。

【七】忽地下旋渦折　「折」中華本作「圻」，是。

## 夢女屬對

喻叔奇良能，紹興丁巳閏十月十三日夜，宿於居之南齋。夢友人相攜至一處，雲窗霧閤，幽閨繡户，蕭灑可愛，如名妓家。一女子方笄歲，秀色靡曼，衣製嫺雅。牀毹茵席，蘭麝之芬郁然。屏几供張，皆華好相稱。坐良久，女子顧曰：「妾有隔句，欲煩郎君屬對，如何？」叔奇唯唯。乃言曰：「皇天生奚誘之人，見魚便摸。」言畢，以紙授客使書。又改「人」字作「才」字。叔奇問：「『誘』字若何？」書曰：「從酉旁寸者，是也。」「何謂奚酎？」曰：「人之風流者，爲奚酎。」「何謂見魚便摸。」曰：「猶言見鬩便打耳。」叔奇方事科舉，以功名爲心，意不在色，即答之以他語。曰：「元氣鍾太阿之劍，逢虎須爭。」女子熟視微笑，又欲令和詩。未及言而夢覺，雞既鳴矣。二事皆叔奇説。

## 閩清異境

福州閩清縣，近村有大溪，溪北有寺，溪南大山長谷，草樹綿延。父老相傳，自古以來，人跡所不到，到則遇奇怪。有三僧從他處來，皆好尋幽選勝，欣然欲往。相與裹糗糧，拏小舟，度彼岸，爲三宿計。行未久，滿道蛇虺縱横，踐之以過。異鳥形容可憎，鳴噪紛紛，觸目生怖。不半日，兩人願還。一僧獨奮曰：「出家兒，視死爲等閑，況怖懼乎？我將獨往。」乃并兩人所齎，草行露宿，愈益南去。二之日，蛇鳥漸少，稍有徑路可尋。三之日，亦覺勧苦。遥望山下木杪，炊煙起，知有人居。復行，前抵其處。得茅屋一間，寂不見人，僧就憩，取亂葉爇之。俄一人自外荷鉏至，架鉏於門上，趨近附火，視之，人也。不交一談，袖中出芋十枚，炮熟，指其半與僧，自食其半。既暮，徑卧土榻上。僧亦同宿，終不相誰何。天將曉，人已去，僧亦從此歸。沿道處處記之，到寺具以所見語兩人。兩人悔前日空反，乃相約重尋之。歷三日，與曩所記無異。及大木下，則茅屋已焚，但斫木皮尺餘，題詩其間，曰：「偶與雲水合，不與雲水通。雲散水流去，杳然天地空。」悵然而歸，後無有能去者。何德獻説。

## 巢先生

紹興八年，無錫縣有道人曰眉山巢谷，年百十七歲。少時，與東坡兄弟往來。狀皃雖甚老，然面不黧皺，瞳子碧光炯然，飲酒食肉皆過人。舅氏太學博士沈公體仁居高村，距縣十餘里，谷每杖策至，輒留連信宿。自言：「三十歲時逢異人，謂己壽不長，至五十五歲數盡。因授以祕法，使記其歲月日時，俟時至，當即静室，步北斗，而被髮卧魁星下，必可免。自是，每十五年輒有大厄，須五如此。若滿百二十歲，則長生不死矣。始時在宿州天慶觀，以正月十六夜當死，如異人教，絶食一日，從道士借空房，託云行氣，屏處其中。

正書，已見鬼物紛紜，如有所追捕。夜且半，來者愈密，周旋室内，至踐髮膚以過，然身殊輕，不能壓人。皆咨嗟叱咤，曰：『必在此，何以不見？失今夕不取，吾曹罪在不赦。奈何？』其夜擾擾，幾達曉，寂無所聞，乃敢出。凡四度若此，所見皆同。今年又當爾，未知終可脱否？」至十一月二十一日，徧告邑中所善者，乃還寓舍，閉户。過三日，人訝其不出，發户視之，已死，鼻端一道正白，不知以何日終。豈非造化大限，竟不可逃乎？蘇黄門作《巢公傳》，已言其卒於嶺南。今此其人，豈是乎？惜無有人以此問之者。舅氏説。

## 松毬

紹興戊午冬，予兄弟同奉先夫人之喪，居無錫大池塢外家墳庵。庵前後巨松二萬株，次年春，兩松各結一毬。松高四五丈，毬生其顛，四向翠葉圍繞，宛然天成。庵僧紹明曰：「近村邊氏墓，松亦曾如此，其狀差小，而其孫安野秀才預薦。今數二而大，豈非沈氏有二子登科乎？」是時，内兄沈自强、自求方應進士舉，既而皆不利。而予伯氏仲氏，乃以壬戌年中博學宏辭。蓋習此科時，正在庵肄業，遂合二毬之瑞。

## 梁元明

予友壻梁元明，嘗夢入冥府。冥官令詣曹對狀，戒之曰：「還家勿泄於人，雖父母妻子亦不可言。若犯令，當滅族。」梁再拜，受命。追者導之還。經地獄門，引入，至鑊湯，見獄卒以長叉叉囚，置鑊内，骨肉糜爛，腥臭逆鼻，正如人間瓠羹然。是夜夢覺，以告其妻，妻亦不敢問所供何事。梁自是不食瓠羹，云：「聞其氣輒嘔逆。」後三年，從桂林如衡山，道經零陵，逢他人喪柩，書銘旌曰「漢陽軍簽判梁宣義」。詢其鄉里，曰：「東平人。」元明新調漢陽簽幕，鄉貫、官氏皆同，深惡之。竟不及赴官而卒，時紹興十四年【八】。

【八】時紹興十四年　「時」字原脱，據陸本、南圖本補。

# 夷堅乙志卷第十一 十三事

## 玉華侍郎

莆田人方朝散，失其名。政和初，爲歙州婺源宰。病熱困臥，覺耳中鏘鏘天樂聲。少焉，有女童二十四輩，各執旌纛幢幡至前。俄采雲從足起，掩苒飛騰【一】，瞬息間，到一城。城中大樓，明奐高潔，金書其門曰「太華之宮【二】」。正中設榻，使就坐，侍女列立。長髯道士【三】乘雲至，碧冠霞衣，執玉簡【四】，直前再拜。方驚起，欲致答，道士拱手言：「某於先生，役隸也，願端坐受敬。」拜畢，跽白曰：「碧落洞玉華宮莫真君敬問先生。瑶臺一別，人間甲子周矣。翩見有日，欽遲好音。」方懵然，不知所答。道士曰：「下土溷濁，能移人肺腸。先生應已忘前事，今當縷陳之。先生，唐武后時人也，生於冀州，能屬文，而嗜酒不檢，浮沉里中。時河北大疫，死者如亂麻。先生書所得藥方，揭于通衢間，病者如方治之，即愈。由此相傳益廣，所活不可計。夢中有人告曰：『子陰德上通于天，上帝嘉其功，當以仙班相召【五】。』先生素落魄，且自恃將爲天人，愈益放誕，竟以狂醉墮井死。死後久之，乃用前功得召見于白玉樓，蓋李長吉所作記處也。時有四人同召，當試文

校勘記

【一】掩苒飛騰　涵芬樓本注，「掩」葉本作「荏」。

【二】太華之宮　涵芬樓本注，「太」明鈔本作「玉」。

【三】長髯道士　涵芬樓本注，「長」葉本多一「有」字。

【四】玉簡　涵芬樓本注，葉本作「玉圭」。

【五】相召　涵芬樓本注，「召」原作「告」，據葉本、陸本、南圖本改。

一首。帝自書《大道無爲賦》爲題，先生有警句曰：『帝鑿竅而喪魄，蛇畫足而失栝。』帝覽之大喜，擢列第一。拜爲修文郎，專以文字爲職，繼有玉華侍郎之命。同寮十八人，皆上清仙伯也，每侍帝左右，出則陪從金輿。嘗曉幸紫霞宮，宮人不知輦至，或晚起，纔畫一眉即趨出迎謁。帝顧之笑，命諸侍郎賦詩。先生卒章云：『曉粧不覺星輿至，只畫人間一壁眉。』帝吟諷激賞。卒以恃才怙寵，爲衆所嫉，下遷羣玉外監。既陛辭，帝曰：『羣玉殿乃吾圖書之府，非卿文學出倫，未易居此。』是後，宴見稍疏。一日，帝與諸仙游瑶圃，思先生之材【六】，遣使來召。先生辭以疾，獨與侍女宋道華泛舟池上，執手眷眷，有人間夫婦之想。爲使者所劾，帝批其奏曰：『男爲東家男，女爲西家女，皆謫墮人世。』道華生於蜀中，而先生乃爲閩人。先生既登第，爲邵武判官日，帝命召還，有不相樂者奏云：『邵武分野，災氣方重，須此人仙骨以鎮之。』乃止。近已有詔，更一紀復故處【七】。莫真君乃代先生爲侍郎者，懼塵世易流，又有他過，則仙梯愈不可攀，故遣弟子來，鄭重達意。」宋道華者，先已得歸，正持寶幢立於側，拜而言曰：「人世紛綸，真可厭苦。若得再入碧落洞中，望見金毛師子，千秋萬歲，永無閑思念也。」方君聞兩人語，始瞿然如有所省。道士及衆女皆謝去。遍體汗流，遂寤，蓋已三日。即召會丞、尉及子孫，歷道所見，遂申郡乞致仕，時年六十有二。後不知所終云。先君頃於鄉人胡霖卿涓處得此事，亦有人作記甚詳，久而失去。詢諸胡氏子及婺源人，皆莫知，但能道其梗槩如是。今追書之，復

【六】先生之材　涵芬樓本注，「材」葉本作「才」。

【七】故處　涵芬樓本注，葉本作「故職」。

有遺忘處矣。

## 永平樓

饒州永平監樓，南臨番江。紹興三十二年，會稽陸瀛，毗陵張抑居官舍，晚飲微醉，同登樓凭欄立。傍無侍史，方縱談呼笑，有婦人不知所從來，立於兩人中間，亦凭欄笑，曰：「爾兩人在此説甚事？」未及答，已無所覩。皆大驚悸，急下樓，後不敢復往。郭絜己説。

## 唐氏蛇

唐信道於會稽所居治松棚畢，俯見短枝出地，二寸許，以爲松也，將拾棄之。其物蠢蠢有動態，拔之不出。呼童發土取之，則漸大，凡深數尺，蓋一異蛇也。尾細如箸，其身乃粗大與人臂等，至頭復甚小，與尾相稱。越人皆所不識。予前志有融州蛇事，與此相反云。唐説。

## 鞏固治生

方城人鞏固者，以機數治生。其鄰周氏素富，一旦，男子相繼死，但餘一老媪，并十歲孫。固置酒延媪，以善言誘訹之，開以利害，曰：「媪與孫介處，而挾田宅貨財自衞，是開門揖盜之説也。曷若及身强健時盡貨於我，我當資給媪終老，育而孫使成人。若何？」媪大喜，以賤價求售，其直不能什二。固纔得之，即逐使離業，而盡室徙居之。徙之日，命數僧具道場慶謝。至夜半，大聲從井中出，旋繞滿宅，到曉乃止。固竟居之。甫一歲，虜人犯唐州，鞏氏數十口皆死其處，無一得免者。

## 劉氏葬

劉延慶少保少孤，後喪其祖，卜葬於保安軍。有告之曰：「君家所卜宅兆，山甚美，而不值正穴。蓋墓師以爲不利己，故隱而不言。若啓壙時，但取其所立處，則世世富貴矣。」如其言。墓師汪然出涕，曰：「誰爲君言之？業已爾，無可奈何！葬後不百日，吾當死。君善視我家，當更爲君擇吉日良時以爲報。」某日，可舁柩至此，俟見一驢騎人，即下窆，無問何時也。」劉氏聞其説，亦惻然，但疑驢騎人之説。及葬日，遷延至午，乃山下小民家驢生駒，毛色甚異，民負於背，將以示其主，遂以此時葬焉。越三月，墓師果死。延慶位至節度使，子光世至太傅揚國公。劉堯仁山甫説。山甫，揚公子也【八】。

## 米張家

京師修内司兵士闞喜，以年老解軍籍爲販夫，賣果實自給。其妻湯氏，舊給事掖廷，

【八】山甫揚公子也　李按：「揚」當作「楊」。紹興十二年，高宗册封劉光世爲楊國公。

晚乃嫁喜。宣和二年六月，喜賣瓜於東水門外汴堤叢柳間。所坐處，去人居百許步，柳陰尤密。午暑方盛，行人不至。聞木杪呼小鬼，繼有應之者。呼者曰：「物在否？」應者曰：「在。」如是再三。仰頭周視，無所覩，懼不自安，欲歸而妻饋食適至，具以事語之。妻曰：「老人腹虛耳聵，妄聞之【九】，無懼也。」明日復如前，又以語妻。妻曰：「然則冀日我於【一〇】此代汝，汝當爲我饋。」湯氏，慧人也。伺其時至，聞應答聲畢，遽曰：「既在，何不出示？」即於樹間擲金數十顆、銀十餘鋌，黄白爛然。妻四顧無人，亟收置瓜籃中。未畢，而喜至，驚笑曰：「吾不暇食矣。」喜見黄物形製甚異，疑不曉。妻曰：「此裹蹏金也。」盡拾瓜皮，與所坐敗簟覆籃，共舁以歸。僅能行百步，重不能勝。暫寄於張家茶肆中，出募有力者【一一】挈取。張氏訝其蒼黄如許，發篰【一二】見物，悉以瓦礫易之。喜夫婦不復閲視【一三】，及家始覺。妻曰：「姑忍勿言。明當復用前策，尚可得也。」洎坐樹下，過時無所聞。乃效其呼，小鬼亦應，曰：「諾。」妻曰：「再以昨日之物來。」曰：「亡矣。」問：「何故？」曰：「已煩賣瓜人送與張氏竟【一四】。」喜將訟于官，妻曰：「鬼神不我與，雖訴何益？不若謀諸張氏。」張曰：「物已歸我，又無證驗，安得取？且爾夫婦皆老而無子，多貲亦奚爲？幸館于吾門，隨所用錢相給。畢此一世，可也。」喜乃止。張氏由此益富，徙居城北，俗呼爲「米張家」云。魯時説。

【九】老人腹虛耳聵妄聞之　涵芬樓本注，「聵妄聞之」葉本作「鳴妄聞耳」。

【一〇】於　涵芬樓本注，葉本作「坐」。

【一一】有力者　涵芬樓本注，葉本作「擔脚」。

【一二】發篰　涵芬樓本注，「篰」葉本作「籃」。

【一三】閲視　涵芬樓本注，「閲」明鈔本作「開」。

【一四】竟　涵芬樓本注，葉本作「矣」。

## 湧金門白鼠

京師人魯畤，紹興十一年在臨安，送所親于北閘下，忘攜錢行，解衣質于庫。見主人如舊熟識者，思之而未得。退訪北關税官朱子文，言及之，蓋數年前所常見丐者也。其人本豪民，遭亂家破，與妻行乞于市。使三子拾楊梅核，椎取其實以賣。少子嘗見一白鼠在聚核下，歸語父。父戒曰：「明日往捕之，得而貨于禽戲者，必直數百錢，勿失也。」迨旦，母與偕至故處，果見鼠，逐之，及湧金門牆下，入穴中而滅。母立不去，遣子歸取鍤，斸地深可二尺，望鼠尾猶可見。俄得一青石，揭去之，下有大甕，白金滿中，遽奔告其父。父至，不敢啟，亟詣府自列，願以半與官，而乞廂吏護取，府主從其言，得銀凡五千兩。持所得，即日鬻之，買屋以居，而用其錢爲子本，遂成富家，即質庫主人也。時説。

## 金尼生鬚

平江傳法尼寺何大師【一五】，本章子厚家青衣也。其徒曰金師，亦故章妾。嘗晝臥室中，道人叩門入乞食，金師曰：「院中冷落，殊乏好供。」曰：「隨緣足矣。吾適到妙湛院，欲少留，而屍氣觸人，不可入，故捨而至此。」乃設飯延之。食畢，將去，金師夙苦瘵疾，常奄奄短氣，漫言曰：「我久抱病，先生還有藥見療乎？」曰：「適有一粒，正可服。」即同往

【一五】何大師　涵芬樓本注，「大」字，原本字形不全，從陸本補。

佛殿，命汲水，東向吞之。詢其鄉里，曰：「我河東人，骨肉甚多。」不肯言姓名。臨去時，囑曰：「既服我藥，用兩事爲戒，切不可臨喪及送葬。更十二年，吾當復來。」遂出。金師歸舍，便聞食氣逆鼻，兩日不食。何師怒罵之，曰：「汝從野道人喫毒草藥，損污腸胃，當即死矣。」强之使食，纔下咽，即嘔。自是竟不食。久之，髭髯皆生，黳黑光潤，如男子。後因赴親戚家喪齋，遂思食，距服藥時正十二年，道人亦絶不至。金師遭虜寇之難，死於兵間。何德獻説，何及見金師生髯時。

## 陽山龍

平江府二十里間，陽山龍母祠，相傳其子，每歲四月必一至祠下，皆取道野外，吴中人多見之。唯紹興二十年，獨入城。章幾道僦宅後有廨院，曹雲借居之。是日，雷電旋繞其室，曹在堂上，有物擁之向壁，揭庭下松棚從空起，室中箱篋皆挈徙它處。幾道與其甥何德輔俯仰望，見雲中火光，巨鱗赫然，或僧，或道士，或尼，或倡女，雜遝其前，履空躡雲，爲捧迎狀，越城一角而去。何德獻説。

## 遇仙樓

信州弋陽人吴滂，字潤甫。所居曰結竹村。幼子大同，生而不能言，手亦攣縮。紹興十七年，年十一歲。方秋時，與里中兒戲山下，有道人過，問吴潤甫家所在，旁兒指曰：「在彼。」曰：「此子何不答我？」曰：「不能言。」道人曰：「然則我先爲治此疾而後往。」乃摘茅一莖，取其葴，鍼大同兩耳下，應時呼號。又連鍼其肘，遽伸手執道人衣，曰：「何爲刺我？」羣兒皆驚異，與俱還滂家。道人入門，曰：「君家又有一人廢疾，可舁至縣中，尋吾治之。」且約以某日。蓋滂兄濬長子，不能行，四十五歲矣。過期數日，乃入邑訪之，無所見。後滂與大同至縣，見丐者鬅鬙藍縷，大同指曰：「此是也。」滂以錢遺之，不受，曰：「沽酒飲我足矣。」至酒肆，方具杯，擲去之，曰：「此不足一醉。」自入庫中，取巨甕兩人不能勝者，獨挈之出。其直千錢，舉甕盡飲之，乃去。又曰：「君家麻車源木甚多，可伐之，爲我建一樓於所居竹間。」麻源者，去結竹七里，産大木。滂如其言立樓，命曰「遇仙」。常烹羊釃酒爲慶會，自此道人不復至。大同獨時有所適，或經日乃返，不告家人以其處。始時身絶短小，今形容偉然，氣韻落落。又數年，復來告，曰：「俟爾父母捐館，妻子亦謝世，當訪我於貴溪紫竹巖。」今滂夫婦皆死，大同妻子【一六】「華宫瑶館遊畢，却返絳節回鸞翼。荷殷勤，三斝香醪供養我，上真仙客。赤靄浮空，祥雲遠布，是我來仙跡。且頻脩，同泛舸上雲秋碧。」書畢，人問曰：「先生降臨，何以爲驗？」曰：「赤雲滿空，則吾至矣。」異日復至，果然。故詞中及之。

【一六】大同妻子　涵芬樓本注，此下宋本闕一葉。

## 白獼猴

朝請郎劉公佐，罷衡州守。舟行歸京師，道中得疾。其妻趙氏，每夕必至所寢處，視診藥餌。時方盛夏，馬門不關。一夕，趙至牀側，公佐睡，未覺。一物如猴，色正白，直從寢閤衝人而出，徑歷外户，跳登岸。趙氏畏驚病者，不敢言。獨呼子總出視之，物猶在岸上，睢盱回顧，久之□去【一七】。劉生於丙申，屬猴，人以謂精爽逝矣，至泗州而卒。

## 天衣山

李處度平仲，居會稽。紹興十八年，被疾，未甚篤，州監倉方釋之與數客往省之。李方燕語往來，且道醫之謬，忽顧曰：「近被旨買絲數萬兩，不知其價幾何？」客訝語不倫。俄呼虞候，令傳語唐運使：「且喜同官，今先行相待，可便治裝也。」又語客曰：「得一廨舍，在天衣山中，極明潔。」客不敢答，即引去。是夜，遂卒。唐君名閎，其室與李相近。時病廢家居，聞之甚懼。次日亦卒。李之葬，乃在天衣山云。方子張說。

嚴校：此卷中，第十、第十一兩葉不接，而中間又無補葉，中縫葉數又不誤舛。乃以目證之，則尚有《牛道人》一則，此是元人脩板時，無從補入此葉，又不能取它志羼入，故中縫葉數稍爲改削。卷首獨無「十三事」三字，亦脩板者之所爲也。

【一七】久之□去　涵芬樓本注，陸本作「始」。

# 夷堅乙志卷第十二 十一事

## 真州異僧

金華范茂載渭，建炎二年，以秀州通判權江淮發運司幹官，官舍在儀真。方劇賊張遇寇淮甸，民間正驩【一】。范泊家舟中，而日詣曹治事。其妻張夫人平生躭信佛教，每游僧及門，目所見物悉與之，不少吝。郡有僧，鳴鐃鈸行乞于岸，呼曰：「泗州有箇張和尚，緣化錢【二】修外羅城。」張邀至舟所，僧於袖間出雕刻木人十許枚，指之曰：「此爲僧伽大聖，此爲木叉，此爲善財，此爲土地。」命之笑，則木人欣然啟齒，面有喜色。取一兒枕鼓而寢者，以與張，曰：「此僧伽初生時像也。」又以藥一粒授張，戒使吞之。張施以紫紗、皂絹各一匹。僧甫去，范君適從外來，次子以告。問：「何在？」曰：「未遠。」遣人追及，將折困之，僧殊不動容，索紙書「十」字者二【三】，又書「九」字及「徐」字于下，以付范，即去。張氏取藥欲服，而其大如彈丸不可吞。乃命婢磨碎，調以湯而飲之。明日，僧復至，問曰：「曾餌吾藥否？」以實對。僧歎咤曰：「何不竟吞之？而碎吾藥，然亦無害也。」後兩日，賊船數百渡江而南，將犯京口。最後十餘船獨回泊真州，殺人肆掠。是時，岸下



校勘記

【一】民間正驩　涵芬樓本注，葉本作「民間正喧然」。

【二】緣化錢　涵芬樓本注，「緣化」葉本作「化緣」。

【三】二　涵芬樓本注，葉本作「三」。

舟多不可計，舳艫相銜，跬步不得動。范氏之人無長少皆登津散走，張以積病，不能行，與一女并妾宜奴者三人不去，但默誦救苦觀世音菩薩，時正月十四日也。一賊登舟，從蓬背揕矛入，當張坐處，所覆綿衾四重皆穿透，刃自腋下過，無所損。賊跳入中【四】，又舉矛刺之，出兩股之間，亦無傷焉。賊驚異，釋仗【五】問曰：「汝有何術至是？」曰：「我以産後得病，故待死於此。但誦佛耳，安得術哉【六】？家藏金銀一小篋，持以相贈，幸捨我。」賊取之，而留其衣服，曰：「以爲買粥費。」去未久，又一賊來，持火藥罐發之，欲焚其舟。未及發而器墜水中，亦捨去。俄頃兩岸火大起，延及水中。范氏舟纜已爇斷，如有牽挽者，由千萬艘間無人自行，出大江，茫不知東西。唯宜奴扶柂，夷猶任所向。及天明，則在揚州矣。范之弟茂直，爲司農丞，從車駕行在，即挈取之。是日，一家十四口，數處奔迸，並集于揚，不失一人。方悟碎藥無害之説。使如僧言吞之，當無驚散之苦矣。范歸鄉，因溺水被疾而殂，正年三十九，葬于婺，買山于徐家，盡與紙上字合。僧不復見，而所留木皃亦不能動。其後張夫人沉痾去體，壽七十乃終。其子元卿端臣説。

## 章惠仲告虎【七】

成都人章惠仲與其妹壻丘生，紹興二十六年，以四川類試中選，同赴廷試。未出峽，舟覆于江，丘生死焉，章僅得免。既賜第，調井研縣主簿。還至峽州，得家書，報其弟病

【四】賊跳入中　涵芬樓本注，葉本「入」下多一「舟」字。

【五】釋仗　涵芬樓本注，「仗」，明鈔本作「之」字。

【六】安得術哉　涵芬樓本注，明鈔本「得」下多一「有」字。

【七】章惠仲告虎　涵芬樓本按：目録無「告虎」二字。

死。章茹哀在道，兼程而西。跨羸馬，倩一川兵挈囊，以隨。過萬州，日勢薄晚，猶前行不已，遂墜崖下，去岸十餘丈，遍體皆傷，不可起。俄有虎至，奮而前，銜其髻欲食【八】。章窘怖呼而言曰：「汝虎有靈，幸聽我語。吾母年八十矣，生子二人，女一人。往年妹壻死於水，今年弟死於家，獨吾一身存，將以微禄充養。今汝食我，亦命也，無足惜，奈吾老母何！」虎自聞其言，已釋髻，低首爲傾聽狀，語畢，即捨去，盤旋其傍，若有所扞禦。夜過半，章痛稍定，睡石上，夢人告曰：「天欲曉，可行矣。」覺而已明。攀危木，寸步而上。及登岸，馬猶立不動，遂乘以行。告敕皆在身，但囊橐爲兵攜去。章赴官滿秩而母亡，未幾章亦卒。乃知一念起孝，脱於死地，專爲母故也。異類知義如此，與夫落陷穽不引手而擠之下石者遠矣。可以人而不如虎乎？

## 大散關老人

政和末，張魏公自漢州與鄉人吴鼎同入京省試。徒步出大散關，遇暴雨，而傘爲僕先持去，無以障，共趨入粉壁屋内避之。敗宇穿漏，殆不容立。望道左新屋數間，急往造焉。老父出迎客，意色甚謹。縱觀客容貌舉止，目不暫置。二人同辭而問，曰：「老父豈能相乎？」應曰：「唯唯。」魏公先指吴生扣之，笑曰：「大好，大好。」而不肯明言。吴生指魏公，曰：「張秀才前程如何？」起而答曰：「此公骨法貴無與比。異日中原有變，是其奮

【八】銜其髻欲食　涵芬樓本注，明鈔本於「髻」下校增一「且」字。

發之秋。出將入相，爲國柱石，非吾子可擬也。」二人皆不以爲然。會雨止，即捨之去。明年魏公登科，吳下第。公送之出西郊，臨别謂曰：「君過散關時，幸復訪道傍老父。」吳雖不樂父言，然亦欲再謁休咎。及至昨處，唯粉壁故在，無所謂新居者，詢關下往來人，皆莫知。魏公既貴爲川陝宣撫處置使，吳猶布衣，以公恩得一官，竟不顯。二事皆黄仲秉説。

## 肇慶土偶

鄭安恭爲肇慶守，有直更卒，每夜半，見城上亭中火光，往視之，乃十餘人及小兒數輩聚博。卒有膽不懼，戲伸手乞錢，諸人爭與之，幾得三千以還。明日驗之，真銅錢也，不以語人。次夕，又如是。遂賂掌宿節級，求專直三更，所獲益富，踰兩月矣。會軍資庫失錢千餘緡，并銀數百兩，揭牓根捕。或告云，此卒近多妄費，又衣服鮮明，可疑也。試擒之，詰其爲盜之端，不能隱，具以實言。鄭意必土偶爲姦，乃繫卒，使人部往，遍索諸廟。至城隍廟中，有土偶狀貌類所見者，碎之，腹中得銀一笏，盡剖之，皆然。因發地，凡偶人下，各得數十千，合此卒用過之數，更無少差。即盡毁偶像，其怪遂絶。安恭説。

## 韓信首級

席中丞晉仲旦，政和中，爲長安帥。因公使庫頽圮，命工改築。於地中得石函一，其狀類玉，蓋上刻「韓信首級」四字，乃篆文也，其中空無一物。即徙于高原，祭而掩之。朝奉郎鄭師孟說，鄭與席爲姻家。

## 江東漕屬舍

江東轉運司在建康府，三屬宫廨舍處其中。其最北者，相傳有怪，前後居者多不甯。隆興二年，陳阜卿爲守，湖州通判方釋之送女嫁其子，館是舍。見東窗壁間人影雜沓，謂牆外行人往來，不以爲異。如是者終日。試往就視，則人物長不滿尺，騎從甚盛，如世之方伯威儀，馳走不絶。方君懼，即他徙。趙善仁獨不信，故往宿焉。中夜，聞呼其姓名，晨起求巾幘衣服皆不見，乃盡懸于梁上。皇恐而出。郡人言此地，昔嘗爲廟云。釋之說。

## 王晌惡讖

王晌神道在京師時，從妙應大師問相，得兩句偈曰：「姓名不過程家渡，出郭猶行十里村。」紹興丙子歲，罷當塗守，在宜興縣。又從達真黄元道求詩，其末句曰：「巽嶺直下梅家店，福禄難過丑年春。」會江東提舉官吕忱中發其在宣城時事，置獄廣德軍，所按無實狀，獄不成，移鞫徽州。出廣德南門，過一嶺，問其名曰「巽嶺」，固已不樂。至渡頭客舍小憩，梅家店也。矍然惡之，不覺墮淚。同行士人衞博寬釋之，少解。命僕具酒，老兵就户限椎鹿脯，晌責其不潔，兵恚曰：「此與建康府不同，何足校！」晌忿其不遜，盛怒，酒杯落地，即得疾不起，時丁丑年正月九日也。渡曰程家渡，去廣德恰十里。孫㻅說。

## 秦昌時

秦昌時、昌齡，皆太師檜從子。紹興二十三年，昌齡宫觀滿，將赴調，見達真黄元道，戒曰：「君壽命不甚永，然最忌爲宣州官。若得之，切不可受，受必死。」既而添差甯國軍簽判，不欲往，具以事白其叔父。叔父誚責之，遂受命。以九月十八日至家，五日而死，竟不及赴官。昌時自浙東提刑來會葬，聞達真在溧陽，往見之。達真曰：「今年葬簽判，明年葬提刑，吾將往會稽奉送。」昌時怒且懼。明年十二月十二日，果訪之于會稽，取紙寫詩，有「二五相逢路再迷」之語。昌時曰：「壽止二年或五年邪？」曰：「否。」「二月或五月邪？」曰：「否。」「然則但二日五日乎？」曰：「恐如是。」時會稽守趙士彩、提舉常平高百之皆在坐，密問曰：「提刑方四十五，歲精爽如此，何爲有是言？」曰：「去歲見之於溧陽，神已去幹，曾與約送葬。壽夭，定數也。何足訝？今不過七日耳。」是月十八日，昌時具飯，召百之及其壻馮某，達真在焉。昌時坐間取永嘉黄柑，手自銓擇。達真隨輒食之，食數顆，又擘其餘擲之地。昌時以情白曰：「叔父生朝不遠，欲持以爲壽，願先生勿相苦。」達真嘻笑曰：「自家死日不管，卻管他人生日。」左右見其語切，皆伸舌縮頸。昌時不樂，顧百之及馮壻，招之出。自掩關作書，囑虞候曰：「若黄先生尋我，但以睡告。」虞候立户外，忽聞筆墜地，入視之，已仆於胡牀，涎塞咽中，革革然。其家呼醫巫【九】絡繹，妻詹氏泣拜達真求救。笑曰：「吾曩歲固言之，今日專來送葬，命止於此，雖扁鵲何益？善視之，三更當去矣。」至時果死。

## 成都鑷工

政和初，成都有鑷工出行廛間，妻獨居。一髽髻道人來求摘髭毛，先與錢二百，妻謝曰：「工夫不多，只十金【一〇】足矣。」曰：「但取之，爲我耐煩可也【一一】。」遂就坐。先剃其左，次及右，既畢，回面，則左方毛已茁然，又去之，右邊復爾。如是至再三。日過午，妻不勝倦厭，還其錢罷遣之。夫歸，具以告，夫愠曰：「此必鍾離先生也。何爲拒之？正使盡今日至明日【一二】，爲摘鬚，亦何所憚？吾之不遇，命也。」即狂走于市，呼曰：「先生捨我何處去？」夜以繼日，飢渴寒暑，皆不顧。如是三四年，徧歷外邑，以至山間。逢樵人弛擔，樵詰之曰：「汝何爲者？」告以故。樵者曰：「此神仙中人，彼來尋君則可，君今僕僕一生亦何益？吾雖至愚，然聞得道者，非積陰功至行，不可僥冀。吾有秘術授君，君假此輔道，摩以歲月，儻遂如願。」戲拔茅一莖，噓之則【一三】成金釵。謂工曰：「試用我法爲之，當有濟。」工曰：「此皆幻術，不足學。我所願，則見先生耳。」樵者曰：「君未

【九】醫巫　涵芬樓本注，明鈔本無「巫」字。

【一〇】金　涵芬樓本注，葉本作「錢」。

【一一】爲我耐煩可也　涵芬樓本注，葉本「煩」下多一「鑷」。

【一二】今日至明日　涵芬樓本注，明鈔本無「至」字。

【一三】則　涵芬樓本注，明鈔本作「即」。

見其人，正遇之【一四】，何以識【一五】？」曰：「詢于吾妻，得其貌，已圖而置諸袖中矣。」樵者曰：「然則君三拜我，我能令君見【一六】。」工設拜。拜起，樵問曰：「視吾面何如？」曰：「猶適所覩耳。」再拜，又問，至于三，視之，無復樵容，儼然與所圖無少異。曰：「汝真至誠【一七】求道者。汝哀號數年，聲徹雲漢間，上帝亦深憐汝志，故令吾委曲唤汝，汝從我去。」遂與俱入山中。後二年還鄉，別其所知而去，至今不再出。

## 武夷道人

建州崇安縣武夷山，境像幽絶，中臨清溪，盤折九曲。游者泛舟其下，仰望極目。道流但指言古跡所在，云莫有登之者。紹興初，有道人至沖佑觀，獨欲深入訪洞天。經數月，尋歷殆遍，無所遇。忽於山崦間得草庵，有道姑屏處。長眉紅頰，旁無侍女，問其來故，謂曰：「洞天有名無形，相傳如是，吾處此久矣，不見也。」道人曰：「業欲一往，要當盡此身尋之。」時天色陰翳，日已暮，姑邀宿庵中，道人謝曰：「子婦人獨居，於義不可。」曰：「非有他也。茲地多虎狼，恐或傷君耳。」竟不肯入，危坐於户外。夜未久，果有虎咆哮來前。姑急開門呼之，答曰：「寧死於虎，決不入。」少焉，又增一虎，嗥嘯愈甚。姑又語之，曰：「此兩黑虎性慈仁，餘皆搏人不遺力，君將爲虀粉矣。」道人守前説，不爲動。俄而五虎同集，銜其頭足以往，纔十數步，擲於坡下而去。體無少損，遂堅坐達明。姑延

【一四】正遇之　涵芬樓本注，葉本「正」下多一「使」字。

【一五】何以識　涵芬樓本注，葉本作「亦豈能識」。

【一六】我能令君見　涵芬樓本注，葉本多一「之」字。

【一七】汝真至誠　「真」原作「直」，據葉本、南圖本改。

入坐，嘉歎曰：「子有志如此，非我所及。洞天蓋去此不遠，然尚隔深淵。淵闊十餘丈，驚湍怒流，但一竿竹横其上，非身生羽翼，不可過。亦時時有雙髻樵人往來，子試往，幸而相遇，當拜而問塗，不然，無策也。」既至，溪流洶湧崩騰，木石皆振，弱竹梟梟，不可著脚，適逢樵者出，乃前再拜。樵者矍然退避，曰：「山中野人，采薪以供家，安敢當此？」具以所欲拱白之。樵始祕不言，既而曰：「誰爲君道此？」曰：「聞諸菴中女。」樵怒曰：「多口老婆，妄泄吾事。」令道人閉目，挽其衣以行。覺如騰虚空，雲龍出没，澒洞兩耳間。既履地，乃在平岡上。宫殿崔嵬，金鋪玉户，一人碧冠朱履，顧左右曰：「安得有凡氣？」道人趨出稽首，碧冠叱曰：「誰引汝來？」以樵者告。即遣追至前，袒其背，以鐵拄杖鞭之三百六十。血肉分離，骨破髓出，道人亦戰懼。碧冠曰：「洞天乃高仙所聚，汝何人乃得輒至？貰汝罪，宜速回，積行累功，他時或可來。」命取水一杓飲之。中有胡麻飯一顆，飲水畢，嚼飯。咀嚥移時，僅能食三之一，腹已大飽。碧冠笑曰：「汝食吾飯，一粒尚不能盡，豈得居此？」遂還。至崖下，見被杖者呻痛草間，曰：「坐汝至此。吾方被謫墮，不知經幾百劫乃得釋。汝去矣。」歸塗不復見溪，安步長林，而足常去地寸許。回望高山深谷，窅非昨境，道姑與庵亦失其處。遂棲于巖石中，至今猶在。黄元道七八年前曾見之，云山東人也。

## 龍泉張氏子

處州龍泉縣米鋪張氏之子，十五歲，嘗攜鮮魚一籃，就溪邊破之。魚撥刺不已【一八】，刀誤傷指，痛殊甚。停刀少憩，忽念曰：「我傷一指痛如是，而羣魚【一九】刮鱗剔腮，剖腹斷尾，其痛可知，特不能言耳。」盡棄於溪。即日入深山中，依石竇以居，絕不飲食。父母怪兒不歸，意其墮水死。明年寒食，鄉人游山者，始見之，身如枯腊，胸脊見骨，然面目猶可認。急報其父母來，欲呼以歸。掉頭不顧曰：「我非汝家人，無急我【二〇】。」父母泣而去。後十年復往視，則肌體已復故，顏色悅澤，人不知所以然。今居山二十餘歲矣。四事皆黃達真說。

【一八】魚撥刺不已　「刺」原作「剌」，據南圖本改。

【一九】羣魚　涵芬樓本注，「羣」，葉本作「鮮」。

【二〇】無急我　涵芬樓本注，明鈔本「急」作「念」。

# 夷堅乙志卷第十三十二事【一】

## 劉子文

劉總，字子文，紹興初，爲忠州臨江令。秩滿，寓居鄰邑墊江縣。有子曰侍老，六歲矣。子文忽見其乳嫗旁有小兒，長短與侍老相似，意其與外僕私通所生者，以咎其妻。妻李氏癡懦，不能治家，然知爲妄也。應曰：「無是事。」子文怒，時已苦股痛，常策木瓜杖，即挾妻背使出，往白其母。母曰：「兒誤聞之，安得有是言？」子文嗟恚，曰：「吾母尚如此，復何望？」歸舍，以果誘侍老，曰：「爾乳母夜與何人寢？其兒爲誰？」侍老愕然不能對。子文遽前，執其手，攫拏不置，左右急救之，猶敗面流血。遂呼嫗，逐去之，曰：「汝來我家數年，兒亦長矣。乃以姦穢自敗，以吾兒故，不忍治汝，汝好去。」嫗泣拜出，子文目送之，笑語侍人，曰：「渠兒已相隨出門，醜跡俱露，而家人共蔽匿之何也？」衆知其將病，不旬時果被疾死。病中時，自言：「我數與太守爭辯不得，汝非不知，何爲相守不去？」後其弟綍云：「子文爲夔州士曹日，獄有一囚，在生死之間。郡守欲殺之，子文不强爭，囚竟死。則病中所見，疑其祟云。」子文，予外姑之兄也。

### 校勘記

【一】十二事　涵芬樓本按：實有十三事。

# 九華天仙

紹興九年，張淵道侍郎家居無錫縣南禪寺。其女請大仙，忽書曰：「九華天仙降。」問爲誰，曰：「世人所謂巫山神女者是也。」賦《惜奴嬌》大曲一篇，凡九闋。（其一曰）瑶闕瓊宫，高枕巫山十二。覩瞿塘千載，灎灎雲濤沸。異景無窮，好閑吟，滿酌金巵。憶前時，楚襄王曾來夢中相會。吾正鬢亂釵横，斂霞衣雲縷。向前低揖，問我仙職。桃杏遍開，緑草萋萋鋪地。燕子來時，向巫山，朝朝行雨暮行雲。有閑時，只恁畫堂高枕。（瑶臺景第二）繞繞雲梯，上徹青霄霞外。與諸仙同飲，鎮長春醉。虎嘯猿吟，碧桃香，異風飄細，希奇。想人間，難識這般滋味。姮娥奏樂蕭韶，有仙音異品，自然清脆。遏住行雲不敢飛，空凝滯，好是波瀾澄湛，一溪香水。（蓬萊景第三）山染青螺，縹渺人間難陟。有珠珍光照，晝夜無休息，仙景無極。欲言時，汝等何知？且修心，要觀游，亦非大段難易。下俯浮生，尚自爭名逐利，豈不省？來歲擾擾兵戈起，天慘雲愁。念時衰如何是，使我輩，絡日蓬宫下淚。（勸人第四）再啓諸公，百歲還如電急，高名顯位瞬息爾。泛水輕漚，霎那間，難久立。晝燭當風裏，安能久之？速往茅峯，割愛休名避世。等功成，須有上真相引指，放死求生，施良藥，功無比。千萬記此箇，奇方第一。（王母宫食蟠桃第五）方結實纍纍，翠枝交映，蟠桃顆顆，仙味真香美。遂命雙成持靈刀割來，□服【一】一粒，令我延

【一】□服　涵芬樓本注，陸本作「耳服」。南圖本作「四服」。

年萬歲。堪笑東方，便起私心盜餌。使宫中仙伴，遞互相尤殢。無奈雙成向王母高陳之，遂指方偷了蟠桃是你。（玉清宫第六）紫雲絳靄，高擁瑶砌，□光中【三】，無限剖列，肅整天仙隊。又有殊音，欲舉聲還止。朝罷時，亦有清香飄世。玉駕纔興，高上真仙盡退，有瓊花如雪，散漫飛空裏。玉女金童，捧丹文，傳仙誨，撫諸仙早起，勞卿過耳。（扶桑宫第七）光陰奇，扶桑宫裏，日月常晝，風物鮮明可愛，無陰晦。大帝頻鑒於瑶池，朱欄外，乘鳳飛。教主開顔命醉，寶樂齊吹，盡是瓊姿天妓。每三杯，須用聖母親來揖。異果名花，幾千般，香盈袂。意欲歸，卻乘鸞車鳳翼。（太清宫第八）顯焕明霞，萬丈祥雲高布。望仙官衣帶曳曳，臨香砌，玉獸齊焚，滿高穹，盤龍勢。大帝起，玉女金童遍侍，奉勑宣言，甚荷諸仙厚意。復回奏，感恩頓首皆躬袂。奏畢還宫，尚依然雲霞密。奇更異，非我君何聞耳？（歸第九）吾歸矣，仙宫久離，洞户無人管之，專俟吾歸。欲要開金燧，千萬頻修己。言訖無忘之，哩囉哩。此去無由再至，事冗難言，爾輩須能自會。汝之言，還便是如吾意。大抵方寸平平，無憂耳。雖改易之，愁何畏？」詞成，文不加點。又大書曰：「吾且歸。」遂去。明日，别有一人，自稱歌曲仙曰：「昨夕巫山神女見招，云在君家作詞，慮有不協律處，令吾潤色之。」及閲視，但改數字而已。其第三篇所云「來歲擾擾兵戈起」，時虜人方歸河南，人以此説爲不然。明年，淵道自祠官起，提舉秦司茶馬，度淮而北，至鄭陽，虜兵大至，蒼黄奔歸，盡室幾不免，河南復陷。考詞中之句，神其知之矣。

【三】□光中　涵芬樓本注，陸本作「曉光中」。

## 法慧燃目

紹興五年夏大旱，朝廷徧禱山川祠廟，不應。遣臨安守往上天竺迎靈感觀音於法惠寺，建道場，滿三七日，又弗應，時六月過半矣。苦行頭陀潘法慧者，默禱于佛，乞焚右目以施。即取鐵彈投諸火，煅令通紅，置眼中。然香其上，香焰纔起，行雲滿空，大雨傾注，闔境霑足。法慧眼即枯，深中洞赤，望之可畏。然所願既諧，殊自喜也。後三日，夢白衣女子來，欲借一隔珠，拒不許。二僧在傍曰：「與伊不妨，伊自令六六送還。」既覺，不曉所謂。至七月二十一日，又夢二僧來，請赴六通齋。白衣女亦至，在前引導。法慧問：「何人？」僧曰：「我等施主也。」慧曰：「女人恐不識路，師何不相引同行？」僧曰：「他路自熟。」稍前進，則山林蔚然，百果皆熟，紛紛而墜。慧就地拾果食之，覺心地清涼，非常日比。又俯首欲拾間，女子忽回面擲一彈，正中所燃目，失聲大呼而寤。枯眶内已有物，若鵝眼。瞻視如初，漸大，復舊。數其再明之時，恰三十六日。始悟六六送還之兆。

## 蚌中觀音

溧水人俞集，宣和中，赴泰州興化尉。挈家舟行，淮上多蚌蛤，舟人日買以食。集見必輟，買放諸江。他日，得一籃甚重，衆欲烹食，倍價償之，堅不可。遂置諸釜中，忽大聲從釜起，光焰相屬，舟人大恐。熟視之，一大蚌裂開，現觀世音像于殼間。傍有竹兩竿，挺挺如生。菩薩相好端嚴，冠衣瓔珞及竹葉枝榦，皆細真珠綴成者。集令舟中人皆誦佛悔罪，而取其殼以歸。《傳燈録》載唐文宗嗜蛤蜊，亦覩佛像之異，但此又有雙竹爲奇耳。宋　䁾益謙説。

## 盱眙道人

紹興三十年，楊抑之抗爲盱眙守。有道人不知所從來，能大言，談人禍福或中。楊敬之如神，館于郡治之東齋。每招寮屬與共飲，道人時時舉目旁視，類有所覩。春夜過半，楊之子恂婦將就蓐，恂出外喚人呼乳醫。過東齋，聞道人在室内與客語，及還，又見其送客出，隱隱有黑影自南去，固已怪之。忽前揖曰：「尊公已出廳，吾將往謁。」恂曰：「方熟睡未起也。」咄曰：「燈燭羅陳，賓客滿坐，君何以戲我？」恂止之不可，遂還舍。明日，白其父。父猶謂其與異人相過，戒勿輕言。後半月，宿直者早起，齋門已開，而道人不見。急尋之，乃在齋北叢竹間，以帶自絞死矣。始知前所見皆鬼祟也。蔣德誠天佑時爲通判，親見之。

## 牛觸倡

桂林之北二十里，曰甘棠鋪。紹興十六年，方務德滋爲廣西漕，桂府官吏皆出迎候，營妓亦集於鋪前，散詣民家憩息。一黄犢逸出欄，羣倡奔避，牛徑於衆中觸一人，以角抵其腹於壁，腸胃皆出，即死。牛發狂掣走入山，里正與土兵數十人，執弓弩槍杖逐之。凡兩日乃射死。倡之姓名曰甘美。自後，風雨陰晦之夕，人皆聞其寃哭聲，歷數年方止。

## 嚴州乞兒

嚴州東門外，有丐者坐大樹下，身形垢汙，便穢滿前，行人過之，皆掩鼻。李次仲季獨疑爲異人，具衣冠往拜。丐者大駡極口，次仲拱立不敢去。忽笑曰：「吾有一詩贈君。」即唱曰「緣木求魚世所希，誰知木杪有魚飛。乘流遇坎衆人事」，纔三句。復云：「你卻不。」次仲懇求末句，又大駡，竟不成章。明年紹興甲子歲，嚴州大水，郡人連坊漂溺，死者甚衆，而次仲家居最高，獨免其禍。始悟詩意及「你卻不」之語。次仲說。

## 食牛詩

秀州人盛肇，居青龍鎮超果寺，好食牛肉。與陳氏子友善，陳嘗遣僕來約，旦日會食。視其簡，無有是言。獨於勻碧牋紙一幅内，大書曰：「萬物皆心化，唯牛最苦辛。君看横死者，盡是食牛人。」肇驚嗟久之，呼其僕，已不見。旦而詢諸陳氏，元未嘗遣也。肇懼，自此不食牛。趙綱立振甫說。

## 海島大竹

明州有道人，行乞於市，持大竹一節，徑三尺許【四】，血痕浼其中。自云，本山東商人，曾泛海遇風，漂墮島上。登岸縱目，望巨竹參天，翠色欲滴，歎訝其異。方徘徊賞翫，俄有皁衣兩人來，云：「尋汝正急，乃在此耶。」答曰：「適從舟中來，尚不知此爲何處，何爲覓我？」皁衣不應，夾捽以前。滿路嶄峭，如棘針而甚大，刺足底絶痛不可行。問其人，曰：「牛角也。」益怪之。復前行，至一處，主者責曰：「汝好食牛，當受苦報。」始大恐拜，乞命曰：「請後不敢【五】。」主者曰：「汝既悔過，今釋汝，可歸語世人，視此爲戒。」曰：「有如不信，以何物爲驗？」主者顧左右，令截竹使持歸。便見兩人攜大鋸趨入林中，少頃而竹至，鮮血盈管，下流污衣。云：「方鋸解囚【六】未了，聞呼即至，不暇滌鋸也。」遂持竹回舟。既還家，即棄妻子，辭鄉里他適，而溷迹丐中。趙振甫屢見之。

## 嵩山三異

劉居中，京師人。少時隱於嵩山，居山顛最深處，曰控鶴庵。初與兩人同處，率一兩月輒下山覓糧。登陟極艱苦，往往躋攀葛藟，窮日力乃至。兩人不堪其憂，皆舍去，獨劉居之自若，凡二十年，遭亂南來。紹興間，嘗召入宮，賜「沖靜處士」。今廬於豫章之東

【四】三尺許　涵芬樓本注，「尺」葉本作「寸」。

【五】請後不敢　涵芬樓本注，「請」明鈔本下多一「今」字。

【六】囚　涵芬樓本注，葉本作「因」。

湖，每爲人言昔日事。云嵩山峻極處有平地，可爲田者百畝。別有小山巖岫之屬，常時雲雨，只在半山間。大蜥蜴數百，皆長三四尺，人以食就手飼之，拊摩其體，膩如脂。一日，聚繞水盎邊，各就取水，纔入口即吐出，已圓結如彈丸，積之于側。俄頃間，纍纍滿地。忽震雷一聲起，彈丸皆失去。明日，山下人來言：「昨正午，雨雹大作。」乃知蜥蜴所爲者此也。又聞石壁間老人讀書，逼而聽之，寂然。既退，復爾。其後石壁摧，得異書甚多，陰陽、方技、修真、黄白之學，無所不有。既下山，獨取其首尾全者數十篇，餘悉焚之。又嘗聞異香滿室，經日乃散，不知所從來也。劉生於元豐七年甲子歲。

## 黄蘗龍

黄蘗寺，在福州南六十里。山上有龍潭，從崖石間成一穴直下，無底，潭口闊可五尺。寺僧曰：「此福德龍也。常時行雨，歸多聞音樂迎導之聲。或於雲霧中，隱隱見盤花對引其前者。」泉州僧慶老聞而悦之，與輩流數人至潭畔，焚香默禱，且誦白傘蓋真言，願覩其狀。先取楮鏹投水中，即有物自下引之，倏然而没，固已駭之矣。時方白晝，黑雲如扇起，頃之滿空，對面不相識。徐徐稍開，一物起潭中，類蓮華，而莖柄皆赤色。繼有兩眼如日，輝采射人，突起其上。諸僧怖懼，急奔走下山，雷霆已隨其後，移時乃止。

## 慶老詩

慶老，字龜年，能爲詩。初見李漢老參政，投贄，有「共看栖樹鴉」之句，大奇之，以爲得韋蘇州風味。所居北山下，山頂有横石如舟，自稱「舟峰」，漢老更之曰「石帆庵」。爲賦詩曰：「鶉作衣裳鐵作肝，老將身事付寒巖。諸天香積猶多供，百鳥山花已罷啣。定起水沉和月冷，詩成冰彩敵雲緘。山頭畫舸誰安檝？我欲看公使石帆。」又嘗訪之，不值。留詩曰：「惠遠過溪應送陸，玉川入寺不逢曦。夕陽半嶺鴉栖樹，拄杖尋山步步遲。」其後慶老死，漢老作文祭之，曰：「今洪覺範，古湯惠休。」亦嘗從佛日宗杲參禪，杲不印可，曰：「正如水滴石，一點入不得。」蓋以言語爲之祟云。泉州報恩寺慶書記亦能詩，漢老稱賞。其一聯云：「人從曉月殘邊去，路入雲山瘦處行。」以爲可入圖畫。

## 蔣山蛇

泉州都監王貴説，紹興初，張循王駐軍建康。裨校苗團練至蔣山下踏營地，中塗無故馬驚。怪之。見大蛇在桑間，以身繞樹，樹爲之傾，伸首入井中飲水。苗不敢復進，策馬欲還。循王之子，十四機宜者，適領五十騎在後，苗呼曰：「前有異物驚人，宜速還。」機宜年少壯勇，且恃衆，加鞭獨前。問知其故，即引弓射之。不中，又射之，正中桑本。蛇回首著樹杪，張口向人，吐氣如黑霧，人馬皆辟易百餘步，面目無色。不三月間，苗、張及從騎盡死。右四事，王嘉叟説。

# 夷堅乙志卷第十四 十三事【一】

## 筍毒

鄉人聶邦用，嘗游薦福寺，就竹林燒筍兩根食之。歸而腹中憒悶，遇痛作時，殆不可忍。如是五年，瘦悴骨立。但誦觀世音名以祈助。其弟惠璉爲僧，在永甯寺。邦用所居曰麗池，去郡三□里，每入城必宿于璉公房。夢人告曰：「君明日出寺門，遇貸偏僻藥者，往問之，當能療君疾。疾若愈，明年當及第。然須彌勒下世，乃可。」邦用覺，以夢語璉，歎異之。晝出寺門外，果遇賣藥者。見之即曰：「君病甚異，當因食筍所致。蓋蛇方交合，遺精入筍中，君不察而食之，蛇胎入腹，今已孕矣。幸其未開目，可以取。儻更旬日，蛇目開，必食盡五藏乃出，雖我不能救也。」乃取藥二錢匕，使以酒服之。藥入未幾，洞瀉穢惡斗餘。一蛇如指大，蟠結糞中，雙目尚閉不啓。邦用以疾平爲喜，獨疑及第之說。時郡中以永甯爲試闈，逮秋試，邦用列坐正在彌勒院牌下，果登科。

### 校勘記

【一】十三事　涵芬樓本按：實有十五事。

## 劉蓑衣

何子應麒爲江東提刑，隆興二年十月，行部至建康，入茅山謁張達道先生，聞劉蓑衣者亦隱山中，常時不與士大夫接，望導從且至，則急上山椒避之。子應盡屏吏卒，但以虞候一人自隨，杖策訪焉。劉問爲誰，以閑人對。劉呼與連坐，指【二】其額曰：「太平宰相張天覺，四海閑人呂洞賓。」子應乃天覺外孫，驚其言，起曰：「張丞相，麒外祖也。先生何以知之？」劉曰：「以君骨法頗類，偶言之耳。吾與丞相甚熟，君還至觀中，視向年留題，可知也。」子應請其術，笑曰：「本無所解，然亦有甚難理會處。君也只曉此。」又從扣養生之要，復曰：「有甚難理會處。」竟不肯明言。子應辭去，且問所需，曰：「此中一物不闕。吾乃陝西人，好食麪，能爲致此，足矣。明年若無事時，幸再過我。」子應去數步，回顧，則已登山，其行如飛。迨反觀中，求張公題字，蓋紹聖間到山所書也。乃買麪數斗，遣道僕送與之。子應還鄱陽，爲予言。次年春，復往建康，欲再訪之，及當塗而卒。所謂「明年若無事」者，豈非知其死乎。

## 浙東憲司雷

浙東提刑公廨堂屋之南，隔舍五間。謝誠甫祖信居官時，其弟充甫處之。夏日暴雨，

【二】指　涵芬樓本注，原本字形不全，今從陸本補。又南圖本作「捫」。

震霆洊至，如在窗几間。充甫正衣危坐，静以觀之。聞梁木砉然有聲，未及趨避，已折矣。籠篋之屬，元在東壁下，暨雷雨止，則已徙于西邊。位置高下，一無所改。方震時，蓋未嘗見室中有人也。何德獻說。

## 常州解元

紹興十年，常州秋試。有術士言：「今歲解元姓名字中，須帶草木口。」聞者皆謂：「人名姓犯此三者固多，豈不或中。」及牓出，乃李薦爲首。薦字信可，姓中有木，名中有草，字中有口，餘人皆不盡然。

## 振濟勝佛事

湯致遠樞密，鎮江金壇人。爲人剛褊，居官居鄉皆寡合，鄉人以故多憚與還往。其子廷直先卒，兩孫皆粹謹，能反乃祖所行，族黨翕然稱之。隆興二年，湯公薨。數月後，見夢于長孫，曰：「我生時無大過，死後不落惡趣，不須營功果。但歲方苦饑，能發廩出穀以振民，遠勝作佛事，於吾亦有賴也。」是夕，里中人多夢湯至，其言皆同。長孫即持米五百斛，與金壇宰，使拯救餓者。且盡，又以三百斛繼之。袁仲誠說。

## 王俊明

蜀人王俊明，洞知未來之數，雖瞽兩目，而能説天星災祥。宣和初，在京師，謂人曰：「汴都王氣盡矣。君夜以盆水直氏房下望之，皆無一星照臨汴分野者。更於宣德門外密掘地二尺，試取一塊土嗅之，躁枯索寞，非復有生氣。天星不照，地脈又絶，而爲萬乘所都，可乎？」即投匭上書，乞移都洛陽。時中國無事，大臣交言其狂妄。有旨逐出府界，寓于鄭、許間。靖康改元，頗思其言，命所在津遣，召入禁中詢之，猶理前説。曰：「及今改圖，尚爲不晚。」仙井人虞齊年，時爲太常博士，俊明告之，曰：「國事不堪説，唯蜀爲福地，不受兵。君宜西歸，勿以家試禍。」虞曰：「先生當何如？」曰：「吾命盡今年，必死於此，但恨死時妻子皆不見耳。」虞雅信其言【三】，亟謁鄉相何文縝求去，得成都倅。京城將陷之日，有旨遣四衞士輿轎，急召俊明。至宫門，聞胡人已登城，委之而去。匍匐下車，莫知其所往，疑擠于溝壑矣。其家行哭，尋之數日，竟不見。遂以去家之日，爲死日云。虞并甫説。

【三】虞雅信其言　涵芬樓本注，「雅信」葉本作「訝」。

## 南禪鍾神

紹興八年十一月，常州無錫縣南禪寺寓客馬氏居鍾樓下，其婦産子焉。數日後，一妾無故仆地，起作神語，斥其褻污，曰：「速徙出，不爾，且有大禍。前日爨下食器破，乃我爲之，汝誤笞婢子矣。」馬氏謂爲妖厲，呼僧誦《首楞嚴呪》祛逐之。厲聲曰：「我伽藍正神，主鍾者也。安得見迫！此鍾本陳氏女子所鑄，今百餘年，吾守護甚謹。凡寺以鍾聲爲號令，每鳴時，天龍畢集。而今接官亦叩擊，吾以首代受之，不勝痛。盍爲語寺僧，别造小鍾，遇上官至，則擊之。脱不我信，當以未來三事爲驗。自此信宿，有倡女來設供。繼有商人劉順施刹竿。又旬日，宣州僧日智道者來設大水陸三會。智公乃十地位中人，以大慈悲作布施事，宜加敬禮。」語訖，寂然。馬氏懼，即還居。所謂三事者，皆如其説。縣人邊知常作記。

## 洪粹中

樂平士人洪斿，字粹中，爲人俊爽秀發，然好以語言立譏議。嘗作《山居賦》純用俗語綴緝，凡里巷短長，無不備紀，曲盡一鄉之事。獨與族兄樸友善，政和八年登第，未得禄而卒，無子，凡喪葬之費皆出於樸。後數年，樸與醫者葉君禮夜坐。葉先寢，樸忽起，與人相揖，便延坐交語。家人竊聽之，粹中聲也。愀然曰：「思君如昨，願一見道舊，謝送死之恩。而屢至門，皆爲閽者所阻。今隨令兄七承事自周原來【四】，故得入。念臨終時，非吾兄高義，朽骨委溝壑矣。始死，了不自覺，但見吏卒來云，迎赴官，即隨以往。今在冥

【四】今隨令兄七承事自周原來　原注：七承事葬處也。

中，判一局，絶優游無事。特苦境界黑暗，冥漠愁人，雖爲官百年，不若居人間一日也。冥吏與我言：『生當爲大官，正坐口業，妄説人過，故一切折除。』今悔之無及矣！生時所爲文一編，在十二郎處。煩兄明旦乘其未起，往取之，秖在渠箱中替子上。」樸恍忽間，不憶其已死，唤人點茶，遂不見。時燈火雖設，無復光焰。葉醫驚問之，始悟。明日，往十二郎家，得其書。粹中夙與妻不睦，後再適葉氏，亦時時來附語。葉生詰之，曰：「平生聞洪粹中博學，若果是，可誦《周禮》。」即應聲高讀，首尾不差一字。十二郎，其姪也。

## 魚陂癘鬼

族人洪洋，自樂平還所居。日已暮，二僕荷轎，一僕負擔，必欲以中夜至家。邑之南二十里曰吴口市，又五里曰魚陂畈。到彼時，已二更，微有月明。聞大聲發山間，如巨木數十本摧折者，其響漸近，洋謂爲虎，而虎聲亦不至是，心知其異矣，亟下車，與僕謀所避處。將復還吴口已不可，欲前行則去人居尚遠，進退無策。望道左小澗無水，可以潄匿，即趨而下。其物已在前立，身長可三丈，從頂至踵皆燈也。二轎僕震怖殆死，擔僕竄入轎中屏息。洋素持觀音大悲呪急誦之，且數百遍，物植立不動，洋亦喪膽仆地，然誦呪不輟。物稍退步，相去差遠，呼曰：「我去矣。」徑往畈下一里許，入小民家，遂不見。洋歸而病，一年乃愈，擔僕亦然。二轎僕皆死。後訪畈下民家，闔門五六口，咸死於疫，始知異物蓋癘鬼云。

## 全師穢跡

樂平人許吉先，家于九墩市，後買大儈程氏宅以居。居數年，鬼瞰其室，或時形見，自言：「我黄三江一也，同爲賈客販絲帛，皆終于是。今當與君共此屋。」初亦未爲怪，既而入其子房中。本夫婦夜臥如常時，至明，則兩髮相結，移置别舍矣。方食稻飯，忽變爲麥。方食早穀飯，忽變爲晚米。或賓客對席，且食且化，皆懼而捨去。吉先招迎術士作法祛逐，延道流醮謝，祀神禱請，略不効。所居側，鳳林寺僧全師者，能持穢跡呪，欲召之。時子婦已病，鬼告之曰：「聞汝家將使全師治我，穢跡金剛雖有千手千眼，但解於大齋供時多攫酸餡耳，安能害我？」僧既受請，先於寺舍結壇，誦呪七日夜。將畢，鬼又語婦曰：「禿頭子果來，吾且謹避之。然不過數月，久當復來，何足畏！吾未嘗爲汝家禍，苟知如是，悔不早作計也。」僧至，命一童子立室中觀伺，謂之開光。見大神持戈戟幡旗，沓沓而入。一神捧巨橐，題其上曰「穢跡神兵」，周行百匝。鬼趨伏婦牀下，神去，乃出。其頭比先時倏大數倍，俄爲人擒搦以行。僧曰：「當更於病者牀後見兩物，始真去耳。」明日，牀後大櫃旁涌出牛角一雙，良久而没。自是，遂絶不至。凡爲厲，自春及秋乃歇，許氏爲之蕭然。三事洪紱説。

## 結竹村鬼

弋陽縣結竹村吴慶長，遣僕夜守田中稻，有操鐮竊刈之者，持挺逐之不獲。明夜復然。旦而視其稻，蓋自若也。僕素有膽氣，自謀曰：「挺短，無及事，當以長槍爲備。」至夜，果來。見人出，則走。僕大步追擊，揕以槍，遂執之。秉火而視，乃故杉木一截。取臥于牀下。明日將焚之，以語里巫師。巫師曰：「是能變化，全而焚之不可。」即碎爲片片，置小缶和湯煮之。薪火方熾，臭不可忍聞。二缶中號叫哀泣，曰：「幸赦我，我不敢復擾君。苟爲不然，必從巫師索命。」僕爲破缶，擲諸原，果不復至。

## 新淦驛中詞

倪巨濟次子冶，爲洪州新建尉。請告，送其妻歸寧。還至新淦境，遣行前者占一驛。及至，欲入，遥聞其中人語，逼而聽之，譆笑自如，而外間略無僕從。將詢爲何人，而不得。入門窺之，聲在堂上。暨入堂上，則又在房中。冶疑懼，亟走出，徧訪驛外居民。一人云：「嘗遣小童來借筆硯去，未見其出也。」乃與健僕排闥直入，見西房壁間題小詞云：「霜風摧蘭，銀屏生曉寒。淡掃眉山，臉紅殷。瀟湘浦，芙蓉灣，相思數聲哀歎，畫樓尊酒閑。」「墨色尚濕，筆硯在地，曾無人跡。倪氏不敢宿而去。二事揭椿年説。

## 趙清憲

趙清憲丞相挺之，侍父官北京。時病利，踰月而死。沐浴更衣將就木，忽有京師遞角至，發之，無文書，但得侯家利藥一帖，以爲神助，即扶口灌之，少頃復蘇。遽遣人入京，扣奏邸吏，蓋其家一子苦泄利，買藥欲服，誤以入郵筒中也。又嘗病黄疸，勢已殆，有嫗負小盉至門，家人問：「所貨何物？」曰：「善烙黄。」呼使視之，發盉，取鐵匕燒熱，上下熨烙，數處黄色應手退。翌日，脱然。後爲徐州通判，罷官將行，又以利疾委頓。素與梁道人相善，其日忽至，問所苦，曰：「無傷也。」命取水一桮置案上，端坐呪之。須臾，水躍起如沸湯，持以飲趙公，即時痛止。公心念無以報，但嘗接高麗使者得銀盂一，欲以贈之。未及言，道人笑曰：「高麗銀與銅何異？不須得。」長揖而出，追之不復見。《東坡集》中有贈梁道人詩曰：「采藥壺公處處過，笑看金狄手摩娑。老人大父識君久，造物小兒如子何。寒盡山中無歷日，雨斜江上一漁蓑。神仙護短多官府，未厭人間醉踏歌。」即此翁也。

## 大名倉鬼

王履道左丞，政和初，監大名府崇寧倉。門官舍在大門之内，一夕，守宿吏士，數十人同時叫呼，聲徹于外。左丞披衣驚起，一卒白云：「有怪物，甚可怖。公勿出！」乃伏屏間覘之。一大鬼跨倉門而坐，足垂至地，振膝自得，屋瓦皆動摇。少焉，闊步跨出外，入李秀才家而滅，李生即時死。

## 邢大將

邢大將者，保州人。居近塞，以不仁起富。積微勞，得軍大將。嘗以寒食日率家人上冢，祀畢飲酒，見小白鼠出入松柏間，相與逐之。鼠見人至，首帖地不動，遂取以歸。鼠身毛皆白，而眼足頳紅可愛。邢捧置馬上，及家，即走不復見。即日百怪畢出，釜鬲兩兩相抱持而行，器皿易位，描犬作人言，不可訶叱。邢寢榻旁，壁土脱落寸許，突出小人，面如土木偶。又五日，已長大，成一胡人，頭長鬣鬅鬙，殊可憎惡。語音與生人不少異，且索酒肉。邢不敢拒，隨所需即與之。稍緩輒怒，一家長少服事之唯謹。凡一歲，邢死，諸怪皆不見。三事嘉叟説。

# 夷堅乙志卷第十五十四事

## 董染工

鄉里洪源董氏子，家本染工，獨好羅取飛禽，得而破其腦，串以竹，歸則焚稻稈叢茆，焫【一】其毛羽淨盡，乃持貨之。平生所殺不可計。老而得奇疾，徧體生麤皮，鱗皴如樹。遇其苛癢時【二】，非復爬搔可濟，但取茅稈以燎四體，則移時乃定。繼又苦頭痛，不服藥，每痛甚，輒令人以片竹擊腦數十下，始稍止。人以爲殺生之報。如是三年，日一償此苦，然後死。

## 臨川巫

臨川有巫，所事神曰「木平三郎」，專爲人逐捕鬼魅，靈驗章著，遠近趨向之。自以與鬼爲仇敵，慮其能害己，日日戒家人云：「如外人訪我，不以親疎長少，但悉以不在家先告之，然後白我。」里中人方耕田，見兩客負戴行支徑中，褰裳跼步，若有礙其前者。耕者曰：「何爲乃爾？」曰：「水深路滑，沮洳滿徑，急欲前進而不可。」耕者笑曰：「平地無

### 校勘記

【一】焫　涵芬樓本注，葉本作「燎」。

【二】苛癢時　涵芬樓本注，「苛」明鈔本作「發」。

水，安得有是言？」兩客悟，謝曰：「眼花昏妄，賴君指迷也。」欣然直前，曾不留礙。徑至巫門，自稱建州某官人，頃爲祟所撓，得法師救護，今遣我齎新茶來致謝。家人喜，引之人，勞苦慰藉，始以告巫。巫問：「何在？」曰：「已入矣。」大驚曰：「常戒汝云何？今無及矣。」使出詢其人，無所見。巫知必死，正付囑後事，忽如人擊其背，即踣于地，涎凝喉中，頃之死。李德遠説。

## 上猶道人

鄉人董璞，宣和四年，爲南安軍上猶丞。有道人從嶺外來，長六尺餘，云將自此朝南嶽，且言有戲術。董爲置酒召客，而使至前陳其伎。獨携無底竹畚一枚，泥滿其中。庭下觀者數百，道人令自取泥如豆【三】納口内。人人詢之，欲得作何物【四】，或果實，或殽饌，或飴蜜，不以時節，土地所應有【五】，皆以其意言。道人仰空吸氣，呵入人口中，各隨所須而變。戒令勿嚼勿嚥，可再易他物。於是方爲肉者能成果，爲果者能成肉，千變萬化，無有窮極，而一丸泥自若也。董氏子弟或不信，遣鄉僕胡滿出，戒之曰：「汝亦説一物，正使誠然，姑應曰：『不是。』試觀其何以處。」僕含泥，呼曰：「欲櫻桃。」道人呵【六】，問之。曰：「非也。」再三問，皆然。笑曰：「汝欲戲我耶？吾將苦汝。」又呵氣入之，則爲大蒜，辛臭達于外。僕猶執爲未然，道人徧告衆曰：「此人見侮已甚，當令諸君皆聞之。」指其

【三】豆　涵芬樓本注，葉本作「彈」。
【四】欲得作何物　涵芬樓本注，葉本無「得」。
【五】土地所應有　涵芬樓本注，「所應有」葉本作「有無」。
【六】道人呵　涵芬樓本注，「呵」葉本作「呼氣」。

口，曰：「大糞出。」應聲間【七】，穢氣充塞，徹于庭上。僕急吐出，取水濯漱【八】。良久，尚有餘臭。觀者大笑，益敬之。道人亦求去，與之錢，不受。獨索酒，飲數升，遂去。竟不知爲何許人，何姓氏也，董外孫洪應賢邦直從在官下【九】，親覩其異。應賢說。

## 諸般染鋪

王錫文在京師，見一人推小車，車上有甕，其外爲花門，立小牓曰「諸般染鋪」，架上掛雜色繒十數條。人窺其甕，但貯濁汁斗許。或授以尺絹，曰：「欲染青。」受而投之，少頃取出，則成青絹矣。又以尺紗，欲染茜，亦投于中，及取出，成茜紗矣。他或黄，或赤，或黑，或白，以丹爲碧，以紫爲絳，從所求索，應之如響，而斗水未嘗竭。視所染色，皆明潔精好，如練肆經日所爲者，竟無人能測其何術。

## 趙善廣

趙敦本不韋，紹興二十九年，爲臨安通判。其子善廣在侍傍，夢人持符追之，曰：「府主喚。」廣辭不肯行，曰：「吾父與府公共事，吾知子弟職耳，何爲喚我？」持符者捽之以行。廣問：「當以何服見？」曰：「具公裳可也。」既至公府庭下，侍衛峻整，威容凜凜可畏。主者据案，怒色曰：「趙善佐，汝前生何以敢殺孕婦？」廣拜而對曰：「某名善廣，非

【七】大糞出應聲間　涵芬樓本注，「出應聲間」葉本作「應聲而出」。

【八】濯漱　涵芬樓本注，葉本作「灌漱」。

【九】從在官下　涵芬樓本注，葉本無「下」字。

佐也。」主者顧追吏，曰：「此豈小事？而誤追人邪！」命捽送獄，而釋廣。廣還，至家，但見眼界正黑，不能得其身。自念平生誦《法華經》，今不見，何邪？忽覺所誦經在手，光燄煥然，己身乃臥床上，投以入，遂寤。家人蓋不覺也。後七年，爲饒州司户，乃卒。

## 宣城寃夢

李南金客於宣州，與一倡善。紹興十八年，秦棣爲郡守，合樂【一〇】會客。李微服窺之，以手招所善倡與語。秦適望見，大怒，械送于獄，將案致其罪。同獄有重囚四人，坐刼富民財拘繫。吏受民賄，欲納諸大辟，鍛鍊彌月，求其所以死而未能得。南金素善訟，爲吏畫策，命取具案及條令，反覆尋索，且代吏作問目，以次推訊，四囚不得有所言，獄具，皆杖死。吏果得厚賂，即爲南金作道地，引贖出。後二年，南金歸樂平，與其叔師尹往德興，謁經界官王昮，宿于香屯客邸。夜中驚魘，叔呼之不應，撼之數十，但喉中介介作聲，叔走出，喚鄰室人并力叫呼，良久乃醒。起坐謂叔曰：「惡事真不可作。曩者救急爲之，今不敢有隱。」始盡說前事，云：「適夢身在宣城，逢四人於路，挽衣見苦，曰：『汝無狀，用計殺我。我本不負汝命，今當相償死【一一】。』便取大鐵盆覆我，故不能出聲。非叔見救，真以魘死矣。」又十年，竟遇蛇妖以卒。洪紱說。

【一〇】合樂　涵芬樓本注，葉本作「作樂」。

【一一】我本不負汝命今當相償死　涵芬樓本注，葉本無「命」字。「今當相償死」葉本作「但須償我命」。

## 馬妾寃

蜀婦人常氏者，先嫁潭州益陽楚椿卿，與嬖妾馬氏以妬寵相嫉，乘楚生出，箠殺之。楚生仕至縣令，死，常氏更嫁鄱陽程選。乾道二年二月就蓐，三日而子不下。白晝，見馬妾持杖鞭其腹。程呼天慶觀道士徐仲時呪治，且飲以法水【一二】，遂生一女，即不育。而妾【一三】怪愈甚。常氏日夜呼謈，告其夫曰：「鬼以其死時杖杖我，我不勝痛。語之曰：『我本不殺汝，乃某婢用杖過當，誤盡汝命耳。』鬼曰：『皆出主母意，尚何言？』」程又呼道士，道士敕神將追捕之。鬼謂神將：「吾負至寃以死，法師雖尊，奈我理直何！」旁人皆見常氏在牀，與人辨析【一四】良苦。道士念終不可致法，乃開以善言，許多誦經咒爲冥助。鬼頷首，即捨去。越五日，復出，曰：「經咒之力，但能資我受生。而殺人償命，固不可免。」常氏曰：「如是吾必死，雖悔之，無可奈何。然此妾亡時，有釵珥衣服，其直百千。今當悉酬之，免爲他生之禍。」呼問之，曰：「汝欲銅錢耶，紙錢邪？」笑曰：「我鬼非人，安用銅錢？」乃買寓鏹百束，祝焚之。煙絶而常氏殂，時三月六日也。

## 水鬬【一五】

樂平縣何衝里，皆程氏所居。其北有田一塢，數十百頃。紹興十四年夏五月，積雨方

【一二】法水　涵芬樓本注，葉本作「符水」。

【一三】妾　涵芬樓本注，明鈔本作「妄」。

【一四】與人辨析　涵芬樓本注，明鈔本作「折」。

【一五】水鬬　按，目録「水」上有「何衝」二字。

霽，日正中無雲，田水如爲物所捲，悉聚爲一，直西行，至杉木墩【一六】而止。其高三四丈，初無隄防，了不汎決。里南程伯高家，相去可三百步，井水忽溢起，亦高數丈，夭矯如長虹，震響如霹靂。北行，穿程聰家牆，又毁樓西北角而過。村民遥望，有物兩角似羊，踊躍其中，與青衣童數人徑赴墩側。田水趨迎之，相扞鬬，且前且卻，凡十刻乃解。北水各散歸田，與未鬬時不少減。南水亦循舊路，入井中。是日，滿村洶洶，疑有水災，既而無他事。伯高者，本以富雄其里，自是浸衰，未幾遂死，今田疇皆爲他人有。而聰亦與弟訟分財，數年始定，然則非吉祥也。

## 京師酒肆

廉布宣仲、孫惔肖之在太學，遇元夕，與同舍生三人告假出游，窮觀極覽，眼飽足倦，然心中拳拳，未嘗不在婦人也。夜四鼓，街上行人寥落，獨見一騎來，騶導數輩，近而覘之，美好女子也。遂隨以行，欲迹其所向。俄至曲巷酒肆，下馬入，買酒獨酌，時時與導者笑語。三子者亦入，相對據案索酒，情不能自制。遥呼婦人曰：「欲相伴坐，如何？」即應曰：「可。」皆欣然趨就之，且推肖之與接膝，意爲名倡也。婦人以巾蒙首，不盡覩其貌。客戲發之，乃一大面惡鬼，殊可驚怖，合聲大呼曰：「有鬼。」酒家奴出視，則寂無一物，嗤其妄。具以所遇告，奴曰：「但見三秀才入肆，安得有此？」三子戰栗通昔，至曉乃敢歸。

【一六】墩　涵芬樓本注，葉本作「塢」，下同。

## 桂真官

會稽人桂百祥，能役使六甲六丁，以持正法著名，稱爲真官。先是，吴松江長橋下，每潮來，多損舟船，相傳云龍性惡所致。縣人共雇一傔，齎訴牒請於桂。桂曰：「若用我法，當具章上奏，則此龍必死。事體至大，吾所不忍，姑爲其易者。」乃判狀，授傔，戒曰：「汝歸，持往尋常覆舟處，語之曰：『桂真官問江龍，何爲輒害人？宜速改過自新。脱或再犯，當飛章上天，捕治行法矣。』」此人持歸，報父老。别募一漁者，使伺潮將至，從第四橋出白之。漁者迎投判牘，具告桂語。瞬息間，潮頭正及其處，即滔滔而返，自是不復爲害。二事趙公懋元功説。

## 大孤山龍

陳晦叔輝爲江西漕，出按部舟行過吴城廟下，登岸謁禮不敬。至晚有風濤之變，雙桅皆折，百計救護，僅能達岸。明日，發南康，船人白，當以猪賽廟。晦叔曰：「觀昨日如此，敢愛一豕乎？」使如其請以祀，而心殊不平。船纔離岸，則風引之回。開闔四五，自旦至日中，乃能行。又明日，抵大孤山。船人復有請，晦叔怒曰：「連日食吾猪，龍亦合飽。」鼓棹北行不顧。纔數里，天地斗暗，雷電風雨總至，對面不辨色。白波連空，巨龍出水上，高與檣齊。其大塞江，口吐猛火，赫然照人。百靈祕怪，奇形異狀，環繞前後，不可勝數。舟中人知命在頃刻，各以衣帶相纏結，冀溺死後屍易尋覓。殿前司揀兵將官牛信，從吏在別舫，最懼。俯伏板上，見一人白髮不巾，當頂櫛小髻，謂曰：「無恐不干汝事。」晦叔具衣冠，拜伏請罪，多以佛經許之。龍稍稍相遠，遂没不見，瞑色亦開。篙工怖定，再理楫，覺其處非是，蓋逆流而上，在大孤之南四十里矣，初未嘗覺也。南昌宰馮羲叔說。

## 皇甫自牧

皇甫自牧，罷融州通判，赴調，由長沙泛江。六月劇暑，自牧在舟中與同行者皆袒裼不冠屨，以象戲遣日。忽博局傾側，以爲適然，對奕不輟。舟師之妻大呼曰：「急焚香，龍入船矣。」驚顧，見一物繳繞，超出水面，正當馬門壓焉。舟低七八尺，腥涎流液滿中，鱗大如盆，其光可鑒。自牧惶遽穿靴着衣，百拜禱請。舟且平沉，龍忽躍入水，其響如崩屋聲，激巨浪數四，而波平舟已遠矣。自牧至梧州守而卒。王嘉叟說，其姻家也。

## 程師回

燕人程師回，既歸國，爲江西大將。紹興十二年，朝廷遣還北方。舟行過大孤山下，舟人白：「凡舟過此者，不得作樂及煎油。或犯之，菩薩必怒。」師回曰：「菩薩爲誰？」

不肯言，逼之再三，乃以龍告。師回嘻笑，曰：「是何敢然？龍居水中，吾不能制其所爲。吾在舟中，龍安能制我？」命其徒擊鼓吹笛，奏蕃樂，燒油煠魚，香達于外。自取胡牀坐船背，陳弓矢劍戟其旁。舟人皆相顧拊膺，長歎曰：「吾曹爲此胡所累，命盡今日矣。奈何！」時天氣清明，風忽暴起，曀霧四合。震霆一聲，有物在煙波間，兩目如金盤，相去僅數十步，睨船欲進，威容甚猛。師回曰：「所謂菩薩者，乃爾邪？」引弓射之，正中一目。其物卻退，睢盱入水中，未幾風浪亦息，安流而去，人皆服其勇。江行，人相傳以烹油爲戒，云：「蛟螭之屬，聞油香則出。多騰入舟，舟必覆。或至於穿決隄岸，乃去。」師回所射，蓋是物也。

## 徐偲病忘

婺州永康人徐偲，字彥思，素以能文，爲州里推重。鄉人欲爲父祖立銘碣，必往求之。平生無時頃輟讀書，後仕至建州通判歸。暮年忽病忘，世間百物，皆不能辨。與賓客故舊，對面不相識，甚至於妻孥在前，亦如路人。方食肉，不知其爲肉。飲酒，不知其爲酒。飢渴寒暑晝夜之變，一切盡然。手亦不能作一字。閱三年乃卒。蓋苦學精思，喪其良心云。喻良能說。

# 夷堅乙志卷第十六 十五事

## 劉姑女

方城縣境有花山，近麥陂市，市人率錢築道堂以處道女。村民劉姑者，棄家入道，處堂中。其女既嫁矣，一夕夢見之，泣曰：「我昨與夫婿忿爭，相毆擊，誤仆户限上，蹙損兩乳，已死矣。」姑驚怛而寤。即下山詣女家，詢之，果以昨日死。扣其曲折，良是。欲執壻送縣，里人勸止之，曰：「姑名爲出家，而以一女自累，不可也。」乃止。里胥亦幸無事，祕不言。女寃竟不獲伸。

## 雲溪王氏婦

政和七年秋，婺源縣雲溪王氏婦死，經日復生。邑人朱喬年松方讀書溪上，亟往，問所見。曰：昨方入室，見二吏伺于户外，遂率以去。步於沙莽中，天氣昏昏不能辨蚤暮。俄頃，入大城，廛市井邑甚盛，凡先亡之親戚、鄰里皆在焉。相見各驚嗟，問所以來故。追吏引入官府，歷西廂下拱立。舍中吏檢簿指示，曰：「汝是歙州婺源縣俞氏女乎？」答曰：「然。」曰：「父祖名某，鄉里名某乎？」曰：「非也。」摘其耳，曰：「誤矣。」叱追者使出。久之，復執一婦人至，身肉淋漓【一】，數嬰兒牽捽衣裾，旋繞左右。吏又問其姓氏、家世、邑里，皆與簿合，命付獄。而顧我曰：「與汝同姓氏，故誤相逮至此。此人凡殺五子，子訴寃甚切，雖壽算未盡，冥司不得已先録之。汝今還陽間，宜以所見告世人，切勿妄殺子也。」别遣人送出，推墮河中，遂寤。喬年即與其家人往詢所追者家，果以是日死。喬年爲文記之。

## 海中紅旗

趙丞相居朱崖時，桂林帥遣使臣往致酒米之饋。自雷州浮海而南，越三日，方張帆早行，風力甚勁，顧見洪濤間紅旗靡靡相逐而下，極目不斷，遠望不可審，疑爲海寇，或外國兵甲。呼問舟人，舟人摇手令勿語，愁怖之色可掬。急入舟，被髪持刀，出篷背立，割其舌，出血滴水中，戒使臣者，使閉目坐船内。凡經兩時頃，聞舟人相呼曰：「更生，更生！」乃言曰：「朝來所見，蓋巨鰌也，平生未嘗覩。所謂紅旗者，鱗鬣耳。世所傳吞舟魚何足道。使是鰌與吾舟相值，在數十里之間【二】，身一展轉，則已淪溺於鯨波中矣。吁，可畏哉！」是時，舟南去，而鰌北上，相望兩時，彼此各行數百里。計其身當千里有餘，莊子鯤鵬之説，非寓言也。時外舅張淵道爲帥云。張子思説，得之於使臣。外舅不知也。

【一】身肉淋漓　涵芬樓本注，「肉」陸本作「血」。

【二】在數十里之間　《方輿勝覽》卷四三《瓊州·趙鼎》、《古今事文類聚·前集》卷一五《舟遇海鰍》無「十」字。

# 三山尾閭

台州寧海縣東涉海，有島曰「三山鎮」。鎮屯巡檢兵百人，凡兩潮乃可得至。先君爲主簿時，曾以公事詣其處，與巡檢登山頂縱觀，四面皆大洋。山之陰水尤峭急，從高而望，水汩汩成渦，而中陷不滿者數十處，云此所謂尾閭泄水者也。

# 董穎霜傑集

饒州德興縣士人董穎，字仲達，平生作詩成癖，每屬思時，寢食盡廢，詩成，必徧以示人。嘗有警語云：「雲壑釀成千嶂雨，風蘋吹老一汀秋。」蒙韓子蒼激賞。徐師川爲改「汀」字爲「川」。汪彥章曰：「此一字大有利害。」目其文曰《霜傑集》，且製敍以表出之。然其窮至骨，他日入郡，爲人作秦丞相生日詩，窮思過當，遂得狂疾走出，欲投江水。或爲遣人，呼其子買舟，載以歸。歸數日而死。家貧子弱，葬不以禮，亦無錢能作佛事。歷十餘日，宗人董應夢者夢見之。曰：「穎死後，以家貧之故，不蒙佛力，尚未脱地獄苦。吾兄儻施宗誼，微爲作齋七以資冥路，併刻《霜傑集》傳于世，則瞑目九泉，別當報德矣。」應夢如其請，先飯僧作齋。又夢來謝，曰：「荷兄追拔，已得解脱。《霜傑》願終惠也。」以詩一章爲謝，記其一句曰：「日斜人度鬼門關【三】。」應夢家正開書肆，竟爲刻集。

【三】記其一句曰日斜人度鬼門關　原注：餘句鄉人或能言之。

## 劉供奉犬

臨安萬松嶺上，多中貴人宅，陳內侍之居最高。紹興十五年，盛夏納涼，至四鼓未寢。道上人跡已絶，忽見獄卒，衣黄衣，領三人自北而南，一衣金紫者行前，其次着紫衫，又其次着涼衫，到劉供奉門外，升階欲上。金紫者難之，獄卒曰：「彼中已承當，如何不去？時已晚，請速行。」乃俛首而入。其後二人相謂曰：「彦通早聽吾言，當不至是！」皆歎息，相繼亦入。俄聞門媪索燈甚急，曰：「犬生三子，毛色甚可愛。」明日，陳具以語劉，育于家，稍長，人或呼「彦通」，則奔走而前，竟莫知爲何人也【四】。

## 朱希真夢【五】

記略云：紹興戊寅除夜，體中不佳，三更方得睡。夢至一山館，與一客行至門外，望山下一居舍甚瀟洒。客指曰：「此某人居也，盍往訪之？」乃同至其家。柴扉茅舍，門前張一畫圖，作一仙人乘雲騰空下臨海山，唐人畫也。俄而，主人出，竹冠草履，握予手大笑，如舊相識。引入，至一小閣，又進登一閣，稍大，閣中皆陳列法書、圖畫。大閣北壁，蓋其人自畫山林巖石，隱逸之趣。其上作雲煙出沒濃淡，雲中隱隱有章草細字可讀，云：「吾初東遊至黄河，向河再拜，飲河水一杯而渡。至某處，見某人，授《易》、《書》。某處見

【四】「其後二人相謂曰」至「竟莫知爲何人也」　涵芬樓本注，宋本闕兩葉。李按：今據《咸淳臨安志》卷九二《紀遺四》補入。

【五】朱希真夢　按：《夷堅乙志》卷一六《朱希真夢》有目無文，《賓退錄》卷六《朱希真夢》，或即此文，據補。

某人，授種蒔法。至某處，見某人授法，乃歸。復至黃河，復再拜飲河水一杯。欲渡，大風，河浪洶湧，衆不敢登舟，予亂流而濟。至家，始營小閣，日與客飲酒。閣破二作三間，酒器用鐵鐺、木杓、磁杯。已而少有餘，復建大閣。他日，又有餘，復買銀作鐺杯，無日不留客。客必劇飲，飲必醉，醉必睡，一睡或數日不醒也。」後字雜雲煙，不可讀矣。與予語，極樸質，間及道理，則玄妙高遠。其人風姿，蓋神仙真人之流。獨與予慷慨劇談，坐間先有數客，不復與語。予亦連酌數杯，酒味非人間麴糵可及。歡飲方狎，忽驚起，索燈火，目想心思，縱筆為記。次日，己卯歲旦，子孫環侍，朱出此記示之，且云：「所遊甚樂，悔不便為住計。」復八日，又自云：「好去，好去，自有快樂。」三更初，端坐，啟手足，神色不亂，寂然而逝。七日方斂，舉體柔軟，氣貌如生。

## 鄒平驛鬼【六】

【上缺】之正寢，扃鐍甚固。孫喚驛吏啟門，答曰：「此室爲異鬼所居，凡數十年矣，無敢入者。」孫生年少，又爲大府僚屬，擁從卒百人，恃勇使氣，竟發户而入。至夜，明燭于前，取劍置几上。過二更後，獨坐心動，未能就枕。忽聞梁上有聲，仰視之，一青鬼長二尺許，正跨梁拊掌而笑。孫密呼户外從者，皆熟寢不應。久之，鬼冉冉而下，立孫側，盤旋而舞。少焉，奪劍執之，舞不止。孫益懼，但端坐聽命。俄有婦人頂冠出屏後，衣服甚整，

【六】鄒平驛鬼　此目原闕，據目録補。

笑曰：「小鬼莫惱官人，便歸去。」言畢，皆不見。牕紙已明，蓋擾擾達旦也。肇仕豫爲吏部侍郎，出知棣州。因大旱用番法祈雨，執肇坐於烈日中，汲水數十桶，更互澆其體，遂得病死。

## 金鄉大風

濟州金鄉縣城郭甚固，陷於北虜。紹興壬戌歲，有人中夜扣城門欲入，閽者不可。其人怒罵久之，曰：「必不啓關，吾自有計。」忽大風震天，城門破裂，吹閽者出城外。一縣室屋，皆飛舞而出。自令丞以下，身如御風而行，不復自制，到城外乃墜地。是歲，州爲河所淪，一城爲魚，而金鄉獨全，遂爲州治。二事趙不廥說。

## 韓府鬼

韓郡王解樞柄，建第于臨安清湖之東。其女晚至後院，見婦人圓冠褐衫，背面立，以爲姊妹也，呼之。婦人回首，揕女胸，即仆地，猶能言所見，遂短氣欲絕。王招方士宋安國視之，揭帳諦觀，曰：「雖有祟，然無傷也。一女子年可十八九。」説其衣冠皆同。「又一老媪五十餘歲，皆在左右。今當遣去。」命取大竹一竿，掛紙錢其上，使小童執之。令病者噓氣，宋以口承之，吹入竹杪。如是者二，竹勢爲之曲。宋曰：「邪氣盛如此，豈不爲人害？」又汲水噀其竿，童力不能勝，與竹俱仆，女遂醒。先是，某人家室女爲淫行，父母并其乳婢生投于井中，覆以大青石，且刻其罪于石陰。今所見，蓋此二鬼。鬼爲宋言如是。宋字通甫，治祟不假符籙考召，其簡妙非他人比也。韓府今爲左藏庫。

## 鬼入磨齊

鎮江都統制王勝，獨行後圃，遥望山石後有人引首，近而視之，乃牛頭人，著朱衣，相對立。勝叱問，曰：「誰。」牛頭亦曰：「汝爲誰？」勝捫塼擊之，亦擲塼相報。勝懼，捨之而還。其妻初嫁軍小將，又嫁陳思恭，末乃嫁勝。嘗見二前夫同坐於堂，以語勝。勝曰：「復來當急告我。」明日又至，勝出，其坐自如。亟逐二鬼，皆走至西廂，入磨齊中乃滅。勝以手擊磨，五指皆傷，是年死。二事韓子温説。

## 張撫幹

延平人張撫幹，有術使鬼神。鍾士顯世明病瘧，折簡求藥，張不與藥，不答簡，但書「押」字於簡版上，戒曰：「以舌舔之，當愈。」果愈。鍾婦翁林氏，富人也，用千緡買美妾。林如福州，而妾病沉困不食。鍾邀張治之，張曰：「事急矣，度可延三日命。」林君如期歸，則可見。」乃呵氣入妾口中。少頃，目開體動，索粥飲之，頗能語。信宿林歸，妾亦死。

又與鄧秀才者同如福州，鄧羸劣不及事。張曰：「吾以一力假君，何如？」鄧曰：「君自無僕，何戲我？」前過一神祠，指黄衣卒，曰：「以此人奉借。」鄧特以爲相戲侮，遂分道各行。至前溪渡頭，舟人艤船待，曰：「君非鄧秀才乎？適有急脚過此，令具舟相載。」固已怪之矣。晚到村市，見旅舍貼片紙，曰「鄧秀才占」。問之，又此人也。自是，三日皆然。至福唐，夢黄衣來，曰：「從公數日，勞苦至矣。略無一錢相謝，何耶？我坐貪程行速，蹙損兩指，當亟爲療治。」覺而異之，即焚楮鏹數萬祝獻。歸途過祠下，視黄衣足指果斷其二，自和泥補治之。

## 趙令族

趙令族居京師泰山廟巷，僕人嘗入報，有髑髏在書牕外井旁。令族曰：「是必鴟鳶銜食墜下者，善屏棄之。」僕持箕帚去，此物殊不動。將及矣，遽躍入井中，其聲紞如。僕以事告。令族曰：「乃汝恐懼，不自持，誤蹙之墜水。姑以石窒之，勿汲也。」明日又往，則復在石上。且前視之，逮相近，宛轉從旁揭石以入。僕益恐。令族猶不信，曰：「明日謹伺之，我將觀焉。」乃窺於牕隙中，所見與僕言同，亦懼。會元夕張燈，自登梯捲簾，未竟，忽悲哭而下。問之不答，遂得心疾，厭厭如狂癡。其妻議徙以避禍，既得宅於城西，遣其子子澈先往，妻與令族共乘一兜擔。子澈掃洒畢，回迎之，遇諸東角樓下。揭簾問：

「安否？」令族神色頓清。但時時探首東望，極目乃已。及至新居，則洒然醒悟，能説病時事。云：「憶初登梯時，見婦人被髮蒙面，從堂哭而出，聲絶哀。吾不勝悲，亦爲之揮淚。自此不離左右，然未嘗見其貌也。今日相躡升轎，接膝坐，被髮如初。望東闕門，急趨而下，向東行。吾即覺神觀稍復舊。覘其出通衢，雜稠人中，不可辨，乃止。以今日之醒，念前日之迷，得不墮鬼計中，幸矣！」令族既免，續又有宗室五觀察來居之，不半年死。時宣和中。

## 何村公案

秦棣知宣州，州之何村，有民家釀酒，遣巡檢捕之。領兵數十輩，用半夜圍其家。民，富族也，見夜有兵甲，意爲凶盜，即擊鼓集鄰里，合僕奴持□【七】迎擊之。巡檢初無他慮，恬不備，并其徒皆見執。民以獲全火盜爲功，言諸縣。縣既知之矣，以事諉尉。尉度不可以力爭，乃輕騎往，好謂之曰：「吾聞汝家獲强盜，幸與我共之。」民固不疑也，則大喜，盡以所執付尉，而與其子及孫凡三人，同護以征，遂趨郡。棣釋巡檢以下，而執三人，取麻絙通纏其體，自肩至足，然後各杖之百，及解索，三人者皆死。棣兄方據相位，無人敢言。通判李季懼，即丐致仕。明年，棣卒於郡。又明年，楊原仲愿爲守。白日見數人軀一囚，杻械琅璫至階下。一人前曰：「要何村公案照用。」楊初至官，固不知事緣由所起。方審

【七】持□ 涵芬樓本注，原本字形不全，葉本作「梃」，陸本作「械」。

之，已不見。呼吏，告以故。吏曰：「此必秦待制時富民酒獄也。」抱成案來，楊閱實，大駭，趣書史端楷録竟【八】，買冥錢十萬，同焚之。趙不磨聞之李次仲。

## 姚氏妾

會稽姚宏，買一妾，善女工、庖廚，且有姿色，又慧黠謹飭，能承迎人，自主母以下皆愛之。居數月久，一夕，姚氏舉家覺寒氣滿室，切切偪人。已而聞鬼啃一聲，從牕間出。家人驚怖稍定，方舉燭相存問，獨此妾不見。視其榻，衣衾皆在焉。牕紙上小竅如錢大，不知何怪也。郭堂老説。

【八】端楷録竟　涵芬樓本注，「端楷」葉本作「抄謄」。

# 夷堅乙志卷第十七十六事【一】

## 翟楫得子

京師人翟楫，居湖州四安縣【二】，年五十無子，繪觀世音像懇禱甚至。其妻方娠，夢白衣婦人以槃擎【三】一兒，甚韶秀，妻大喜，欲抱取之，一牛横陳【四】其中，竟不可得。既而生男子彌月，不育。又禱請【五】如初。有聞其夢者，告楫曰：「子酷嗜牛肉，豈謂是歟？」楫竦然，即誓闔家不復食。遂復夢前婦人送兒至，抱得之。妻遂生子，爲成人。周階説。

## 張八叔

邊知白公式，居平江。祖母汪氏臥病，更數醫不効。有客扣門，青巾烏袍，白皙而髯，言：「吾乃潤州范公橋織羅張八叔也，前巷袁二十五秀才令來切脈。」公式出見之。客曰：「不必診脈，吾已得尊夫人疾狀。」留一藥方，曰「烏金散」，使即飲之。邊氏家小黄犬方生數日，背有黑綬帶文。客曰：「幸以與我。後三日，復來取矣。」公式笑，不答。後三日，犬忽死，汪氏病亦愈。乃詣袁秀才，謝其意。袁殊大驚，坐側有畫圖，視之，乃吕洞賓

校勘記

【一】十六事　涵芬樓本按：實祇十五事。

【二】湖州四安縣　李按：檢《元豐九域志》卷五，湖州無四安縣。其長興縣有四安鎮，「縣」當爲「鎮」之誤。

【三】擎　涵芬樓本注，葉本作「送」。

【四】横陳　涵芬樓本注，葉本作「横隔」。

【五】禱請　涵芬樓本注，葉本無「請」字。

象，宛然前所見者。畫本實得於張八叔家。邊姪維嶽説。

## 王訢託生

王訢，字亨之，江陰人。紹興戊辰登科，待揚州教授闕，未赴，以乙亥三月卒于家。冬十月，其田僕見一人跨馬，兩卒爲馭，諦視之，教授君也。驚問何所適，曰：「吾欲到彭蒿因千二秀才家。」僕曰：「此去彭蒿十餘里，日勢已暮，恐不能達。」訢曰：「遠非所憚，爲我前導，足矣。」乃與俱行。至初更，及因氏之門。訢下馬，留一紙裹與僕，曰：「謝汝俱來。」倏從門隙中入。僕懼甚，亟歸，視裹中物，得銅錢五十枚，不敢語人。明日，又往問，乃因氏孫婦是夜得子。嚴康朝説。

## 閤皂大鬼

臨江軍閤皂山下張氏者，以財雄鄉里。紹興十四年，家僕晨興，啓户，有人長丈餘，通身黑色，徑入坐廳上。詰之，不應。曳之，不動。急報主人，及呼衆僕至，擊之以杖，鏗然有聲。刺之以矛，不能入，刃皆拳曲如鉤。沃之以湯，了不沾濕。頑然自如，亦無怒態。江西鄉居多寇竊，人家往往蓄大鼓，遇有緩急，擊以集衆。至是，鼓不鳴。張氏念不可與力競，乃扣頭祈哀又不顧。徐徐奮而起，循行堂中，井竈湢溷，無不至者。張室藏帑，悉以巨鑱扃鑰，鬼輕掣之，即開。所之既徧，復出坐。及暮，將明燭火，亦不然。一家惴懼，登山上玉笥觀，設黄籙九幽醮，命道士奏章于天，七日始不見。張氏自此衰替，今爲窶人。

石田人汪介然説。

## 宣州孟郎中

乾道元年七月，婺源石田村汪氏僕王十五，正耘于田【六】，忽僵仆。家人至，視之，死矣。舁歸舍，尚有微喘，不敢斂。凡八日，復甦。云：「初在田中，望【七】十餘人自西來，皆著道服，所齎有箱篋大扇。方注視，便爲捽着地上，加毆擊，驅令荷擔。行至縣五侯廟，有一人具冠帶出，結束若今通引官，傳侯旨，問來何所須，荅曰：『當於婺源行瘟。』冠帶者入，復出，曰：『侯不可【八】。』趣令急去。其人猶遷延，俄聞廟中傳呼曰：『不即行，别有處分。』遂捨去。入嶽廟，復遭逐。乃從浙嶺適休寧縣，謁城隍及英濟王廟，所言如婺源，皆不許。遂至徽州，遍走三廟，亦不許。十人者慘沮不樂【九】，迤邐之宣州。入一大祠，才及門，數人已出迎，若先知其來者。相見大喜，入白神，神許諾，仍敕健步【一〇】徧報所屬土地，且假一鬼爲導。自北門孟郎中家始，既至，以所齎物藏竈下，運大木立寨栅于外，若今營壘然。逮旦，各執其物巡行堂中。二子先出，椎其腦即仆地。次遇僕婢輩，或擊或扇，無不應手而隕。凡留兩□【一一】，其徒一人入報：『西南火光起【一二】，恐救兵

【六】耘于田　涵芬樓本注，葉本無「于」字。

【七】望　涵芬樓本注，葉本多一「見」字。

【八】侯不可　涵芬樓本注，「可」葉本作「許」。

【九】十人者慘沮不樂　葉本「者」作「皆」。

【一〇】健步　涵芬樓本注，葉本作「急足」。

【一一】兩□　涵芬樓本注，葉本作「兩日」。

【一二】西南火光起　涵芬樓本注，葉本無「光」字。

至。』亟相率登陴，望火所來，彍弩射之，即滅。又二日，復報營外火光屬天。暨登陴，則已大熾，焚其柵立盡，不及措手，遂各潰散，獨我在。悟身已死，尋故道以歸，乃活。」里人汪賡，新調廣德軍簽判，見其事。其妹壻余永觀，適爲宣城尉，即遣書詢之。云：「孟生【一三】乃醫者，七月間，闔門大疫，自二子始，婢妾死者二人。招村巫治之，方作法，巫自得疾，歸而死。孟氏悉集一城師巫，併力禳禬，始愈。蓋所謂火焚其柵者，此也。」是歲，浙西民疫禍不勝計，獨江東無事。歙之神可謂仁矣。石田人汪拱説，王十三【一四】乃其家僕也。

## 馴鳩

鹽官縣慶善寺明義大師了宣，退居邑人鄒氏庵。隆興元年春，晨起行徑中，見鳩雛墮地，攜以歸，躬自哺飼，兩月乃能飛。日縱所適，夜則投宿屏几間。是歲十月，其徒惠月復主慶善寺，迎致其師于丈室之西偏。逮暮，鳩歸，則閴無人矣，旋室百匝，悲鳴不止。守舍者憐之，謂曰：「吾送汝歸老師處。」明日籠以授宣，自是不復出。馴狎左右以手摩拊，皆不動。他人近之，輒驚起。嗚呼！孰謂畜産無知乎？竇思永説。

## 女鬼惑仇鐸

紫姑神類多假託，或能害人，予所聞見者，屢矣。今紀近事一節，以爲後生戒。天台

【一三】孟生　涵芬樓本注，葉本「生」作「氏」。

【一四】王十三　李按：篇首作「王十五」，應有一誤。

士人仇鐸者，本待制寓之族派也。浮游江淮，壯年未娶。乾道元年秋，數數延紫姑求詩詞，諷翫不去口，遂爲所惑。晨夕繳繞之不捨，必欲見真形，爲夫婦。又將託於夢想，鐸雖已迷，然尚畏死，猶自力拒之。鬼相隨愈密，至把其手以作字，不煩運箕也。同行者知之，懼其不免，因出游泰州市，徑與入城隍神祠，焚香代訴。始入廟，鐸兩齒相擊，已有恐栗之狀。暨還舍，即索紙，爲婦人對事，具述本末，辭殊褻冗。今删取其大略，云：「大宋國東京城内四聖觀前居住弟子紀三六郎，名爽。妻張氏三六娘，行年三十三歲，辛酉年三月十二日巳時降生，癸巳年三月十四日死。是年九月，見呂先生於箕口，得導養之術。自後周遊四海，於今年八月三日過高郵軍，見台州進士仇鐸，在延洪寺塔院内，請蓬萊大島真仙。爲愛本人年少，遂降箕筆，詐稱：『我姊妹，在蓬萊山承子供養，今日降汝。汝宜至誠，不得妄想，我當長降於汝。』又旬日，來往益熟，不合舉意寫媟語誘鐸。又説將來有宰相分，以此惑亂其心。十七日到泰州，要與相見，不許。又要入夢，亦不許。遂告鐸云：『汝父恨汝不孝，焚章奏天。上天降旨，三日内有雷震汝。宜多設茶果香燭，稽首乞命，我當爲汝祈天免禍。』又索《度人經》萬卷，『三年之後，要與汝爲夫妻』。意欲鐸恐懼，從己。又僞稱呂翁在門，令來日未明，來東門外石墳側相見。鐸欲往赴，爲衆人挽住。又寫『雲房』兩字，使鐸食乳香半兩，冀狂渴赴水死。至於引頭擊柱，用破磁敗面，皆不死。遂稱天神已降，將燒汝左臂，令鐸入稾薦中，伏於牀下，作呂翁救解之言，曰：『天神幸以呂巖故赦此人，此人若死，巖不復爲神仙。』如是經兩時久，不能殺鐸。至晚，方與鐸言：『我非蓬仙【一五】，是白犬精。今日代汝震死【一六】，永爲下鬼，宜以杯酒敍别。』明日，又來云：『我乃興化阿母【一七】山白蛇精，從前所殺三千七百餘人矣，衆人招法師來，欲見治。』又降鐸曰：『我只畏龍虎山張天師，餘人不畏也。』緣三六娘本意躭著【一八】仇鐸，迷而不返，須要纏繞本人，損其性命。今爲鐸訴于本郡城隍，奏天治罪，伏蒙取責，文狀所供，並是詣實【一九】。如後異同，甘伏重憲。」其所書凡千五百字，即日録焚之。鐸後三日始醒，蓋爲所困幾一月。婦人自稱死於癸巳歲，至是時已五十三年矣，鬼趣亦久矣哉。

## 張成憲

張成憲，字維永，監陳州糧料院。時宛丘尉謁告，暫攝其事。捕獲强盜兩種，合十有五人，送于縣。具獄未上，尉即出參告，白郡守，求合兩盜爲一，冀人數滿品，可優得京官。郡守素與尉善，許諾，以諭張。張曰：「尉欲賞，無不可。若令竄易公牘，合二者爲一，付有司鍛鍊遷就，則成憲不敢爲。」郡守不能奪，尉殊忿恨，殆成仇怨。後十二年，張爲江淮發運司從事，設醮茅山，夜宿玉宸觀。夢其叔告曰：「陳州事可保無虞，但不可轉正郎。」已而至殿庭，殿上王者問曰：「陳州事尚能記憶否？」對曰：「歷歷皆不忘，但無案牘可證。」王曰：「此中文籍甚明，無用許【二〇】。」既出，見二直符使名抱一錦綳與之，曰：「以

【一五】蓬仙　涵芬樓本注，葉本多一「萊」字。

【一六】震死　涵芬樓本注，葉本作「曹」。

【一七】阿母　涵芬樓本注，葉本作「阿姥」。

【一八】躭著　涵芬樓本注，葉本「著」作「戀」。

【一九】詣實　涵芬樓本注，葉本作「的實」。

【二〇】無用許　《仕學規範》卷三一作「無用證」。

此相報。」張素無子，是歲，生男女各一人。又七年，轉大夫官，得直祕閣而終。邊維嶽説。

## 鬼化火光

韓郡王居故府時，有小妓二十輩。其子子温年十二歲，與妾寧兒者晚戲東廂下，見一人行前，容止年狀，亦一小妓也。呼之不應，乃大步逐之。子温行甚遽，其人雍容緩步，初不爲急，然竟不可及。將至外户，子温大呼，忽已在庭下，化形如匹練，迸爲火光赫然，入溝中而滅。問寧兒，所見皆同。歸白其父，皆以爲當有伏尸或寶物。欲發地驗之，既而以功役甚大，乃止。

## 滄浪亭

姑蘇城中滄浪亭，本蘇子美宅，今爲韓咸安所有。金人入寇時，民入後圃避匿，盡死於池中，以故處者多不寧。其後韓氏自居之。每月夜，必見數百人出没池上。或僧，或道士，或婦人，或商賈，歌呼雜遝，良久，必哀歎，乃止。守宿老卒方寢，爲數十人舁去。臨入池，卒陝西人，素膽勇，知其鬼也，無懼意。正色謂之，曰：「汝等死於此，歲月已久。吾爲汝言於主人翁，盡取骸骨，改葬於高原，而作佛事救汝。無爲守此滯窟，爲平人害。何如？」皆愧謝曰：「幸甚。」捨之而退。卒明日入白主人，即命牛車【二二】徙池水，掘污泥，

【二二】牛車　李按：「牛」字原殘闕，據南圖本補。

拾朽骨，盛以大竹�，凡滿八器，共置大棺中，將瘞之。是夕，又有一男子引老卒入竹叢間，曰：「餘人盡去，我猶有兩臂在此，幸終惠我。」又如其處，取得之，乃葬諸城東，而設水陸齋於靈巖寺，自是，宅怪遂絶。二事皆子温説。

## 林酒仙

崇寧間，平江有狂僧，嗜酒亡賴，好作詩偈，衝口即成，郡人呼爲「林酒仙」，多易而侮之。唯郭氏一家，敬待之甚厚。郭母病，僧與之藥一盞，曰：「飲不盡，即止，勿强進也。」已而飲三分之二，僧取其餘，棄於地，皆成黄金色，母病即愈。且留《朱砂圓方》與其家，郭氏如方貨之，遂致富。蘇人有能傳其詩者曰：「門前緑柳無啼鳥，庭下蒼苔有落花。聊與東君論箇事，十分春色屬誰家？」「秋至山寒水冷，春來柳緑花紅。一點洞庭萬變，江村煙雨濛濛。」「金罍又閑泛，玉仙還欲頽【二二】。莫教更漏促，趂取月明迴。」他皆類此。

## 蒸山羅漢

邊公式家祖塋，在平江之蒸山。宣和元年，公式爲太學録，得武洞清石本羅漢象十六，遣家僮致之墳庵。前一夕，行者劉普因夢十餘僧持學録書來求掛搭，以白主僧慧通。

【二二】玉仙還欲頽　涵芬樓本注，嚴校：「仙」字疑誤。

通難之，曰：「庵中所得鮮薄，尋常供僧行三兩人猶不繼，安能容大衆哉？」來者一人起，取筆題詩門左，曰：「松蘿深處有神天。」不憶其他語。明旦話此夢未竟，而石本至。公式足成一章，曰：「松蘿深處有神天，小刹何妨納大千。掛搭定知宜久住，歌吟何幸得流傳。袖中出簡聊應爾，門上題詩豈偶然。顧我未除煩惱習，與師同結未來緣。」語雖非工，然皆紀實也。

## 沈十九

崑山民沈十九，能與人裝治書畫，而其家又以煮蟹自給。縣人錢五八新繪地藏菩薩象，倩沈褾飾之。其傍烹蟹，蓋不輟也。夜夢入冥府，所見獄吏皆牛頭阿旁，左右列大鑊，舉叉置人煮之。將及沈，忽有僧振錫與錢生皆在側，諭獄吏曰：「但令此人入鑊淨洗足矣。」沈猶畏怖，吏命解衣而入，俄頃即出於沸鼎。烈焰之中，衆囚冤呼不可聞。己獨無苦趣，清涼自如，正如澡浴，身意甚快。展轉而寤，遂戒前業，賣錫以活云。時紹興十二年也。三事邊維嶽說。

## 十八婆

葉審言樞密未第時，與衢州士人馬民彝善。民彝素清貧，後再娶峽山徐氏，以貲入，因此頗豐贍，稱其妻爲十八婆。紹興三十二年，葉公自西府奉祠，歸壽昌縣故居曰社塆。時方冬日，有兩村夫荷轎，輿一老婦人，自通爲馬先生妻，來相見。葉公命其女延之中堂，視其容貌，昔肥今瘠，絶與十八婆不類。問其故，答曰：「年老多事，形骸銷瘦，無足怪者。」皆疑之，扣其僕，僕曰：「但見從店中出，指令來此，不知所自也。」葉氏客徐欽鄰，觀此嫗面色枯黑，覺其非人。又從行小奴，攜裝匣在手，皆紙所爲，已故弊，乃送死明器耳。大呼而入，曰：「此鬼也。」逐出之。嫗猶作色，曰：「謂人爲鬼，何無禮如是！」既出門，轎不由正道，而旁入山崦間，遂不見。數日後，民彝至，言其妻蓋未嘗出也。欽鄰說。

## 錢瑞反魂

乾道元年六月，秀州大疫。吏人錢瑞亦病旬餘，忽譫語切切，如有所見。自言被追至官府，仰視，見大理正俞長吉朝服坐殿上。瑞嘗爲棘寺吏，識之，即趨拜拱立。俞曰：「所以呼汝來，欲治一獄。」左右引入直舍，驗視案牘，乃浙西提刑司公事也。罥罣者，凡五六十人。瑞結正齎呈，甚喜。因懇乞歸，俞未許。瑞無計，退立廊左，見故人寗三，因首立，揖瑞言：「舊爲漕司吏，曾誤斷一事，逮捕至此。向來文字在某廚青紗袋中，吾累夕歸取之，家人以爲寇至，故不可得。煩君歸語吾兒，取而焚寄我。」瑞許之。望長吉治事畢，復出，瀝懇，始得歸。令人送還，才出門，命乘一大舟。舟乃在平地，瑞以爲苦，夢中呼云：「把水灑地。」正盡力叫號，舟已抵岸。遂驚覺，滿身黑汗如洗。時長吉知盱眙軍，方死，瑞至今猶存。景裴弟説。

## 校勘記

# 夷堅乙志卷第十八十三事

## 張淡道人

衢州人徐逢原，居郡之峽山。少年時，好與方外人處。有張淡道人過之，留館其門。巾服蕭然，唯著青巾夾道衣，中無所有，雖盛冬不益也。每月夕，則攜鐵笛入山間吹之，徹曉乃止。逢原學《易》，嘗閉户揲大衍數，不得其法。張隔室呼之，曰：「一秀才，此非君所解，明當語子。」明日授以軌析算步之術。凡人生死日時，與什器、草木、禽畜、成壞、壽夭，皆可坐致，持以驗之，不少差。最好飲酒，時時入市，竟日必酣醉乃返。而囊無一錢，人皆云，能燒銀以自給。逢原欲測其量，召善飲者四人，更迭與飲，自朝至暮，皆大醉，張元自如。夜入室中，外人望見其倒立壁下，以足掛壁，散髮置瓦盆内，酒從髮際滴瀝而出。逢原之祖德詮，年七十餘矣，張曰：「十八翁，明年五月有大厄，速用我法禳禬，可復延十歲。」徐氏不信，以爲道人善以言相恐，勿聽也。語纔出口，張已知之，即捨去，入城中羅漢寺。時年五月，德詮病，逢原始往請之，不肯行，果死。其徒有頭陁一人，又祕藏紙畫牛一頭，每與客戲，則取圖掛壁，剉生草其旁，良久，草或食盡，或齮齕過半，遺糞在地，可掃也。後以牛與頭陁，而令買火麻四十九斤，紐爲大索，囑之曰：「吾將死，死時勿棺斂，只以索從肩至足通纏之，掘寺後空地爲坎埋我。過七日，輒一發視。」頭陁謹奉戒。既死七日，發其穴，面色如渥丹。至四十九日，凡七發，但餘麻絙在，并敗履一雙，尸空空矣。逢原嘗贈之詩，曰：「鐵笛愛吹風月夜，夾衣能禦雪霜天。」伊予試問行年看，笑指松筠未是堅。」張以匹絹大書之，筆蹟甚偉。又以匹絹書汞法授逢原。逢原死，鄉人多求所書法，其子夢良不欲泄，舉而焚之。軌析之術，徐氏子孫略知其大概，而不精矣。逢原孫欽鄰說。

## 太學白金

任子諒在太學，夜過齋後，於叢竹間見銀百餘笏，月光照之，粲爛奪目。子諒默禱曰：「天知諒清貧，陰有大賜，然晻昧之物，終不敢當，願歸諸神祇。他日明中拜賜，乃幸耳。」遂委而去。及登廁，復還至其處，覺白物頗動摇屈伸，訝而注目，乃巨白蛇，其長丈餘。急反室，明日不復見。不知白金之精，蕩于異物耶？將蟒怪爲孽，欲致人害之耶？二者不可曉也。子諒之子良臣說。

## 天寧行者

邵武光澤縣天寧寺，多寄菆，行者六七人，前後皆得癡疾，積勞悴以死。唯一獨存，亦人病，自謂不免，已而平安。始告人曰：「每爲女子誘入密室中，幽牕邃閤，牀褥明麗，締夫婦之好。凡所著衣履皆其手製，如是往來，且一年久。一日，土地神出現，呼女子責曰：『合寺行者皆爲汝輩所殺，豈不留一人給伽藍掃灑事？自今無得復呼之。』女拜而謝罪，流涕告辭，自此遂絶。始能飲食，漸以復常。」念向來所遊處，歷歷可想，乃邑内民家女菆房。白其父母發視，蓋既死十年，顔色肌體皆如生。傍有一僧鞋，已就，兩手又抱隻履，運鍼未歇。枕畔烏紗巾存焉。父母泣而改殯。

## 趙不他

趙不他爲汀州員外税官，留家邵武而獨往。寓城内開元寺，與官妓一人相往來，時時取入寺宿。一夕，五鼓方酣寢，妓父呼于外，曰：「判官誕日，亟起賀。」倉黄而出。趙心眷眷未已，妓復還，曰：「我諭吾父持數百錢賂營將，不必往。」遂復就枕。明旦，將具食，趙之暱友馮八官者來。妓避之户内，曰：「是嘗過我，我以君故，不忍納。方蓄憾未解，不欲出。」馮君嗜石榴，已留兩顆在廚矣，及馮入，與趙飲酒啖榴即去。妓出，對食，迨晚索湯濯足，夜同卧。趙之姪適至，問安否。妓令趙聳身外向，已伏于内，姪揖牀下，不揭帳，亦去。兩人綢繆笑語，趙忽睡，夢攜手出寺，行市中，至下坊，妓指一曲曰：「此吾家也。既過門，能爲頃刻留否？」趙心念身爲見任，難以至妓館，力拒之。遂驚覺，流汗如洗，方知獨寢。呼其僕，問妓安在，僕曰：「某人未明歸去，至今不曾來。」問對食及濯足事，曰：「公令具兩人食，而無他客。黄昏時，又令焆湯盥濯，然未嘗用也。」始悟其鬼。自是得大病，遍身皮皆脱落，一年乃愈。自云：「幸不入其家，入則死矣。」二事光吉叔説。

## 吕少霞

紹興二十年，徐昌言知江州。其姪琰觀衆客下紫姑神，啓曰：「敢問大仙姓名爲誰？何代人也？」書曰：「唐朝吕少霞。」琰曰：「琰覬望改秩，仙能前知，可得聞歟？」曰：「天機不可泄。」琰曰：「但爲書經史或詩詞兩句，寓意其間，當自探索之。」遂大書韋蘇州詩，曰：「書後欲題三百顆，洞庭須待滿林霜。」坐客傳翫，莫能測其旨。後十五年，琰方得京官，調吴縣宰。乃悟詩意，洞庭正隸吴也。琰説。

## 龔濤前身

龔濤仲山説，其母方娠時，在衢州。及期，將就蓐，遣呼乳醫，時已夜半。醫居于郡治之南，過司法廳，見門外擾擾往來，云：「官病亟。」及至龔氏而濤生。襁褓畢，復還，則司法已死。明日，爲龔氏言之。司法君姓周氏，爲人潔清，好策杖著帽，每出必呼小史以二物自隨。濤三歲能言，時常呼人取帽及拄杖，其家乃知爲周君後身也。

## 超化寺鬼【一】

衢州超化寺，在郡城北隅。左右菱芡池數百畝，地勢幽閴，士大夫多寓居。寺後附城有雲山閣，閣下寢堂三間，多物怪，無敢至者。唯曾通判獨挈家處之，往往見影響，猶以爲僕妾妄語，拒不信。幼子年二歲，方匍匐在地，乳母轉眄與人語，忽失之。舉家繞寺求索，且禱于佛僧，竟夕不見。明日，聞篋中啼聲，啓鑰見兒，蓋熟睡方起也。即日徙出，至今空此室云。長老説。

## 嘉陵江邊寺

中奉大夫王旦，字明仲，興州人。所居去郡數十里，前枕嘉陵江。嘗晚飲霑醉，獨行江邊，小憩磻石上。望道左松檜，森蔚成行，月影在地，顧而樂之。憶常時所未見也，乘興步其中。且二里，得一蕭寺，佛殿屹立，長明燈熒熒然，寂不見人。稍行，至方丈，始有一僧迎揖，乃故人也。就坐，良久，忽悟僧已死，問曰：「師去世累歲矣，乃在此邪？」僧曰：「然。」語笑如初。存問交游，今皆安在。幾至夜半，倦欲寐，僧引入西偏小室，使就枕。戒之曰：「此多惡趣，毋輒出。須天且明，吾來呼公起矣。」遂去。旦裴回室中，覺境象荒閴，不能睡。俯窺牕外，竹影參差，心愈動。登牀展轉，目不交睫。不暇俟其

【一】超化寺鬼　涵芬樓本按：目録無「鬼」字。

呼，徑起出户。遥見僧堂燈燭甚盛，趨就焉。衆方列坐，數僕以杓行粥，鉢内炎炎有光，逼而視之，蓋鎔銅汁也，熱腥逆鼻，不可聞。犇而還復見昨僧，咄曰：「戒君勿出，無恐否？」命行者秉炬送歸，中塗炬滅，旦蹶于地。驚而寤，則身元在石上，了未嘗出，殆如夢游云。黄仲秉説。

## 趙小哥

泉州通判李端彦説，紹興十六年，在秀州，識道人趙小哥者，字進道，嘗隸兵籍，不知名，自云居咸平縣。狀貌短小，目視荒荒，有白膜蒙其上。尋常能以果實草木治人病，其所用物，蓋非方書所傳。或以冷水調燕支末療痔疾，或以狗尾草療沙石淋，皆隨手輒愈。喜飲酒，醉後略能談人禍福事。通判朱君館之舟中，因熱疾沉困，發狂躍入水，偶落漁罔中，救出之，汗被體，即蘇。後三年，來臨安，上省吏孫敏脩家，適臥病，不食七日，吐利垂死。有二走卒，持洪州趙都監書來市民陶婆家，報趙道人死于洪，蓋平時皆與厚善者。陶曰：「道人固無恙，正爾在孫中奉宅。」遽同往問訊。趙既聞之，亟起出，若未嘗病者。二人大駭，拜之不已。趙但默誦真誥中語，殊不答其説，即往後市街常知班家。好事者爭焚香致敬，趙拱手凝目，時舉手上下，不措一詞。逮夜，外人散去，其家遣二子侍直。至曉，前後門悉開，已不知所在。久之，復歸湖上。過李氏墳庵，與端彦相見。塵垢盈體，若遠涉萬里狀。問所往，不肯言，但云前者爲人所戹苦，且避之，今不敢再入城矣。半年，又告去，曰：「此地疫起，吾當治藥救人。去一年然後歸。」端彦問曰：「君爲道人，亦畏疫癘乎？」曰：「天災豈可不避？」自是還往浸闊。紹興三十年，又來臨安，館于馬軍王小將家。進奏官劉某以風痺求醫，教以薄荷汁搜附子末服之。劉餌之過度，遂死。其子歸咎，欲訟于有司。趙曰：「不須爾。」取所餘藥盡服之，亦死。王氏爲買棺，斂而瘞諸小堰門外。役者封坎畢，還憩門側粥肆中，見趙在前呼，揖曰：「甚苦諸君見送。」衆人異之，急返窆處，啓其柩，空無一物矣。

## 休甯獵户

休甯張村民張五，以弋獵爲生，家道粗給。嘗逐一鹿，鹿將二子行，不能速，遂爲所及。度不可免，顧田之下有浮土，乃引二子下，擁土培覆之，而自投於罔中。張之母遥望見，奔至罔所，具以告。其子即破罔出鹿，并二雛皆得活。張氏母子相顧，悔前所爲，悉取罝罘之屬焚棄之，自是不復獵。休甯多猴，喜暴人稼穡，民以計籠取之，至一檻數百。然後微開其板，纔可容一猴，呼語之，曰：「放一枚出，則釋汝。」羣猴共執一小者推出之，民擊之以椎，即死。檻中猴望而號呼，至於墮淚。則又索其一，如是至盡乃止。土人云：「麥禾方熟，時猴百十爲羣，執臂人立，爲魚麗之陣，自東而西跳，踉數四，禾盡偃，乃攫取之。餘者皆捽踏委去，丘中爲空。故惡而殺之。」然亦不仁矣。朱晞顏說。

## 魏陳二夢

史丞相直翁，代魏丞相南夫，爲餘姚尉。方受代，魏夢與史同至一處，皆稱宰相。而已所服乃緋衣，覺以告史，殊不曉服章之說。後十五年，史公爲右相，魏公以工部郎中輪對。宰相奏事退，即繼上殿，正著緋袍，恍憶所覩，殆與夢中無異，謂已應之矣。史去位三年，而魏拜右僕射，正踐其處。陳阜卿爲吏部侍郎，夢與王德言爲交代。德言仕至知樞密院，阜卿其所薦也，亦甚喜，謂且登政路。未幾，除建康留守，思德言所終之地，大惡之。既至，凡居室燕寢皆避不敢往，纔踰月而卒。二夢吉凶榮悴，相反如此。

## 張山人詩

張山人自山東入京師，以十七字作詩，著名於元祐、紹聖間，至今人能道之。其詞雖俚，然多穎脱，含譏諷，所至皆畏其口，爭以酒食錢帛遺之。年益老，頗厭倦，乃還鄉里，未至而死於道。道旁人亦舊識，憐其無子，爲買葦席束而葬諸原，楬木書其上。久之，一輕薄子至店側，聞有語及此者，奮然曰：「張翁平生豪於詩，今死矣，不可無紀述。」即命筆題于楬曰：「此是山人墳，過者應惆悵。兩片蘆席包，敕葬。」人以爲口業報云。吴傅朋說。

## 青童神君

龍大淵深父，始事潛邸時，得傷寒疾，越五日而汗不出，膝下冷氣徹骨，舌端生白膏，醫者束手，以爲惡證。是夕，灼艾罷，昏寢，夢若至諸天閤下，四顧無人，獨仲子乳母在傍。方竚立，有騶導從東來，相續數百輩，身皆長大，著淡素寬袍。中車垂簾【二】，色盡白，杳杳望西北方去。行聲稍絶，又有繼其後者。侍衛皆青衣女童，各執芙蓉花，麾纛旂幢，夾列左右，一人乘輅如王者，戴捲雲玉冠，被青衣，兩綬自頂垂至腰，縹縹然，容貌清整，微有鬚，似十三四歲男子。深父望之，以手加額。輅既過，一女童招深父使前，顧曰：「識車中尊神乎？曾施敬否？」曰：「車過速，僅得舉首瞻仰耳。」曰：「甚善，甚善，此青童神君也。使子遇白輿中人，已成虀粉。然當再回，不可不避。」以手中花予深父，顧其後武士，令導往對街雙闔門，曰：「宜亟入，徐則及禍。」趨至門，門内人問曰：「用何物爲驗？」示以花，即引使入，乳嫗繼進，户者止之。武士取花房下小蘤置其手，亦得入。遂登高樓，樓施楯檻，檻外飛閣繚繞，躡虚而成，四望極目。少選，白輿從西北轔轔復來，前後素衣紛紜，漸化爲白氣一道，長數百丈，霹靂從中起，聲震太空，望東北而去。凡所經亘，室屋垣牆、山阜林木，不以巨細高卑，在坑在谷，皆爲微塵。獨門内樓檻屹立不動。深父悸不自定，俯瞰閣下，澄潭瑩澈，如大圓鏡。正窺水小立，有人擠之，墜潭中，蹶然而寤，

【二】中車垂簾　涵芬樓本注，葉本「中」作「巾」。

汗流浹膚。鐘既鳴矣，急呼其子，記神名，設香火位。詰朝益愈，方能言其事。道士云，此東海青童君也。白車者，疑爲蓐收白虎之屬。吁，可畏哉！

# 夷堅乙志卷第十九 十三事

## 賈成之〔一〕

賈成之者，寶文閣學士讜之子，通判橫州，有吏材，負氣不肯處人下。太守鄱陽王翰不與校，以郡事付之，得其歡心，凡同寮四年。而後守趙持來，始至，即與賈立敵，盡捕通判羣吏械于獄，必令列其官不法事，吏不勝笞掠，强誣服，云：「通判每納經制銀，率取耗什三以入己。」持以告轉運判官朱玘，玘知其不然，移檄罷其獄，且召賈入莫府。持慮爲己害，與所善鄧教授謀，遣軍校黄賜采毒草于外，合爲藥而具酒延賈。中席更衣，呼其子以藥授官奴阮玉，投酒中，捧以爲壽。寧浦令劉儼時在坐。酒入賈口，便覺腸胃掣痛，眼鼻血流。急命駕歸，及家，已冥冥。妻子環坐哭，賈開目曰：「勿哭。我落人先手，輸了性命。不用經有司，吾當下訴陰府，遠則五日，近以三日爲期，先取趙持，次取鄧某，然後及儼、玉輩。」經夕而死，臨入棺，頭面皆坼裂。郡人見通判騎從如常日儀，趨詣府，閽者入白，持涔然如斗水沃體。明日，出視事，未至廳屏，有撒沙自上而下，每著身處皆成火燃。典客立于傍，一沙濺之，亦遭灼。良久，乃止。又明日，坐堂上，小孫八九歲，方戲，劇

校勘記

【一】賈成之　李按：目録「成」作「誠」。

驚曰：「賈通判掣翁，翁頭巾颺空去。」持摸其首，則巾乃在地上，遂得病。時時拊膺，曰：「節級緩縛我，待教授來，我即去。」越三日死，時乾道元年七月也。鄧教授考試象州，與監試簽判王粲然、試官盧覺參語。忽起，與人揖，回顧曰：「賈通判相守，勢須俱行，煩鄉人爲我治後事。」鄉人者，覺也。二人曰：「白晝昭昭，焉有是事？君豈以心勞致恍忽邪？」鄧指廡下，曰：「彼在此危立久矣。」趨入室，仆牀上，小吏喚之，已絶。黄晹、阮玉不數旬，繼死。劉儼罷官如桂林，乘舟上灘水，見賈來壓其舟，遂病死。既而復蘇，如是者至于再。不知今爲如何。持之子護喪至貴州，亦暴卒復生，然昏昏如狂醉矣。王翰説。

## 馬識遠

馬識遠，字彦達，東州人。宣和六年，武舉進士第一。建炎三年，爲壽春守。虜騎南侵過城下，識遠以靖康時嘗奉使至虜，虜將知之，扣城呼曰：「馬提刑與我相識，何不開門？」壽春人籍籍，言郡守與虜通者【二】，識遠懼，不敢出，以印授通判。通判本有異志，即自爲降書，啓城迎拜。虜亦不入城，但邀識遠至軍，與俱行。通判又欲以虜退爲己功，乃上章言，郡守降虜，己獨保全一城。奏方去，而識遠得回，纔留北軍三日。通判窘懼，即爲惡言動衆，亡賴少年相與取識遠殺之，家人子亦多死【三】。朝廷嘉通判之功，擢爲本郡守。大喜過望，受命之日，合樂享吏士。酒纔三行，於坐上得疾，如有所見，叩頭雪

【二】者　涵芬樓本注，葉本無「者」字。

【三】家人子亦多死　涵芬樓本注，「亦」明鈔本作「弟」。

泣【四】，引罪自責，曰：「某實以城降，乃冒以爲功，而使公罹非命，某悔無及矣。」即仆地死。至紹興十年，復河南地。觀文殿學士孟富文庾爲西京留守，辟掾屬十人，每日會食。承議郎王尚功者，忽以病不至，公遣掌客邀之【五】，良久不反命。復遣一人焉，至于四五，皆不來。滿坐怪之。既而數輩同至，面無人色【六】，言曰：「王制幹瞪坐于地，頭如栲栳，形容絶可怖。見之皆驚蹷【七】，氣絶移時，乃蘇，是以後期至。」孟公率莫府【八】步往視之，王猶能言，曰：「乞與召嵩山道士。」時道士適在府，即結壇召呼鬼神。俄有暴風肅然起于庭，風止，一人長可尺餘【九】，紫袍金帶，眉目皆可覩，冉冉空際【一〇】詰道士曰：「吾以寃訴于上帝，得請而來，非祟也。師安得以法繩我？」道士不敢對。孟公親焚香，問之，始自言爲馬識遠，曰：「方守壽春時，王生爲法曹，嘗夜相過，説以迎虜，識遠拒不可，遂與通判謀翻城，又矯爲降文，宣言于下，以致殺身破家之禍【一一】。通判既攘郡印有之，王生亦用保境受賞，嗟乎，寃哉！」言訖，泣下，歔欷曰：「帝許我報有罪矣。」瞥然而逝。王生明日死。前一説聞之馬氏子，後一説聞之陳桷元承，世所傳，或誤以爲一事云。【一二】

## 光禄寺

臨安光禄寺，在漾沙坑坡下。初爲官舍，吴信叟嘗居之。其妻晝寢，有沙紛紛落面上，拂去復然。驚異自語，曰：「屋下安得此？」則有自屋上應者，曰：「地名漾沙坑，又

【四】雪泣　涵芬樓本注，葉本作「悲泣」。
【五】公遣掌客邀之　涵芬樓本注，「邀」葉本作「速」。
【六】面無人色　涵芬樓本注，葉本「面」上多一「皆」字。
【七】驚蹷　涵芬樓本注，葉本作「驚仆」。
【八】莫府　涵芬樓本注，葉本作「幕府」。
【九】尺餘　涵芬樓本注，葉本作「丈許」。
【一〇】冉冉空際　涵芬樓本注，「空際」葉本作「降階」。
【一一】以致殺身破家之禍　涵芬樓本注，「致」下葉本多一「吾」字。

何怪也？」吴氏懼，即徙出。蔣安禮爲光禄丞，齋宿寺舍。因噴嚏鼻涕墮卓上，皆成小木人，彫刻之工極精。攬取之，則已失。頃之復爾。凡墮木人千百，蔣一病不起。杭人云：「舊爲僞福國公主宅，華屋朱門，積殺婢妾甚衆，皆埋宅中，是以多物怪。」今無敢居之者。王嘉叟説。

## 秦奴花精

劉綍，字穆仲，予外姑之弟也。少年時，從道士學法籙。後隨外舅守姑蘇，與家人俱游靈巖寺。夜宿僧舍，遥聞山中呼劉二官人，久之，聲漸近，舍中人亦睡覺。綍問曰：「聞此聲否？」皆笑曰：「蒙天心正法力，宜如是。」明日，綍爲牒責土地神，曰：「吾至誠行法，未嘗有破戒犯禁事，山鬼安得輒侮我？」是夕，夢神告曰：「已戒從吏搜索，乃花精所爲，非鬼也。行且治之矣。」綍還家，夢其故妾秦奴者來，曰：「寺後呼君者，蓋我耳。君若不相忘，無令伽藍神急我。」綍又爲牒如世間繳狀，遣人投于祠。數日，又夢妾來別，曰：「君已投狀，我不敢復留。」泣而去。秦奴者，京師人，死於臨安。至是時，已六年矣。

## 楊戩二怪

宣和中，内侍楊戩方貴幸。其妻夜睡覺，見紅光自牖入，徹帳粲爛奪目。一道人長尺

【二】前一説聞之馬氏子後一説聞之陳桷元承世所傳或誤以爲一事云「後」原作「炎」，據葉本改。又「桷」葉本作「解」。

許，繞帳乘空而行，徐於腰間取一盂，髻中取小瓢，傾酒滿之，其香裂鼻。笑顧戩妻，曰：「能飲此否？」妻疑懼，不敢應。道人旋繞數匝，再三問之，終不應。道人曰：「然則，吾當自飲。」一引而盡，倏然乘紅光復出，遂不見。其家聞酒香，經數日乃歇。戩新作書室，壯麗特甚，設一榻其中，外施緘鐍，他人皆不得至。嘗上直，小童入報，有女子往來室中。妻遽出視之，韶顏麗態，目所未覩。回眸微笑，舉止自若。需戩歸，責之曰：「買妾屏處，顧不使我知？」戩自辯數，且相與至室外望之，信然。及啓鑰，女亟登榻，引被蒙首坐。戩夫婦率妾侍并力掣之，牢不可取。良久，回面向壁，身稍偃。意其已困，復揭之，但見巨蟒正白，蟠屈十數重，其大如臂，僵伏不動，家人皆駭走。戩遣悍卒十輩，連榻舁出，棄諸城外草中，不敢回顧。未幾時，戩死。吴元美仲實說。前一事嘉叟說。

## 吴祖壽

吴幵正仲，娶劉仲馮樞密女，生一子，曰祖壽。建炎中，隨父責居韶州。夢有人著唐衣冠，如舊相識來謁，曰：「吾相尋二百年，天涯地角，游訪殆遍，不謂得見於此。」祖壽曰：「君爲何人？有何事見尋如是其切？」其人曰：「君當唐末爲縣令，吾一家十口皆以非罪死君手。歲月久矣，君忘之邪？」因邀往一處，稍從容，祖壽問曰：「君處地下久，當能測人未來事。吾欲知前程壽夭通塞，盍爲我言之？」曰：「君命只止此，官爵年壽，榮富福禄，皆如是而已，無一可言者。」祖壽愀然不樂。夢中鞅鞅成氣疾，瘤生於肩。驚而寤，覺枕畔如有物，捫之真有小瘤在肩上。明日而浸長，俄成大癭，高與頭等，痛楚徹骨，不可臥。劉夫人迎醫召巫延道士作章醮，萬方救療之，竟不起。正仲侍妾春鶯，後歸外舅，其說如此。

## 廬山僧鬼

僧聞修，姓陳氏。行脚至廬山，將往東林，值日暮微雪作，不能前，乃入路側一小刹求宿。知客曰：「略無閑房，唯僧堂頗潔，但往年有客僧以非命死其下，時出爲怪，過者多不敢入。」聞修自度不可他適，又疑寺中不相容，設爲此說，竟獨處焉。知客爲張燈熾火，且告以僧名，慰勞而出。逮夜，趺坐地爐上，衲帔蒙頭，默誦經呪。微睡未熟，隱約見一僧相對，亦蒙頭誦經，知其鬼也，厲聲詰之曰：「同是空門兄弟，生死路殊，幸且好去。」不答，亦不起。聞修閉目合掌，誦大悲呪，亦梵聲相應和。聞修心動，稱其名，叱之曰：「汝是某人耶？」其人遽起，含唾噀聞修面【一三】，滿所披紙衾上，皆鮮血，遂不見。知客聞叱咤聲，知有怪，亟來視之，紙衾蓋白如故，遂邀與歸同宿。天明即下山。聞修說。

【一三】含唾噀聞修面　「唾」原闕，據陸本、南圖本補。

## 二相公廟

京師二相公廟，在城西内城脚下。舉人入京者，必往謁祈夢。率以錢置左右童子手中，云最有神靈。崇寧二年，毗陵霍端友、桐廬胡獻可、開封柴天因三人求夢，皆得詩兩句。霍詩曰：「已得新消息，臚傳占獨班。」柴曰：「一擲得花王，春風萬里香。」胡曰：「黄傘亭亭天仗近，紅綃隱隱鳳鞘鳴。」既而霍魁多士，胡與柴皆登第。鄉人余國器應求，崇寧五年赴省試。其父石月老人擕往廟中，焚香作文禱之，夜夢一童子，年可十三四，走馬至所館門外，告曰：「送省牓來。」覺而牓出，果中選。其他靈驗甚多，不勝載。石月老人説。

## 望仙巖

廣西某州，隔江崖壁峭絶，有望仙巖，自來無人能至。對巖曰望仙鋪，鋪兵饒俊老矣，唯嗜酒不檢。宣和末，有道人過之，已醉，從俊寓宿。至晚，吐穢淋漓，呼俊曰：「爾且起，以所寢牀借我。」如其言。夜過半，又呼曰：「飢甚。思一雞食，幸惠我。」俊唯有所養長鳴雞，殺而與之食。至曉辭去，書一詩授俊曰：「饒俊饒俊聽我語，仙鄉咫尺没寒暑。與君説盡止如斯，莫戀浮生不肯去。」轉眄間，道人騰至巖上，端坐含笑。俊望之，如在雲霄，大叫曰：「先生何不帶我去？」久之，不應。即踊身投江。同輩驚號曰：「饒上名落水。」相率救之。俊乍見乍没，入波愈深，且溺矣。道人忽如飛翔，徑到波面，攜俊髻以行。傍人見祥雲涌起，即時達巖畔。後還家，與妻子别，告人云：「此吕翁也。」黄道人説，州名不真。

## 馬望兒母子【一四】

唐州倡馬望兒者，以能歌柳耆卿詞著名籍中。方城人張二郎，遊狎其家累年，既而挈以歸。後虜騎犯京西，張氏避地入巴峽，望兒死於峽州宜都縣。時夜過半，未及斂，輿置空室中。明日買棺，至其處，獨衣服委地如蜕，不見尸矣。求之，乃在門掩間，倚壁立，自頂至踵，無寸縷著體。人謂其爲娼時，少年來遊，或謝錢不如意，并衣冠皆剥取之，是以及此報。生一子曰運，居宜都田間。紹興二十七年六月，與其僕過江視胡麻。農人在田者數輩，天正熱，日光赫然，忽片雲從中起，正罩運身。頃之，陰翳如墨，對面不相識。傍人但聞運連呼曰：「告菩薩。」如一食頃，天氣復清。運已仆於地，親身之衣皆焚灼，而汗衫碧裙無傷，氣殜殜未盡。衆共扶掖，行數十步，入一民家，猶呻吟，稱苦苦數聲，遂死，時年三十四。

【一四】馬望兒母子　涵芬樓本按：目録無「母子」二字。

## 沈傳見冥吏

鄱陽士人沈傳，早游學校，鄉里稱善人，家居北關外五里堠之側。年四十餘歲，得傷寒疾。八九日未愈，方困頓伏枕。正黄昏時，一黄衣持藤棒，徑從外入，直至牀前，全類郡府承局，端立不語，時時回顧寢門外。又一人黑幘而緑袍，捧文書在手，欲入未入。黄衣摇手謂曰：「善善。」緑袍於袖中取筆展簿勾去一行，兩人遂繼踵而去。傳驚慴良久，問妻子皆無所覩，怖愈甚，即時汗出如洗。越一日，乃瘳。後以壽終。

## 療蛇毒藥

臨川【一五】有人以弄蛇貨藥爲業。一日，方作場，爲蝮所齧，即時殞絶。一臂之大如股，少選，徧身皮脹，作黄黑色，遂死。一道人方傍觀，出言曰：「此人死矣。我有藥能療，但恐毒氣益深，或不可活。諸君能相與證明，方敢爲出力。」衆咸竦踊勸之。乃求錢二十文以往，纔食頃，奔而至，命汲新水，解裹中藥，調一升，以杖抉傷者口，灌入之。藥盡，覺腹中搰搰然，黄水自其口出，腥穢逆人，四體應手消縮。良久，復故，已能起，與未傷時無異。遍拜觀者，且鄭重謝道人。道人曰：「此藥不難得，亦甚易辦。吾不惜傳諸人，乃香白芷一物也。法當以麥門冬湯調服，適事急不暇，姑以水代之。吾今活一人，可行

【一五】臨川　「川」原作「州」，據《醫説》卷七改。

以此飲之，即愈。郭絜己說。

## 韓氏放鬼

江浙之俗信巫鬼，相傳人死則其魄復還，以其日測之。某日當至，則盡室出避于外，名爲避放【一七】。命壯僕或僧守其廬，布灰于地，明日，視其跡，云受生爲人，爲異物矣。鄱陽民韓氏嫗死，倩族人永寧寺僧宗達宿焉。達瞑目誦經，中夕，聞嫗房中有聲嗚嗚然，久之漸厲，若在甕盎間，蹴踏四壁，略不少止。達心亦懼，但益誦《首楞嚴呪》，至數十過。天將曉，韓氏子亦來，猶聞物觸户聲不已。達告之故，偕執杖而入。見一物四尺，首戴一甕，直來觸人。達擊之，甕即破，乃一犬呦然而出。蓋初閉門時，犬先在房中矣。甕有穅，伸首呧之，不能出，故戴而號呼耳。諺謂「疑心生暗鬼」，殆此類乎。宗達說。

【一六】郭邵州傳得其方　「傳」陸本作「雲」，《醫說》卷七作「沰」。

【一七】名爲避放　涵芬樓本注，「放」陸本作「煞」。

校勘記

# 夷堅乙志卷第二十 十二事

## 童銀匠

樂平桐林市童銀匠者，爲德興張舍人宅打銀。每夕工作，有婦人年二十餘歲，容貌可觀，攜酒殺出共飲，飲罷則共寢，天將曉乃去。凡所持器皿，皆出主人翁家，疑爲侍婢也，不敢卻亦不敢言。往來月餘，他人知之者謂曰：「吾聞昔日王氏少婢，自縊於此，常爲惑怪。爾所見，得非此鬼乎？幸爲性命計。」童甚恐。是夜，復以酒至。即迎告之，曰：「人言汝是自縊鬼，果否？」婦人驚對曰：「誰道那？」遽升梁間，吐舌長二尺而滅。童不敢復留，明日辭去。

## 天寶石移

福州福清縣大平鄉修仁里石竹山，俗曰蝦蟆山，去邑十五里。乾道二年三月三日，夜半後，居民鄭周延等咸聞山上有聲如震雷，移時方止。或見門外天星光明，迹其聲勢，在瑞雲院後石竹山上。明旦相與視之，山頂之東南，有大石，方可九丈，飛落半腰間，所過成蹊，闊皆四尺，而山之木石，略無所損。縣士李槐云：「山下舊有碑，刊囊山妙應師讖語。頃因大水碑失，今復在縣橋下。其語曰：『天寶石移，狀元來期。龍爪花紅，狀元西東。』」邑境有石陂，唐天寶中所築，目曰天寶陂，距石竹山財十里。是月，集英廷試多士，永福人蕭國梁魁天下。永福在福清西，閩人以爲應讖矣。又三年，興化鄭僑【二】繼之，正在福清之東。「狀元西東」之語，無一不驗云。

## 祖寺丞

趙公時霈侍郎，政和八年冬，爲無爲軍教授。通判祖翺者，濟南人，本法家，嘗歷大理丞，處身廉謹，以法律爲己任。趙嘗夢游一小寺，寺旁有池，方不踰尋丈，四周朱欄三重，內一重可高二尺，中高三尺，其外四尺許。趙身在重欄內，去水止三四步，視池中有一浮屍，惡之。方欲越欄出，舉足極艱。屍忽起逐人，趙蹴之於水。再欲出，又起如初，復蹴之，至于三。其行稍緩，其容戚戚然，若有所訴。詢之，云：「昔日罪不至死，爲通判祖寺丞枉殺，抱冤數年矣。」趙曰：「祖丞明習法律，於刑獄事尤詳敬，決不妄殺人。」答曰：「此事固非祖公意，然因其疑，遂送他所，竟以死罪定斷，故冤有所歸。渠壽命不得久，將死矣，聊欲君知之。」言訖，即躍入水。趙睨重欄愈高，唯四角差低，甚易之，然卒不可踰越。屍自水中指云：「從高處過，甚易。」遂如其言，踉蹡一舉，已出平地。復賀曰：「既

【二】興化鄭僑　「僑」字原闕，據《輿地紀勝》卷一二八《碑記・天寶狀元讖碑》補。

過此欄，前程無留礙矣。」覺而驚異之。時翱適出外邑，迨其歸，纔五日，得内障目疾，日以益甚，至不能瞻視，乃丐宫祠。又月餘，目頓愈，忽中風淫，手足遂廢。及得請而歸，過梁山濼口，舟壞水入，篙師急救拯，僅能登岸。翱驚懼暴亡，距趙夢不數月。噫！囹圄之事，深可畏哉！趙夢中不能問其姓名及所坐何事，爲可惜也。趙公自記此事。

## 夢得二兔

龍深父生於辛卯，年二十五歲時，夢入大宫殿。及門，武士門焉，旁列四兔，顧深父曰：「以一與爾。」俯而取之，得第一枚，褐身而紫脊，抱置于手。武士又呼其後一人，授以次兔。俄又呼深父，復與其一，腹白而毫紫者，負于肩以歸，乃寤。時妻方娠，即語之，曰：「我夢如此，當得子不疑。然必當孿生，汝勿恐。」妻聞之懼泣，以告其姑。姑責深父，曰：「婦人未産子，而以此言恐之，奈何？」後三月，免身，但生一男子，時乙卯年也。已悟首兔之兆。其子名雩，亦以二十五歲得男子，又己卯年也。然則再得兔，蓋有孫之祥，三世皆生於卯，亦異矣。

## 龍世清夢

龍世清，建炎中爲處州鈐轄，暫攝州事。其後郡守梁頤吉至，以交承之故，凡倉帑事務，悉委之主領，又提舉公使庫。有過客至郡，梁餉以錢三十萬。吏白，以謂故事未嘗有。龍爲作道地，分爲三番以與客。梁視事三月，坐寇至失守，罷去。繼之者有宿怨，劾其請供，給錢過數，即州獄窮治，一郡官稍涉纖芥者，皆坐獄。龍亦收繫，懼不得脱。夜夢入荒野間，登古冢，視其中杳然以深，暗黑可畏，手攀墓上草，欲墜未墜，一人不知從何來，持其髻，擲于平地，顧而言曰：「我高進也。」遂驚覺。後兩日，温州判官高敏信來，置院鞫勘。一見龍獄辭，曰：「太守自以庫金與客，何預他人事？」釋出之。乃知所謂高進者，此也。及獄具，梁失官，同坐者皆以謫去，獨龍獲免。

## 徐三爲冥卒

湖州烏程縣潯溪村民徐三者，紹興十五年七月中，暴死。四日而蘇，言：「追至冥府，主者据案，皂吏滿前，引問平生，既畢，授以鐵箠，使爲獄卒，立殿下。凡呼他囚姓名，即與同列驅而進，吏前數其過惡，令持箠笞擊，應手爲血，以水噀之，乃復爲人。如是者非一。良久，事稍間，縱步廡下，過一室，牓曰『判官院』。陳列幃帳几格，細視其人，蓋故主翁王蘊監税也。詢所以來，備言始末，且力丐歸，蘊許諾。與俱過他府，令坐門外。須臾，出呼曰：『汝未當來此，今可復生。』手書牒見付，使亟還，且云：『我在此極不惡，但乏錢及紙筆爲用。汝歸語吾家，速焚錢百萬、紙二百張、筆二十枝寄我。陽間焚錢不謹，多碎亂，此中無人能串治。當用時，殊費力。宜以帕子包而焚之，勿忘也。』又取首掠繫左臂，曰：『恐吾家人不汝信，此吾終時物，可持以爲驗。』即泣謝，踊躍而出。中路頻有鬼神呵阻，示以牒乃免。益疾走，登高山，跌而寤。未暇詣王氏，既而復死。明日，王氏遣信來責，曰：『昨夜夢監税言向來事，何不早告我。』自是，三日始再蘇，言：『某神遮留，令作競渡戲。』」視左臂所繫首掠猶存，封識宛然。徐後七年至秀州魏塘，爲方氏傭耕。又七年，以負租穀不能償，泛舟遁歸其鄉，過太湖，全家溺死。予弟景裴説，方氏壻也。

## 神霄宫商人

古象戴確者，京師人年。十二歲時，從父兄游常州，入神霄宫，訪道士不遇。出至門，有商人語閽者：「吾欲見知宫。」時道教尊重，出入門皆有厲禁。閽者索姓名及剌謁，此人不與，紛爭良久，捽閽于地，毆之，徑入户。諸戴恐其累己，皆捨去。此人既入，即不見，而於厨屋内遍壁上下，皆書「吕洞賓至」四字。知宫者聞之，拊膺太息，曰：「神仙過我，而不得見，命也。」明日，讙傳一州。後三日，戴氏諸人飯于僧寺。確起如厠，還就石槽盥手。傍一人俛首滌籌，一客相對與共語。確望客容貌，蓋神霄所見者，趨前再拜。其人驚問何故。曰：「公乃吕先生也。」具以前事告。其人笑，命就甕取水一盃，自飲其半，以其半與確。確飲之，出白其父，奔至廁所訪之，無及矣。確既長，能爲費孝先軌革卦影，名曰

「古象」。後居臨安三橋爲卜，肆有丐者，結束爲道人，藍縷憔悴，以淘渠取給，嘗爲倡女舍後除穢。確心竊憐之。明日，延之坐，具食謂曰：「君名爲道人，須有所奉事高真像貌，今日日從役污渠中，所得幾何？況於入倡家，衣服手足，皆不潔清，得無反招罪咎？」道人謝：「實有之，特牽於餬口，不暇恤。」確贈以錢二百。忽笑曰：「頗相憶乎？」確愕然不省，曰：「方見君於此，不憶也。」道人曰：「五十年前，君遇吕翁於常州僧寺時，有據石滌籌者，識之乎？我是也。」確驚謝，方欲詢姓名，長揖而去，自是不復見。確自飲殘水後，至七十餘歲，無一日病苦。趙綱立說。

## 城隍門客

建康士人陳堯道，字德廣。死之三年，同舍郭九德夢之如平生。郭曰：「公已死，那得復來？」陳云：「吾爲城隍作門客，掌牋記，甚勞苦。今日主人赴陰山宴集【二】，始得暇，故來見君。」因問其家父母兄弟，泣下久之。郭曰：「公既爲城隍客，當知吾鄉今歲秋舉與來春登科人姓名。」曰：「此非我所職。別有掌桂籍者，歸當扣之。」居數日，又夢，曰：「君來春必及第。我與君雅素，故告君。他雖知之，不敢泄也。」郭果以明年第進士。又有劉子固者，與堯道同里巷。其妹壻黄森，賢而有文。父爲吏，負官錢，身死家破，森亦不得志以死。死數月，其妻在兄家，忽著森在時衣，與兄長揖，容止音聲如真。子固驚愴，

【二】赴陰山宴集　原注：陰山廟在南門外十里。

呼其字，曰：「元功，君今安在？」曰：「森平生苦學，望一青衫不可得。比蒙陳德廣力，見薦於城隍，爲判官，有典掌，綠袍槐簡，絶勝在生時。恐吾妻相念，故來告之。」子固問來春鄉人誰及第，曰：「但有郭九德一人耳。」有頃乃去。其言與前夢合。方務德説。

## 潞府鬼

潞州簽判廳，在府治西。相傳彊鬼宅其中，無敢居者，但以爲防城油藥庫。安陽王審言爲司法參軍，當春時，與同寮來之邵、綦亢數人攜妓載酒往游焉。且詣後園習射，射畢，酣飲于堂。忽聞屏後笑聲如偉丈夫，一坐盡驚。客中有膽氣者，呼問曰：「所笑何事？」答曰：「身居此久，壹鬱不自聊。知諸君春游，羨人生之樂，不覺失聲耳。」「能飲乎？」曰：「甚善。」客起酌巨栝，翻手置屏内，即有接者。又聞引滿稱快聲，俄擲空杯出。客又問曰：「君爲烈士，當精於弓矢，能一發乎？」曰：「敢不爲君歡，然當小相避也。」既以弓矢入，衆各負壁坐，少焉，一矢破屏紙而出，捷疾中的不少偏。始敬異之，皆起曰：「敢問君爲何代人？姓名爲何？何以終此地？」曰：「吾姓賀蘭，名鍌。」語未竟，或哂其名不雅馴，怒曰：「君何不學？豈不見《詩·小戎篇》『陰靷鋈續』者乎？」遂言曰：「鍌生於唐大歷間，因至昭義，謁節度使李抱真，干以平山東之策。爲讒口所譖，見殺於此地，身首異處，骸骨棄不收。經數百年，逢人必申訴，往往以鬼物見待，怖而出，故沉淪至今。諸君俊人也，頗相哀否？」坐客皆愀然。有問以休咎者，一一詢官氏，徐而語曰：「來司户位至侍從，然享壽之永，則不若王司法。」時諸曹吏士及官奴見如是，皆奔歸，讙傳一州。太守馬玿中玉獨不信，以爲僚吏湎于酒，興妄言，盡械繫其從卒，且將論劾之。衆懼，各散去。明日，中玉自至其處察視之，屏上穴紙固在。命發堂門鐍，鐍已開，門閉如初。呼健卒併力推扉，牢不可啟。已而大聲起於梁間，叱曰：「汝何敢爾！獨不記作星子尉時某事耶？」中玉趨而出，自是無人復敢往。司户，乃來之邵，果爲工部侍郎。審言以列大夫知萊州，壽七十五而卒。王公明説，萊州乃其伯祖也，余中牓及第。《括異志》亦載此事，甚略，誤以審言爲王丕，它皆不同。

## 王祖德

成都人承信郎王祖德，紹興三十一年，來臨安，得監邛州作院。既之官矣，聞虞并甫以兵部尚書宣諭陜西，即求四川制置司檄，以禀議爲名，往秦州上謁。未及用，以歲六月客死于秦。虞公遣卒護其柩，且先以訊報其家。王氏即日發喪哭，設位於堂。既而柩至。蜀人風俗，重中元節，率以前兩日祀先，列葷饌以供，及節日，則詣佛寺爲盂蘭盆齋。唯王氏以有服，但用望日，就几筵辦祭。正行禮未竟，一卒抱胡牀從外入，汗流徹體，曰：「作院受性太急，自秦州兼程歸，凡四晝夜抵此，將至矣。」俄而，六人荷一轎至，亦皆有悴色。

轎中人徑升于堂，據東榻坐，乃祖德也。呼其妻，語曰：「欲歸甚久，爲虞尚書苦留，近方得脱，行役不勝倦。傳聞人以我爲死，欲壞我生計。爾當已信之。」妻曰：「向接虞公書報，君没於秦，靈輀前日已至。何爲爾？」始笑曰：「汝勿怖，吾實死矣。吾聞家中議賣宅，宅乃祖業也，安得貨？吾所寶黄筌郭熙山水、李成寒林，凡十軸，聞已持出議價。吾下世幾何時，未至窮乏，何忍遽如是。吾思家甚切，無由可歸，今日以中元節，冥府給假，故得暫來，然亦不能久。」又呼所愛婢子，恩意周盡。是時，一家如癡，不能辨生死。忽青煙從地起，跬步不相識。煙止，寂無所見。關壽卿耆孫館于夾街之居，見户外擾擾，亟往視之，已滅矣。

## 蜀州女子

彭州人蘇彦質，爲蜀州録事參軍。有女年八九歲，因戲于牀隅，視地上小穴通明，探之以管，陷焉。走報其父，持長竿測之，其深至竿杪，不能極。及取出，有敗絳帛挂于上，大異之。呼役夫斸其地，踰丈許，得枯骸一軀，首足皆備，即歛而葬諸原。明日，忽有好女子遊于室中，家人逼而問之，輒避入壁罅，終莫得致詰。是時，郡有陳愈秀才者，從閬中來，善相人，且能以道術卻鬼魅。召使視之，俄一婦人至，曰：「妾本漢州段家女，許適同郡唐氏。將嫁矣，而唐氏以吾家倏貧，竟負元約。既不得復嫁，遂賣身爲此州費録曹妾。

不幸以顏色見寵於主人，爲主母生瘞于地下，閱數年矣。非蘇公改葬，當爲滯魄。但初出土時，役者不細謹，鉏妾脛骨欲斷，今不能行，不得已留此，非有他也。」陳曰：「欲去何難？吾爲汝計。」取紙翦成人形，曰：「用以馱汝。」乃笑謝而退。是夜，彦質嫂夢一僕夫背負此女來，再拜，辭去。二事皆黄仲秉説。

## 飲食忌

食黄顙魚，不可服荆芥。食蜜，不可食鮓。食河豚，不可服風藥。皆信而有證。吴人魏幾道志在妻家啖黄魚羹罷，采荆芥和茶而飲，少焉，足底奇痒，上徹心肺，跣走行沙中，馳宕如狂，足皮皆破欲裂。急求解毒藥餌之，幾兩日，乃止。韶州月華寺側，民家設僧供，新蜜方熟，羣僧飽食之。別院長老兩人，還至半道，遇村虚賣鮓，不能忍饞，買食盡半斤。是夕，皆死。李悊郎中過常州，王子雲縉爲郡，招之。晨餐辦河豚爲饌，李以素不食，遣歸【三】餉其妻。妻方平明服藥，不以爲慮，啜之甚美，即時口鼻流血而絶。李未終席，訃音至矣。前一事魏幾道，中一事月華長老悟宗，後一事王日嚴説。

【三】遣歸　涵芬樓本注，原本字形不全，今從陸本補。李按：「歸」南圖本作「還」。

**圖書在版編目(CIP)數據**

全宋筆記. 第9編. 3 / 上海師範大學古籍整理研究所編.— 鄭州：大象出版社，2018. 3

ISBN 978-7-5347-9437-7

Ⅰ.①全… Ⅱ.①上… Ⅲ.①中國歷史—史料—宋代 Ⅳ. ①K244. 066

中國版本圖書館 CIP 數據核字(2017)第 162663 號

**全宋筆記** 第九編 三

出版人 王劉純
特約編輯 陳 新
責任編輯 郭一凡
整體設計 張 勝
出版發行 大象出版社
鄭州市開元路16號(450044)
製 版 上海杰申電腦排版有限公司
印 刷 北京匯林印務有限公司
版 次 2018年3月第1版2018年3月第1次印刷
開 本 640mm×960mm 1/16 26.5印張
字 數 291千字
印 數 1—1000册
定 價 89.00元